光华大学史料辑要

A Compilation of Historical Materials on Kwang Hua University

1925—1951

下册

华东师范大学档案馆 西南财经大学档案馆 主编

西南财经大学出版社

第五辑　教务与学生管理

光华大学新课程表修订完竣①

光华大学因课程已沿习多年，前时之所引用，每有不适合于现代之需要。爰于去年十月，组织修改课程委员会，推举教育专家七人为委员，负责修订。其间经该校全体教授各抒心得，学生方面亦组织委员会共同研究，教务处又为之悉心规画，斟酌损益，煞费苦心。复因课程原理纷歧，种类繁复，为郑重考虑起见，由校长、副校长、各院长、各教授长时间之讨论，根据教务处所提草案，再行修改，并编定教育目标及各系课程。对于考试方法，亦折衷新旧，均蕲适应社会需要，顾及学校实际状况。复于六月十二日提出课程委员会全体通过，下学期即将见诸施行。

教务处印发《教务年报》，推出教务改革设想②

光大近又锐意改革教务，新出版之《教务年报》，其中所载除男女同学外，如大学分前后两期、各生必修、毕业研究论文、设置新生期、课外活动绩点制，与入学试验、工具试验及会考制度，并普及体育运动，按照各班之学生程度分组教授基本功课，创设各种鸟瞰性学程如现代文明、科学方法、美术概观、大学指导等。实开中国各大学之先例。且年报首页即述施教目标，表示大学教务上一切设施，均按预定方针进行，计日成（程）功，更为特色。闻该校教务处为贯彻主张，便于施行起见，正在草光大教务改进说明书，不日将脱稿云。

毕业论文须知

一、本校各院系四年级生，各须于毕业期前缮呈其毕业论文一篇，或译述其主系学科名著全部亦可。

二、毕业论文经校务会议批准后，一律给予二学分，准予毕业。

三、除英文系外，其他各系论文得用中文撰述，文言、白话不拘。惟著作文须各出自心裁，如借用或引用他书成语，须加注何书第几页，以便稽考。自然科学不限定字

① 光华大学新课程表修订完竣［N］. 申报，1929-06-19（11）.

② 光华大学又一革新［N］. 申报，1929-08-27（11）.

数，社会科学以四万字为标准方为合格。

四、如欲用译述文（英文译为中文）为毕业论文者，须先将原书呈经院长或系主任许可。惟译本须为欲译者之主系学科名著，译述字数须以六万字为标准，如译本超过六万字，总以译完全书为限。

五、无论著作文或译述文，概须缮具两份（中文用墨笔楷写，英文用打字机打），一份呈由院长或系主任交校务会转图书馆陈列公览，一由其本人保留。

六、四年级生预备论文手续及交卷期分述如后：

（一）务各于第四学年上学期内拟定论文题目或欲译之原书，径呈院长或系主任审定。惟题目或欲译之书须与其本人所修主系学科关切，庶能充分发挥积学，贡其所长。

（二）经院长或系主任审定题目后二星期内草定论文之章节概要，复径呈院长或系主任改正，但译述无须经过此项手续。

（三）论文章节概要经院长或系主任改正后，即须从事著作，至迟须于五月一日以前将全卷径呈院长或系主任批阅。

（四）由院长或系主任转交校务会审查成绩委员会审查及格者按照第二条办法予以二学分，准其毕业。不及格或五月一日以后交卷者概不准毕业。

呈请教育部验印胡道鋆等成绩单及毕业证书

案查属校毕业生胡道鋆、杨余庆曾于十五年春季学期毕业，毕业生殷涤生曾于十八年春季学期毕业。兹呈送该生等学年成绩表、毕业成绩表及毕业证书，补请验印，理合备文申请，仰祈鉴核示遵。

谨呈国民政府教育部

光华校长张〇〇

二十、四、卅

附录：教育部指令

令私立上海光华大学：

呈一件“呈送毕业生胡道鋆、杨余庆、殷涤生等成绩单及毕业证书补请验印存发由”，呈件均悉。证书盖印发还。单存。

此令。

附发还毕业证书三纸。

兼理教育部部长职务　蒋〇〇

中华民国二十年五月六日

十年来之教务概况

一、教务组织及沿革

本校始创之顷，设文、理、商、工四科；其下则附设大学预科，盖所以便旧制中学之毕业生，作过度之攻错也。文科设七系：曰国文系，曰英文系，曰教育系，曰政治系，曰社会系，曰历史系，曰哲学系。理科设四系：曰化学系，曰物理系，曰生物学系，曰算学系。其工商两科暂不分系，科设主任一人，分理各该科教学事宜，而总揽其成者，则有教务处。教务处置教务长一人，教务员若干人，会合四科主任，掌理全校教务。教务处下设注册处。二者协力进行，规措不遗余力。首任教务长为朱经农，而长注册处者则胡其炳。翌年，朱经农辞职，由容启兆继之。十七年秋，容启兆改任副校长，董任坚继任为教务长，李恩廉代理注册主任。十八年秋，本校遵部令，改科为院，文、理、商三科，至是改称文、理、商三学院。工科则早已于十六年春，并入理科。学院之名称既定，事权斯分，教务处遂失所掌理，故即于翌年春裁撤。留注册处，由胡其炳任主任，以司一切注册事宜。迄今数稔，组织并无少变。至于学系之设废，课程之编订，在此数年中固有相当之变更，惟各学院均另有文详之，故亦不赘录。

二、教务处及注册处之职务

教务处及注册处所掌理之事务，约而计之，可得十项：一曰招生事宜之办理，二曰转学生学分之审核，三曰应开学程之编配，四曰上课时间之支配，五曰各种表格及注册证之制备，六曰各项成绩表册之制备，七曰学生注册事宜之司理，八曰考试成绩之籍录，九曰学生勤惰之考核，十曰学生成绩报告单之缮发。上为教务处注册处并存时之状况。自教务处裁撤后，注册处之职能，随之而略有损益，转学生学分之审核，及应开学程之支配，均移归各该学院办理。而造具各项呈部报告及表册，则为其新增之工作。

三、注册处现有之工作

注册处现任之职务可分为注册、考绩、统计、招生等数项。注册事宜可以分为两部：一为注册事先之准备，一为学生注册手续事宜之司理。关于注册事先之准备者，为注册表格之制备，上课时间之支配等。关于学生注册大略如下：

（一）持缴费收据，至注册处换取注册证；

（二）以所选学程详细填入注册证，交各该院院长签字；

（三）持已经签字之注册证至注册处，领取上课证；

（四）将签订之注册证，连同填就之上课证，汇交注册处。

学生于规定之改选时期内，得更动其原选之学程。惟事先须向注册处领取改选证，详细填明退出及加入之学程，交各该院院长签字后，再至注册处填上课证，方为有效。

注册处于注册时间截止后，即将各项注册证加以整理，凭此以编制名册及课室座位。

考绩事宜，可以分成修业考绩及勤惰考绩两项。修业考绩，由注册处会同各教授办理之。学生修业成绩，分积分及大考两种。积分以平日积分及两次月考之分数合计之，其数占总成绩百分之六十。大考分数，占总成绩百分之四十。两者合计，在七十分以上者，始为及格。其标准如下：

（一）以七十分为及格，列丙等；

（二）九十分以上为甲等，称最优；八十分以上列乙等，称优；

（三）六十分至六十九分为丁等，为不及格，但得于下学期参加补考，补考及格，可取得学分；

（四）六十分以下列戊等，为不及格，必须重习使能获得学分。

注册处于每次月考取得教授之报告后，即就其中之不及格者，予以报告，以策其后效。每学期之末，则有家长报告单，详子弟之成就，以慰其父兄之望焉。勤惰之考绩为课室点名，课室点名一事，原由教授任之。惟上课时间有定，而各班人数不等；人数较少之班，教授点名时间之损失尚少；若在人多之课室，则点名所费之时间较多，而教学蒙其影响矣，故后改由注册处司其事。盖所以省时间，便统计也，注册处对于课室点名，于改选截止后开始，事先由注册处将各课之学生，按学号之次第，编定位置，学生依号入室。点名员只须观察座位之盈虚，以定其人之是否缺席。

学生缺席，例有惩处，为分别办理起见，爰有规则之订定，分为特假事假两种，其有未经请假而缺课者，是为旷课。特假以亲属婚丧及本人疾病为限，请假者必须持明确之证件，经注册处认可后，始为有效。所缺之课，不计割分。其有代表学校，因公出外而致缺课者，亦得侪于特假之列，免计割分。因平常事故而请假缺席者，其所请之假为事假。每缺一课，计一割分，旷课则每缺一课记二割分，满十五割分扣一学分。过此则每增五割分，即扣一学分，其有缺过一学期之五分之一者，即停止其大考权。

注册处每隔相当之时间，即将各生之缺课时间，加以统计。其有所缺已多者，则予以警告，使知自惕。

统计事宜，亦可分为数端。

一曰学习成绩之统计。本校于每学期之终，例有成绩审查会之召集，以定学生之去留惩奖，其事先由注册处统计一学期中学生之成绩，按等分列。其成绩在乙等以上者，由校予以褒奖，于下学期得选读二十二学分，盖本校常例，学生每学期只得选习二十学分也。其成绩过劣者，则斟酌情形，或予以退学之处分或予以警告，促其自奋，以观后效。

二曰毕业成绩之统计。本校与每届毕业之先，有毕业生成绩审查委员会之召集，以审查毕业生之成绩。毕业生之成绩统计，即由注册处制备之。本校采行学年学分制，每学程每周授课一小时，经一学期而考试及格者，为一学分；其实验、作文等课，则以每周二小时，经一学期而考试及格者，为一学分。学生每学期得选习二十学分，积八学期，得一百五十八学分，并缴呈毕业论文，经成绩审查委员会核准后，始得毕业。毕业规定之一百五十八学分，其分配情形如后表：

各系毕业生必修学分数一览

院别	文学院							理学院				商学院			
系别	国文系	英文系	教育系	政治系	社会系	哲学系	史学系	化学系	物理系	生物系	数学系	经济系	工商管理系	会计系	银行系
国文	14	14	14	14	14	14	14	14	14	14	14	14	14	14	14
英文	16	16	16	16	16	16	16	16	16	16	16	16	16	16	16
数学	6	6	6	6	6	6	6	18	18	18	18	6	6	6	6
自然科学	8	8	8	8	8	8	8	24	24	24	24	8	8	8	8
社会科学	18	18	18	18	18	18	18	6	6	6	6	12	12	12	12
体育	6	6	6	6	6	6	6	6	6	6	6	6	6	6	6
党义	2	2	2	2	2	2	2	2	2	2	2	2	2	2	2
主系	42	42	48	48	48	48	48	34	34	34	34	56	56	56	56
辅系	18	18	18	18	18	18	18	16	16	16	16	18	18	18	18
其他	24	24	18	18	18	18	18	18	18	18	18	16	16	16	16
各系必修学分	154	154	154	154	154	154	154	154	154	154	154	154	154	154	154
军事教育或看护学	4	4	4	4	4	4	4	4	4	4	4	4	4	4	4
毕业学分总数	158	158	158	158	158	158	158	158	158	158	158	158	158	158	158

附注：（A）文、商学院一年级各系 101～102，必修学程不得算为各该系主系学分。

（B）理学院一年级各系 101～102，化学、物理、算学不得算为各该系主系学程学分。

（C）本校毕业学分总分为 145 分。惟一、二年级共同必修军事教育（男）、看护学（女）各四学分在外。

（D）自二十三年度毕业生起，各生须修满各该系所规定之辅系学分方准毕业。

凡学生肄业一年，得有四十学分者，得列为二年级生；肄业两年，得有八十学分者，得列为三年级生；肄业三年得有一百廿学分者，得列为四年级生。学生必须习得应有之学分后，始得升级。

三曰呈部表册之统计及编造，本校分期将近行状况呈报教部。其属于注册方面各有下列数种：

（一）毕业生之历年成绩统计总表；

（二）在校生之修业状况统计及报告表；

（三）新生及转院转系生统计报告表；

（四）学程一览。

招生事宜，由注册处会合招生委员会办理之。新生投考本校及入学之手续，有下列数步：

（一）向注册处索取报名单，详细填明后，纳报名费两元，连同收据一并交注册处保存。由注册处给予准考证，凭之应试。

（二）考试录取后，由注册处发通知书学费三联单、保证书、志愿书、家长印鉴对照单。后三者由学生及家长或保证人填就后，于注册时汇交注册处。保留存查。

四、注册处之特点

本校注册处之概况大略如上所述。其间有数特点，亦可得而论。非敢自炫所长，亦所以求正于海内教育专家耳。

特点惟何：

一曰学生成绩记载之详审。本校注册处登记学生成绩之簿籍凡三：一为成绩总簿，二为学生成绩卡片箱（kardex），三为学生成绩袖珍簿。此三者尤以第二种之采用为最新颖。学生成绩卡片箱，合学生自履历及历年成绩于一纸，使用甚便，抽换轻易。欲抽查任何学生之成绩或履历，只须一举手之劳即可得之。注册处记录成绩，必出于三方不同之形式者，为互相勘正，以免错误计也。现代会计制度之一特点，为相互制扼（councei-check），成绩总簿与成绩卡片箱并用之旨，即在斯也。

二曰注册表格之完备。本校注册处，对于各种注册表格，应有尽有。例如文、理、商三学院，各有专用之注册证，改选课程有改选证。新生报名，有详细之报告表格，莫不标题清晰，使用便利。

三曰活体课程表之采用。从前课程表之排列，皆用寻常表格；惟课程时有更改，时间亦多变动，再三涂改，墨痕重叠，既困索阅，复碍美观。兹为避免此种不便起见，改用活体课程表，以布作栏，按栏置表，移置既极便利，索骥亦自容易，见者莫不称为颖异焉。

四曰学生请假之严格办理。注册处对于学生请假，概从严办理，割分之记否，悉从事实。其间绝无通融。同时为防止伪造请假函件起见，复备有家长印鉴对照单，存记各生家长或保证人之印鉴，学生来函请假，必先审核其印鉴，是否符合，以定准否。

上录诸端，特其荦荦大者。自后当凭过去经验及新定计划，益求精进耳。

光华大学成都分部一九四三年第一学期学程

修订学程一览表目录

文学院学程

各系一年级共同必修学程

光华大学成都分部学程一览

（民国三十二年八月修订，凡三十二年秋季在校四年级第一学期以下肄业之学生均应遵照修习）

文学院学程

（须修满一百五十四学分方得毕业）

各系一年级共同必修学程

学程	全年或半年	第一学期学分	第二学期学分	全年学分	备考
三民主义	全	二	二	四	
军事教育	全	○	○	○	全年每周学科二小时，术科二小时；女生习看护学
体育	全	○	○	○	全年每周二小时
国文一	全	四	四	八	每两周须作文一次
英文一	全	四	四	八	每两周须作文一次
中国通史	全	三	三	六	注重中国文化之发展
伦理学	全	二	二	四	
数学及自然科学	全	三～四	三～四	六～八	数学、生物、物理、化学任择一种
社会科学	全	三	三	六	政治学、经济学、社会学任择一种，政治组应习政治学，经济组应习经济学
补习数学	全	○	○	○	凡新生入学时，其数学之入学考试成绩在五十分以下者，应读补习数学一年，俟及格后，方准进修一年级数学
补习英文	全	○	○	○	凡新生入学时，其英文之入学考试成绩在五十分以下者，应读补习英文一年，俟及格后，方准进修一年级英文
共计		二一～二二	二一～二二	四二～四四	军事教育每周四小时体育每周二小时及补习课程均在外

各系二年级共同必修学程

学程	全年或半年	第一学期学分	第二学期学分	全年学分	备考
体育	全	○	○	○	全年每周二小时
国文二	全	三	三	六	
英文二	全	四	四	八	每两周须作文一次

学程	全年或半年	第一学期学分	第二学期学分	全年学分	备考
西洋通史	全	三	三	六	注重西洋文化之发展
哲学概论	全	三	三	六	任择一种
科学概论	全	三	三	六	
社会科学	全	三	三	六	政治学、经济学、社会学任择一种
共计		一六	一六	三二	体育每周二小时在外

政治经济学系政治组二年级必修学程

学程	全年或半年	第一学期学分	第二学期学分	全年学分	备考
中国政治史	全	三	三	六	
各国政府及政治	全	三	三	六	
共计		六	六	一二	

政治经济学系政治组三年级必修学程

学程	全年或半年	第一学期学分	第二学期学分	全年学分	备考
民法概要	全	三	三	六	第一学期总则、物权、亲属，第二学期债编、继承
中国政府	全	三	三	六	包括中国宪法史五权宪法之理论，中央及地方政府之组织及运用
西洋政治思想史	全	三	三	六	
中国外交史	全	三	三	六	注重近世
西洋政治及外交史	全	三	三	六	注重现代
刑法	全	三	三	六	第一学期总则，第二学期分则
共计		一八	一八	三六	

政治经济学系政治组四年级必修学程

学程	全年或半年	第一学期学分	第二学期学分	全年学分	备考
伦理学	半	○	二	二	
中国政治思想史	全	三	三	六	包括三民主义及建国理想
国际公法	全	三	三	六	
行政法	全	三	三	六	

学程	全年或半年	第一学期学分	第二学期学分	全年学分	备考
中国地政	半	二	〇	二	
公文程式	半	〇	二	二	
论文	全	一	一	二	
共计		一二	一四	二六	

政治组共同必修计七十四学分~七十六学分，本组必修七十四学分，应选修六或四学分，总共一百五十四学分。

政治组选学修程

学程	学分	设置学年度	备考
行政学	三~六	第三四学年	
市政学	三~六	同	
中国地方政府	三~六	同	注重地方自治
国际政治	三~六	同	注重时事问题
国际私法	四~六	同	
海商法	三	同	
经济地理	六	同	
边疆问题	四	同	
财政学	六	同	
孔孟荀哲学	三~六	同	
总理学说	三~六	同	
中国现代政治问题	二	同	
社会心理学	三	同	
民权行使与实习	二~三	同	
第二外国语	十二	第二、三、四学年	择定一种连修两年

政治经济学系经济组二年级必修学程

学程	全年或半年	第一学期学分	第二学期学分	全年学分	备考
会计学	全	四	四	八	每周讲授三小时、练习二小时
货币银行学	全	三	三	六	
共计		七	七	一四	

政治经济学系经济组三年级必修学程

学程	全年或半年	第一学期学分	第二学期学分	全年学分	备考
国际贸易与金融	全	三	三	六	
财政学	全	四	四	八	
统计学	全	三	三	六	每周讲授三小时、练习二小时
经济地理	全	三	○	三	
西洋经济史	全	三	三	六	
共计		一六	一三	二九	

政治经济学系经济组四年级必修学程

学程	全年或半年	第一学期学分	第二学期学分	全年学分	备考
伦理学	半	○	二	二	
民法概要	全	三	三	六	第一学期总则、物权、亲属，第二学期债编、继承
经济政策	全	三	三	六	注意民生主义之经济政策
中国经济史	全	三	三	六	
中国地政	半	二	○	二	
政府会计	半	○	三	三	
直接税会计	半	三	○	三	
论文	全	一	一	二	
共计		一五	一五	三○	

经济组共同必修计七十四学分~七十六学分，本组必修七十三学分，应选修七或五学分，总共一百五十四学分。

经济组选修学程

学程	学分	设置学年度	备考
高级数学	六	第二学年	
高级会计学	六	同	
农业经济	六	第三、四学年	
工商管理	三	同	
劳工问题	三~六	同	
商法	四	同	
经济循环	三~六	同	
土地问题	三~六	同	
公文程式	二	同	
高级经济学	六	第四学年	

学程	学分	设置学年度	备考
经济思想史	六	同	
成本会计	三	同	
审计学	三	同	
高等统计学	六	同	
统计实习	四	同	
地方财政	三	同	
合作经济	三～六	同	
国际经济问题	三～六	同	
中国建设问题	三	同	包括建国方略实业计划
第二外国语	十二	第二、三、四学年	择定一种连修两年

商学院学程

（须修满一百五十四学分方得毕业）

各系一年级共同必修学程

学程	全年或半年	第一学期学分	第二学期学分	全年学分	备考
三民主义	全	二	二	四	
军事教育	全	○	○	○	全年每周学科二小时，术科二小时；女生习看护学
体育	全	○	○	○	全年每周二小时
国文一	全	四	四	八	每两周须作文一次
英文一	全	四	四	八	每两周须作文一次
商业史	半	三	○	三	包括中国及世界两部分
经济地理	半	○	三	三	
经济学	全	三	三	六	
算学	全	三	三	六	讲习三小时、练习一小时，注重商业上之应用及练习
会计学	全	四	四	八	讲授三小时、实习二小时
补习数学	全	○	○	○	凡新生入学时，其数学之入学考试成绩在五十分以下者，应读补习数学一年，俟及格后，方准进修一年级数学
补习英文	全	○	○	○	凡新生入学时，其英文之入学考试成绩在五十分以下者，应读补习英文一年，俟及格后，方准进修一年级英文

学程	全年或半年	第一学期学分	第二学期学分	全年学分	备考
珠算	半	○	○	○	半年每周二小时
共计		二三	二三	四六	军事教育每周四小时，体育每周二小时，珠算每周二小时及补习课程，均在外

商学院各系二年级共同必修学程

学程	全年或半年	第一学期学分	第二学期学分	全年学分	备考
体育	全	○	○	○	全年每周二小时
国文二	全	三	三	六	
英文二	全	四	四	八	每两周须作文一次
法学通论	全	二	二	四	
财政学	全	四	四	八	
货币银行学	全	三	三	六	
共计		一六	一六	三二	体育每周二小时在外

商学院各系三年级共同必修学程

学程	全年或半年	第一学期学分	第二学期学分	全年学分	备考
民法概要	全	三	三	六	第一学期总则、物权、亲属，第二学期债编、继承
商法（一）	全	二	二	四	第一学期公司法，第二学期票据法
工商组织与管理	全	三	三	六	
统计学	全	三	三	六	每周讲授三小时、实习二小时
校外实习	全	○	○	○	此系大学规程第二十条之规定，并须取具实习场所之实习证明书，否则不得毕业
共计		一一	一一	二二	校外实习在外

商学院各系四年级共同必修学程

学程	全年或半年	第一学期学分	第二学期学分	全年学分	备考
伦理学	半	○	二	二	
商法（二）	全	二	二	四	第一学期保险法、破产法，第二学期海商法
共计		二	四	六	

工商管理学系二年级必修学程

学程	全年或半年	第一学期学分	第二学期学分	全年学分	备考
高等会计学	全	三	三	六	每周讲授三小时、实习二小时
共计		三	三	六	

工商管理学系三年级必修学程

学程	全年或半年	第一学期学分	第二学期学分	全年学分	备考
成本会计	全	三	三	六	
运输学	半	三	〇	三	
市场学	半	〇	三	三	
商品学	半	二	〇	二	
工厂法	半	〇	二	二	
劳动问题	半	三	〇	三	
公司理财	半	〇	三	三	
共计		一一	一一	二二	

工商管理学系四年级必修学程

学程	全年或半年	第一学期学分	第二学期学分	全年学分	备考
工厂管理	半	三	〇	三	
人事管理	半	〇	二	二	
采购学	半	二	〇	二	
销售学	半	〇	二	二	
直接税会计	半	三	〇	三	附改良中式帐
论文	全	一	一	二	
共计		九	五	一四	

工商管理学系共同必修计一百零六学分，本组必修计四十二学分，应选修六学分，总共一百五十四学分。

工商管理学系选修学程

学程	学分	设置学年度	备考
社会学	三	第三学年	
政治学	三	同	
商用外国语	三	同	
劳工统计	三	同	

学程	学分	设置学年度	备考
国际贸易	四	同	
国际汇兑	三	同	
仓库管理	二	同	
商业心理学	三	同	
近世经济政策	三	第四学年	
财产保险学	三	同	
人寿保险学	三	同	
投资学	三	同	
铁路管理	三	同	
铁道会计	三	同	
高级统计学	三	同	
会计报告分析	三	同	
商情预测	三		

会计学系二年级必修学程

学程	全年或半年	第一学期学分	第二学期学分	全年学分	备考
商用数学	全	二	二	四	每周讲授二小时、练习一小时
高等会计学	全	三	三	六	每周讲授三小时、实习二小时
共计		五	五	一〇	

会计学系三年级必修学程

学程	全年或半年	第一学期学分	第二学期学分	全年学分	备考
银行会计	半	三	〇	三	
政府会计	半	〇	三	三	
成本会计	全	三	三	六	每周讲授三小时、实习二小时
共计		六	六	一二	

会计学系四年级必修学程

学程	全年或半年	第一学期学分	第二学期学分	全年学分	备考
审计学	全	三	三	六	
直接税会计	半	三	〇	三	附改良中式帐
会计报告分析	半	三	〇	三	

学程	全年或半年	第一学期学分	第二学期学分	全年学分	备考
铁道会计	半	〇	三	三	
论文	全	一	一	二	
共计		一〇	七	一七	

会计学系共同必修计一百零六学分，本系必修计三十九学分，应选修九学分，总共一百五十四学分。

会计学系选修学程

学程	学分	设置学年度	备考
社会学	六	第三学年	
政治学	六	同	
商用外国语	三	同	
公司理财	三	同	
主计制度	三	同	
工商组织与管理	六	同	
国际贸易	三	第四学年	
国际汇兑	三	同	
投资学	三	同	
经济统计	六	同	
高级经济学	六	同	
会计问题	三	同	

银行学系二年级必修学程

学程	全年或半年	第一学期学分	第二学期学分	全年学分	备考
商用数学	全	二	二	四	每周讲授二小时、练习一小时
投资类	半	三	〇	三	
公司理财	半	〇	三	三	
共计		五	五	一〇	

银行学系三年级必修学程

学程	全年或半年	第一学期学分	第二学期学分	全年学分	备考
银行制度	半	〇	三	三	
银行会计	半	三	〇	三	

学程	全年或半年	第一学期学分	第二学期学分	全年学分	备考
保险学	全	二	二	四	
中外金融市场	全	二	二	四	
共计		七	七	一四	

银行学系四年级必修学程

学程	全年或半年	第一学期学分	第二学期学分	全年学分	备考
经济政策	全	三	三	六	
国际贸易与金融	半	三	三	六	
农业金融	半	三	〇	三	
银行实习	半	〇	二	二	
论文	全	一	一	二	
共计		一〇	九	一九	

银行学系共同必修一百零六学分，本系必修计四十三学分，应选修五学分，总共一百五十四学分。

银行学系选修学程

学程	学分	设置学年度	备考
社会学	三	第三学年	
政治学	三	同	
高级会计学	六	同	
商用外国语	三	同	
商业心理学	三	同	
国际贸易	四	同	
商品学	三	第三学年	
高等经济学	六	第四学年	
经济统计	六	同	
合作经济	三	同	
商业信用	三	同	
中央银行论	三	同	
商情预测	三	同	
信托事业	二	同	

会计专修科学程

一年级必修学程

学程	全年或半年	第一学期学分	第二学期学分	全年学分	备考
三民主义	全	二	二	四	
军事教育	全	○	○	○	全年每周学科二小时、术科二小时；女生习看护学
体育	全	○	○	○	全年每周二小时
国文	全	四	四	八	每两周须作文一次
英文	全	四	四	八	每两周须作文一次
会计学	全	四	四	八	讲授三小时、实习二小时
商业数学	半	六	○	六	
经济学	半	三	三	六	
统计学	全	○	三	三	系全年课程在一年级第二学期开始，每周讲授三小时、实习二小时
合作论	全	○	二	二	
珠算	半	○	○	○	半年每周二小时
共计		二三	二二	四五	军事教育每周四小时，体育每周二小时，珠算每周二小时，均在外

二年级必修学程

学程	全年或半年	第一学期学分	第二学期学分	全年学分	备考
高等会计学	全	三	三	六	每周讲授三小时、实习二小时
成本会计	全	三	三	六	每周讲授三小时、实习二小时
铁路会计	半	三	○	三	
政府会计	半	三	○	三	
审计学	半	○	六	六	
统计学	全	三	○	三	继续一年级第二学期讲授，每周讲授三小时、实习二小时
直接税会计	半	三	○	三	附改良中式帐
票据法	半	二	○	二	
银行会计	半	○	三	三	
银行论	半	○	三	三	
公司法	半	○	二	二	
伦理学	半	○	二	二	
校外实习	全	○	○	○	此系修正专科学校规程第十八条之规定，并须取具实习场所之实习证明书，否则不得毕业
共计		二○	二二	四二	

会计处关于钱桂芳减免学宿费的请示

学生钱桂芳本学期学费除舍监助理薪金五十元抵冲外，尚应缴费四十六元正。开学时奉校长示“钱桂芳在校担任舍监助理颇卓成绩，此学期可以毕业，学宿舍费暂准免缴，俟本学期终了，倘成绩仍佳，准予豁免可也”。现在学期终了，该生欠费豁免与否，候示遵行。

谨呈校长室

光华大学会计处呈

廿五年六月十九日

张寿镛致叶百丰函

百丰贤弟如握：

前接来书，适际岁暮，尊寓一时忘却，致稽裁答。

兹又得书，具悉。绩学如弟，维毕业之大学生岂可多得？兢兢向上，兄苟可成就，敢有所靳？惟校章分年学绩必须上达，非有中学文凭不能入大学，非有四年积分即须受驳斥。转入四年级一体毕业，此层决办不到。兄向来抱不欺主义，况沆瀣如弟，更应说老实话。兹为弟计，抛却毕业文凭而谈修业证书，则校中苟可通融，必尽量相报。兄意将来可发一种特别证书，详细叙述，盖用校印，由兄签字，庶无负弟一番求学之意。弟维注重在国文，倘兼习他课程更佳，一切当与朱副校长面谈之。本学期可仍以旁听生注册也。

率复，即颂侍祉。

兄寿镛启

一月八日①

① 具体年份不详，应为1938年或1939年。

张寿镛呈教育部关于光华大学成都分部招收新生及转学生情形的报告

谨查本分部“华大字第八六八号”呈文——呈送二十七年度第一学期招收各系新生及转学生名册暨证件请验讫发还一案奉：

钧部私肆八字一二四三六号指令略开：

“呈件均悉。查各大学招收文法商等科系新生及转学生，曾经本部规定每科系以三十名为限，该校政治、经济、会计、银行、工商管理等五系二十七年度上学期新生蓉沪两地合计均超过规定名额，各该系新生及转学生或转学资格均不予审核，政治、经济两系何以合并为政经系，并仰查明申复，以凭核夺”等因，查本校二十七年度第一学期招生曾经具文请核，嗣奉钧部二十七年八月十六日铣代电开：“该分部准设政治经济、土木工程、化学、会计、银行、工商管理等六系；教育学系不必增设；土木工程及化学系设备尚未充实，以收容该校旧生为限，本年度不得招收新生及转学生。其余四系招生名额与沪校相同，各系合并计算，每系不得超过五十名。”

又八月三十一日世代电开“该校化学系本年度准予招收一年级新生，惟名额至多以三十名为限”各等因，本分部依照铣、世两电令指示，遵于化学系招收一年级新生以三十名为限，其余政治经济、会计、银行、工商管理等四系，其一年级新生及二三年级转学生合并计算与沪校相同，每系以五十名为限。迨招生后，各系实收名额计化学系三十名，政治经济系四十八名，工商管理系四十名，银行系四十八名，会计系五十名，共计二百十六名，并未超过限额；内有同等学力二十一名，亦未超过十分之一之限制。此本分部二十七年度第一学期办理招生之情形也。奉令前因，理合呈复。所有本分部二十七年度第一学期所招政治经济、会计、银行、工商管理等四系新生及转学生，仍恳赐予审核，除名册未奉发还外，各该证件容俟发到，再行寄呈。

又政治、经济两系，沪校原系分设，本分部上年来川之始，为权宜起见，暂行并为一系，曾经奉准有案，自二十八年度起仍当依照沪校旧章分设两系。合并呈明，谨呈教育部。

全衔校长　张〇〇

商学院学生江贽恳请校长转呈教育部恢复学籍的函

张校长、谢副校长先生尊前敬禀者：

朔自东北事变，环境全非，学生不惯牛马生活，因之流浪在外。自来沪投考光华商学院后，深庆又得读书机会。孰不料学籍又发生问题，教部对东北学生不能予以谅解，徒加伪造证件之罪名，其经过之情形及学生不幸之遭遇亦张校长所深知者。虽先生体察东北学生，关心青年之前途，准予随班上课，叠沾雨露，恩感肺腑，但教部未能通过，永无正式之证书。故学生将前案作一详细之调查，自备文呈教部。近悉教部已移川办公，唯恐投递无所，兹特将原文附上，敬请先生代为转呈，以俾恢复学籍；更望先生从中说项，使学生重见天日，则不胜感激之至矣。

诸希谅察。专此。

谨请钧安。

商学院经济系学生 江贽叩禀

廿七年六月廿三日

附：江贽恳请教育部撤回成命恢复其学籍的函

呈为呈请事：上海光华大学学生江贽，辽宁沈阳人。民国二十年毕业于辽宁省铁岭县立师范学校，适值“九一八”事变，因家庭经济关系，遂致失学。其后三年，经多方之筹措，辗转来沪求学，于二十三年考入光华大学商学院，深庆复得读书机会，前途有望。

忽学校当局称于二十四年度上学期时谕称奉教育部指令廿四年发高私肆字第七三四号据称，“案查该校呈送学生江贽、张仲德等二名入学证件前经令发东北教育救济处查复在案。兹据该处查明，该项证件俱系伪造。该生等伪造入学证件，应即开除学籍，以警（儆）效尤。仰即遵办具报，原件存部注销。此令”，着即开除在校学籍。学生以此不白之冤，决欲明其真相，特恳请校长准予再寻有力之证明。

学生以前既经东北教育救济处查复在案，证明伪造证件，必求该处之证书方为有力。时铁岭县立师范同学曹辰力称原校长杨春华先生适在北平，特婉为证明，遂得东北教育救济处之证明文件。学生以既得认为伪造之机关之证明属实并非伪造，当可恢复学籍，遂将第二次之证件呈请学校转呈在案，光华当局遂于民国廿四年四月廿六日备文代为呈请。但旋经高私肆字第七一四二号驳回据称：“呈件均悉，该生学历经本部复查，并据东北党务办事处函称：‘卷查该生系经东北青年学社贾桂林同志介绍请求证明，并声称报名日迫，请速发给证明书等情，当以经人负责介绍并据称报名日期已迫，迟恐不及，遂未能详加调查，准发证明书在案。现既经前铁岭师范学校校长杨春华证明，该生所送证明书与该校原证明形式及印章均不相符。而本处所发之证明书系根据该生所持之证书，斯项证书既经证明不符，则本处所发之证明书自当失其证明效力’等情，查该项证明文件，既失效力，所请恢复学籍一节碍难照准，仰即知照，证件存部注销。此令！”

按东北教育救济处之证件，据同学曹辰力称托杨春华先生之亲属刘金融君访得杨春华先生向东北教育救济处而取得，上除该机关之印章外，并有各常务委员张学良、周天放等之私人图章，其慎重可知。况东北青年教育救济处之证书向不能轻易取得，按当时关外学生入关升学均须经该处之甄别试验及格，并须交纳原有文件，始能发给该机关之证书。学生有原校校长之证明，始允发给证明文件，决非声称报名日迫即可滥发；况既经该处证明伪造在先，决不能又无故发给证明书于后。东北青年教育救济处之证书既为正式证书，即等于高中之正式文凭。今既经部令注销，则学生肄业中学，辛辛六载，一无所得，交验之文凭亦毫无保障矣。而东北青年教育救济处为救济东北青年所发之证书，非但未能救济学生之学籍问题，反误学生之前程矣。

幸蒙光华大学校长张寿镛先生念东北青年之困苦遭遇，准予在校随班上课，瞬已四载，校中所有学程均已修满及格，同班学友均已毕业，而学生学籍至今仍未解决。况铁岭师范同学曹辰力君亦投考上海大夏大学，经部批准在案，而学生之证件独未能通过。如无东北事变，学生亦不致有此遭遇。况光华廿四年度毕业生陈雄确系伪造证件，尚蒙批准参加甄别试验，准予毕业，以学生之情况，理当给予通融。

俯念学生十年寒窗之不易，辗转求学之苦心，望以青年学子前途为重。兹谨将事实之经过呈请钧部收回成命，准予恢复学籍，不胜感沾实惠之至。

谨呈教育部部长陈

东北被难学生 江赞谨呈

廿七年六月廿四日

附录A：关于允许恢复学生江赞学籍的请示

案据本校商学院学生江赞呈称“云云①”等情，据查该生遭逢国家变故，辗转求学，犹见向学殷切。而千里流离，手续上致有隔阂之处，情殊可悯。在校四年之中获有相当成绩，据呈前情，理合备文转呈，尚祈钧部俯察该生国难流亡，将其缕陈事实经过重行审查，是否可以恢复学籍之处，仰祈鉴核示遵。

谨呈教育部部长陈

私立光华大学校长张寿镛

中华民国廿七年十一月十七日

---

① 此为呈件底稿。根据张寿镛批示意见，即将学生江赞的呈部文稿由学校转呈教育部，“云云”即呈报文。

附录B：教育部高教司吴俊升司长的复函

詠霓先生台鉴：

关于贵校二十三年度新生江赞呈请恢复学籍一案，奉嘱："查该校二十三年度新生江赞一名，曾经本部于二十四年二月以私肆字第二四二零号训令开除学籍，并于同年三月八日经该校遵办具报各在案。该校仍准其在校随班上课，殊属不合。查该生前缴证件，初为辽宁省铁岭县立师范学校油印之证明书，继为中国国民党东北党务办事处证明书，来呈所称曾缴东北青年教育救济处之证书，已有不符；原校校长姓名前报为杨春霖，现报作杨春华，前后又属两歧。该生原缴入学证件，曾经本部令饬东北青年教育救济处查明，据前辽宁省铁岭县立师范学校校长杨春霖证明不符，东北党务救济处之证明书亦经中国国民党东北党务办事处函复原毕业证件既属不实，亦失其证明之效力各在案，所请应毋庸议。"

专此奉达，顺颂教绥。

吴俊升启

中华民国廿七年十二月十二日

呈教育部关于光华成都分部修藏语学生免修第二外语的请示

代电私立光华大学成都分部

事由：该校修习藏语学生准暂免修第二外国语

私立光华大学成都分部览：号代电悉。该校修习藏语学生准暂免修第二外国语。仰即遵照。教育部（印）。

光华大学代电

按照新规定之大学文理生三学院科目表，第二外国语并非文修，故该校二、三、四各年级学生拟予一律通融照准。

光华大学代电

事由：请示可否将西藏语者免修第二外国语由

拟办：拟予照准

二十七年第肆号第一二二九一号

中华民国廿七年九月廿二日收到

教育部关于一九三八年度下学期自行招考新生的指令

（私肆一一字第〇二三二二号）

令私立光华大学成都分部：

二十八年一月十九日呈一件——为拟于寒假照例招生呈请核示由，呈悉。该校二十七年度下学期准予自行招生，招收名额，除化学系外，其他各系，沪蓉两地合计每系新生及转学生不得超过四十名。

招生简章应即补呈，备核。

此令。

部长　陈立夫

中华民国二十八年一月三十日

庖厨丁凤林关于其女继续免费入读附中的函

谨呈者：

窃查小女惠苹前蒙钧座准予在附中部免费入学，俾学业不致中辍，感激之私，无可言喻。兹以本学期已经开始，用敢再渎尊严，仰恳援照上届办法，仍赐免缴学费，藉资深造，不胜迫切待命之至。

谨呈张校长

仆 丁凤林谨呈

（民国二十八年）二月二八日

谢霖呈教育部关于成都分部增加招生名额的请示

谨查本校成都分部招收新生名额，在二十七年秋季曾奉钧部核定，“各年级俱全之系连转学生在内，每系平均得招五十名”，当已遵照办理。本年春季招生则奉钧批，定为“各系沪蓉两地合计新生及转学生每系不得超过四十名”等因，按本校所在沪蓉两处，均属失学青年众多地方。在此抗战期内，每届招生定额数拟请准较诸平日为宽，以资广为容收，亦可较增学校收入，用以扩充设备，于教学之实质上，益处必多。若以原有一校名额使分配于两地，不特分地施教，其支出之经费如故，而学费收入骤减其半，势必无法维持。且一年级学生起初人数减少，其后进至三四年级，所留无几，亦觉太不经济。

此皆事实上之困难，用敢据实上陈，拟恳体念下情，准许沪蓉两部招生名额免除合并计算办法，并请将各年级完全之系准许扩充名额，每系得招新生及转学生七十名，不胜感祷。

敬上部长陈

私立光华大学副校长谢霖谨具

二十八年二月二十六日

教育部核准光华大学沪蓉两部招生计划的指令

（私四八字第六八七二号）

令私立光华大学成都分部：

二十八年二月廿六日折呈一件——请增沪蓉两部招生名额，免除合并计算办法，并请将各年级完全之系准予扩充新生名额至七十名由，呈件均悉。

姑准该校于二十七年度下学期自行招收文类各系新生及转学生，沪蓉两地，每系各共三十名。

件存。

此令。

部长　陈立夫

中华民国二十八年三月三十日

张寿镛关于核准光华成都分部一九三九年度招生简章等请示

查二十八年度行将开始，兹将本分部二十八年度第一学期招生简章呈请察核。其中化学、会计、银行、工商管理等四系每系新生及转学生请各准招三十名。政治经济系因拟仍照沪旧章，分设政治及经济两系，已于“华字第一四二三号”呈内声明原由，政治系及经济系各只招一年级新生三十名，原有之政治经济系只招转学生十名。土木工程专修科招新生五十名及一年级第二学期转学生十名。会计专修科招新生五十名。均乞批示祗遵。

又现有奉令办理之会计专修科，如有退学学生，请准收转学生以其缺，并仍免收学宿两费，以副钧部特开该科之德意。是否可行，并乞核示。

谨呈教育部。

附呈招生简章一份

私立光华大学成都分部

校长张寿镛

中华民国二十八年六月十六日

谢霖关于教育部已经核准招生计划复函张寿镛

詠老赐鉴：

敬肃者。二十七年秋季沪蓉两校招生分别计算一节，兹已奉部令承认蓉校所报各生亦已审核，可谓告一段落。兹将顾张两次长及张主任秘书、吴司长来函照抄附上，即乞察及为祷。

顺颂第福。

附抄函

谢霖谨肃

民国二十八年九月二十日

照抄顾毓琇、张道藩、张廷休、吴俊升来函

霖甫先生大鉴：

七月二十七日惠书敬悉。关于各大学招收新生及转学生二十三年度业已订有限制办法，二十四年度部中复有详细规定文、法、商、教育系科所招新生及转学生之数额，除具有成绩特优等情形经部于招考之前特许者外，以三十名为限。曾于二十四年四月二十五日以第五一七九号训令各校遵办，嗣后各校历年招生均依照该项规定办理。

贵校历年来招收新生常有超过名额情形，均由部照章指驳，由校剔除名额至规定数额后再予审核。谅贵校均有旧案可资查考。二十七年度贵校招生部中以蓉沪两地开学，故名额方面于去年八月支电中曾核定“……其余四系招生名额与沪校相同各系合并计算，每系不得超过五十名”，原已变通办理，且已说明与沪校合并计算，谅荷台察。兹为救济该级学生学业起见，陈奉部长核定“此次特予通融审核，嗣后招生应依照核定办法办理”。

又关于招收同等学力学生，应以本学期录取新生名额为计算标准。贵校请以一学年新生名额合并计算，与规定并不相符。又某一学期入学学生，因入学资格未合，或未换呈正式毕业证书，于下一学期一律改为以同等学力资格入学，亦非所宜。此次均已特别通融办理，嗣后务请依照部定颁发招生，免于录取后发生问题。

专此奉复。

顺颂教绥。

顾毓琇[1]　张道藩[2]　张廷休[3]　吴俊升[4]敬复

九月六日

光华大学成都分部招生简章[5]

（民国二十九年秋季）

一、招生系列

文学院：政治经济学系（内分政治组及经济组）

理学院：化学系、土木工程专修科

商学院：工商管理学系、银行学系、会计学系、会计专修科

以上五学系均收一年级新生及二、三年级转学生。土木工程专修科及会计专修科只收一年级新生。

二、新生报名须知

（甲）凡具有下列资格之一者得报名应试

1. 凡在公立或已立案之私立高级中学，或与高中同等程度之公立或已立案之私立学校毕业，得有会考及格正式毕业证书者，不论男女均得投考一年级。

2. 凡在公立或已立案之私立大学修业之男女生，得有转学成绩单、修业证明书者。得应本大学之入学试验于录取后再受编级试验，但曾在本校肄业被开除或勒令退学者不得应考。

（乙）奉部令不收同等学力。

（丙）报名者均须亲笔详填报名单，并应于报名之前先至本校报名地点，阅看每学

① 顾毓琇，时任国民政府教育部次长。
② 张道藩，时任国民政府教育部次长。
③ 张廷休，时任国民政府教育部主任秘书。
④ 吴俊升，时任国民政府教育部高教司司长。
⑤ 藏于重庆市图书馆。

期缴费数目表。

（丁）报名者须呈缴下列各件、经审查合格后，于考试前发给准考证方准与考。

1. 报名单

2. 报考一年级者，须缴验教育厅盖印之高级中学，或与高中同等程度学校之正式毕业证书。倘前项正式毕业证书尚未取得，则须缴验教育厅盖印之升学证书，或毕业学校所出已参加高中会考之证书。但于录取入学之后，设会考成绩发表有须留级情事，应即遵照退学，届时并不退还已缴各费。

转学插班者须缴验教育部盖印：

①高级中学或与高中同等程度学校之正式毕业证书及大学修业证明书。

②转学成绩单。

③最近二寸脱帽半身相片五张，并将本人姓名自书于相片背面。

④报名费国币五圆，体格检验费二圆。

三、入学试验

（甲）报名日期：自八月十日起至八月十七日止。

（乙）报名地点：成都新西门外光华村本校，重庆状元桥街太华楼巷本校驻渝办事处。

（丙）试期：八月二十日，二十一日两日。

（丁）考试地点：成都新西门外光华村本校。

重庆是否能在渝考试，临时通知。

（戊）考试科目

（一）入学试验

（1）公民

（2）国文

（3）英文

（4）数学

文、商学院各系及会计专修科——高等代数、平面几何、三角

理学院及土木工程专修科——高等代数、解析几何、三角

（5）自然科学

文、商学院各系及会计专修科——理化、生物二种

理学院及土木工程专修科——物理、生物、化学三种

（6）社会科学

文、商学院各系及会计专修科——中外历史、中外地理二种

理学院与土木工程专修科——中外史地

（7）口试

（8）体格检查

（二）转学生编级试验

俟入学试验及格后再行通知定期举行。

（己）体格检查：于应考后三日内至本校指定医师处检查，否则不予录取。

（庚）录取后程序

1. 已拟录取之新生及转学生，均由本校分别通知限期办理入学程序，逾期即予取消。

2. 填具志愿书、保证书及学生履历、家长印鉴片等呈缴齐全方准注册。

国文比赛学分处理办法

径启者：

查本学期国文比赛及补行比赛：一、凡参加而评阅文字未及格者，按照条例应予扣一学分，特从宽免予执行；二、凡参加而未完成者仍应扣一学分；三、凡不参加者，除一、二年级不准参与国文大考外，并扣一学分，三、四年级除扣一学分外，仍应严格补行比赛以示奖惩兼施之意。兹特抄送参加比赛各生姓名及等第一份，即请查照办理为荷。

此致注册组。

附件（略）

校长室启

中华民国廿九年一月四日

附录：国文作文竞赛条例

一、本校为提高学生国文程度起见，每学期举行作文竞赛一次。

二、试验作文一篇，全体学生均须参加。如有不参加者，于其本学期所应得之学分酌扣一学分。

三、题目由校长定之。当日由监试者在试场发表。

四、试卷由注册组备办，照参加人数造册编号，卷面仅写明号码。

五、与试学生不得于卷面记名或写学号。

六、与试诸生须一律用毛笔及中国墨，如用自来水钢笔及铅笔者概不评阅，仍以缺席论。

七、与试诸生须写工楷，如涂抹潦草过甚者，无得奖之权。

八、试卷收齐后按各年级分开送国文系各教授、讲师评阅。

九、评阅记分标准：文字内容占百分之四十，文字形式占百分之四十，字迹占百分之二十。

十、分级评定：甲、乙各级每级自第一名至第五名均给奖。

十一、前二十名之姓名以校长室名义公布之。第一、第二两名由校中给奖，第三至第五名由校长给奖。

十二、成绩不及格者，四年级生非经再试及格不得毕业，三年级以下不及格者于本学期所应得之学分内酌扣一学分以示儆戒。

十三、本学期竞赛于本年四月二十七日下午二时至四时举行。

张寿镛关于国文竞赛测试办法的批复

迪符、一鸣两君大鉴：

楚善弟均此。此次国文竞赛卷一年级前已送上，又将二年级送去，费尽心力亲自批阅全部，可以总测验矣。兹将办法录后：

（1）一年级现已公布，明日即续布二年级。

（2）公布后此卷即分别某教师所授交与某教师分交诸生阅看，仍将原卷送回。但鄙人书有致各教师函暂时勿分送。

（3）尽明日或后日连同大一请陈楚善弟同为帮忙，先将某教师有若干上上、上中、上下以及中上等等分别清楚，将单开支鄙人，以测验各师所教优劣。

（4）先将一年二年级人名开送，暂不必开明某组，俾明了平日成绩优者是否列优等。

（5）致国文教师函稿一两日内当送上，可于送到时油印与各卷送去，但此两日即预备分送手续。

此颂日祉。

寿镛拜启

（民国二十九年）五月卅夕

再三、四年级卷续送，此可不必分送各教师，以国文并不专读矣。又及。

国文竞赛结果及奖励办法的通告

查本学期国文竞赛成绩业经评定，兹将各级前二十名姓名先行公布于后。第一、二名由校中奖给书券，第一名二十元，第二名十元；第三至第五名由校长奖给书券，第三名五元，第四名四元，第五名三元；第六名至第十名由校长加奖书券各二元以资鼓励。再前二十名各卷准由各生至课程组阅看，阅毕仍将原卷于三日内送还备查。至前五名各卷除由各该生阅看外，并准携出照录二份，一份自留，一份连同原卷于三日内送课程组以便分别选入本届国文竞赛专刊。

此布。

私立光华大学钤记

中华民国廿九年十二月四日

学生陈品端呈请先行发放毕业证明书的函

敬启者：

兹因家乡邮汇不通，所欠费七十余元一俟可通，即行付清。请先发给毕业证明书。特此肯准是幸。

此上张校长台鉴

学生陈品端

廿九年一月七日

附录：张寿镛的批复

会计处、注册处：

陈君赴后方工作，有特别情形，准予先发毕业证书，其欠款仍命设法补缴。

寿镛

廿九年一月八日

学生谢钧培、李人元家长呈请先行发放毕业证书的函

校长先生大鉴：

查小儿钧培、人元肄业贵校理学院土木工程系，诸蒙教诲，良深感激。本学期已修毕全部学程，应予毕业。今因亲友之推荐可介绍至基泰公司实习。惟小儿等之论文因系工程著作，需时颇多，致一时不克完成，约尚有一月半之久始能告竣。然该公司必需（须）检验彼等之毕业证书。追思之下，特备函恳请校长先行发给证书，以应需用，而勿使坐失良机。盖现今沪上人浮于事，就业诚不易也。至于论文，一俟作成，当命其从速缴呈，绝不有误。专此奉恳。敬请冬祺。

晚谢咏涛、李漆阶同启

廿九年十二月卅日

附录：张寿镛的批复

准予先行发毕业证书，仍限一个月内将论文缴到，勿延。

薛秘书办

寿镛

学生陈大甡呈请以工读生资格半工半读

詠霓校长钧鉴：

谨启者，前在母校肄业二年，及至事变因生计所迫无暇读书。但服务社会以来，时感智识不足之痛苦，故立志于本学期工作之余继续求学。恳祈吾师准予职员名义，俾照职员进修条例选读课程，是所至祷。肃此，叩请钧安。

生陈大甡谨启

民国卅年二月二日

附录：校长室致有关部门的函

敬启者：

兹派陈大甡在出版组办事，不支薪，并准援工读例工读。相应函请，查照为荷。

此致注册组、会计室、出版组

校长室

中华民国三十年二月四日

杨人煌关于优良毕业论文援例应当奖励的函

校长钧鉴：

敬禀者。窃思一国之欲挽颓风而振良俗也，必惩恶而扬善；军队之欲整军纪而健兵质，必也奖罚分明。查母校每年毕业论文之特优者皆奖以金章，盖寓有肃校风而励勤学之意焉。惟自抗战之后，皆未实行，现已无形取消矣。生意此规不可废也。何则？曰：旧规不可背，一也。良则不可废，二也。奖优秀而肃风励学不可废，三也。莘莘学子，四载芸窗，及将卒业，乃呕心沥血，萃四年之心得而笔之为文，其能特优者非侥幸所能致也；此欧美学府所以认为无上之荣誉也，故正得有以奖之，以慰其劳，以勉其将来，并可得以励新来者，是不可废，四也。有此四者，故曰“不可废”也。生以爱母校、爱校长之至心，用敢赤诚奉布，尚乞察核为祷，耑此。

敬叩大安

生杨人煌顿首

（民国三十年）七月廿一日

学生廖家时呈请免除学费的函

敬恳者：

学生廖家时蒙予录取为大学一年级生，欣然来校。缘家父在校服务十余年，按例学生应纳各费中学费一项得享免除权利，敬乞赐准为幸。

敬呈张校长钧鉴

学生廖家时谨上

附录：校长室通知会计室免收廖家时学费

学生廖家时准予援照教职员子女免费办法免缴学费，相应函请查照为荷。

此致会计室

校长室启

中华民国三十年九月十七日

赣籍学生欧阳琦呈请代为申请赣省教育厅奖学金的函

敬启者：

江西省教育厅为救济赣籍学生，设有奖学金及贷金。生籍隶江西南昌，来沪入本校肄业倏已三载，目下沪地百物飞腾，家庭负担日重。吾省既有此办法颁布，实救人于水火。

用特恳乞吾校代去函赣教厅申请奖学金及贷金，俾得早日领取，则不胜感戴矣。

专呈校长张台鉴

生欧阳琦谨上

十月廿二日

附录A：江西省省内外专科以上学校赣籍学生奖学金规则

（廿八年十二月廿九日第一二三六次省务会议通过，廿九年一月公布）

第一条　江西省政府为奖进学行优良及地方需要之专门人才起见，特就下列各学校设赣籍生奖学金名额：

1. 国立专科以上学校
2. 本省省立专科以上学校
3. 由教育厅按照地方需要提请省务会议决定之专科以上学校

前项各款称专科以上学校者，谓招收高中毕业资格学生之专科以上学校，如系五年一贯制之专科学校招收初中毕业生者，以其第四学年学生比照招收高中毕业生之专科学校第一学年学生办理之。

第二条　凡籍隶赣省在前条所列各学校（院）肄业正式学生，每届满一学年，学业成绩列七十分以上、操行优良、体格强健者，得于次学年开学注册截止后二个月，由原校将其过去一学年学业、操行、体育三项成绩，按学年总平均分数依照表式分别填注，送请本省教育厅核发奖学金（成绩表式见后）。但旁听生、试读生、补习生、先修班学生以及校中免收各费或另有津贴者不在此列。

第三条　奖学金每名每年国币一百元。

第四条　奖学金之名额每年定为四百名，其分配如下：

1. 工科，百分之廿
2. 农科，百分之十
3. 理科，百分之廿
4. 医科，百分之十

5. 文科（包括教育），百分之廿

6. 商科（包括经济），百分之七

7. 法科（包括政治），百分之七

8. 艺术科，百分之二

9. 体育科，百分之二

10. 家事科，百分之二

各科遇有缺额时，得以他科余额酌量叙补。

第五条　请领奖学金学生如遇超过规定名额时，由教育厅按照下列各款选补之：

1. 高年级先于低年级

2. 年级相同，以成绩高下定之

第六条　奖学金之核给每年于十月间开始办理，十二月底审查完毕，次年一月公布并按名将奖学金汇交所在学校转发，但有特殊情形者亦得由教育厅径行发给。

第七条　各请领奖学金之学生，每年由教育厅审核一次，如学、行、体育成绩不合格者，即不给奖学金。

第八条　本规则自公布之日施行。

附表式（略）

附录B：光华大学致赣省教育厅的函

案据学生欧阳琦函称“籍隶江西南昌，来沪肄业已有三载，际兹沪地百物飞腾，家庭经济不胜负担，请求转函江西省教育厅申请贷金及奖学金以资救济”等情，据此查该生所称当属实情，而过去一年内成绩平均在七十分以上，自应准予转函申请。

相应检送赣籍学生请领奖学金成绩表一纸，至希察核为荷。

此致江西省教育厅厅长程①

光华大学校长张寿镛

中华民国三十年十月二十五日

附送成绩表一纸

上海光华大学在学赣籍学生请领奖学金成绩表

姓名	性别	籍贯	入学年月	所习科系	在学年级	学生总平均成绩			附注
						学业	操行	体育	
欧阳琦	男	江西南昌	民国廿七年夏	银行系商科	三年级	70.5	优	75	

① 程时煃，字柏庐，江西新建人，时任江西省教育厅厅长。

翁文灏呈送教育部光华大学在蓉肄业生处理办法

事由：为呈请专案核准目下在光华大学成都分部肄业之学生，除自愿回上海光华大学肄业者外，一律作为在成华大学借读。其将来在成华大学借读修业完毕者，仍由光华大学发给毕业证书，请指令祗遵由。

谨呈者：

光华大学在抗战期内，所设立成都分部移请川省地方人士接办，业已决定改组私立成华大学，订于卅五年二月一日实行，接收办理，并已具文呈报钧部在案。惟目下在光华大学成都分部肄业之学生，咸欲将本分部请求钧部改为国立，否则要求自一年级起之全体学生，除自愿回上海光华大学肄业者外，会词坚求一律作为在成华大学借读，随时准许回至上海光华大学肄业。其将来在成华大学借读修业完毕者，仍由光华大学发给毕业证书等语，甚至罢课请求。当奉钧部杭次长及钟督学道赞，对于请求将本分部改为国立一节，未予允准。至自一年级起之学生，除自愿回至上海光华大学肄业者外，其余作为在成华大学借读，在借读期内，随时可回上海光华大学肄业，其将来在成华大学借读修业完毕者，仍由光华大学发给毕业证书一节奉示学生如能复课，准予考虑通融等因，当即布告周知现在光华大学成都分部全体学生，已于十月廿日实行复课。亦已另文呈报，谅邀钧察两校会商之下。在成华大学方面认为，目下在光华大学成都分部肄业之学生会大学各学系及会计专修科共为一千二百八十七人，请求一律作为在成华大学借读，其将来在成华大学借读修业完毕者，仍由光华大学发给毕业证书一节，殊与成华大学并无窒碍，但应以卅五年二月实行到校注册者为限，并须两校专案会呈钧部，核准方便办理。而在光华大学方面则无异议，理合会同具文呈请。

钧部专案核准，指令祗遵，不胜感谢，谨呈教育部。

私立光华大学校董会董事长翁文灏
私立成华大学校董会董事长邓锡侯谨呈
地址：四川省成都市新西门外光华大学成都分部
卅四年十二月廿九日

张华联关于成都分部等事致朱公谨的函

公谨吾兄大鉴：

迭奉大示，迨未作覆为罪，嘱办各事奉告如下：

（一）嘱询教育部补助费事前经将经农先生不示附奉，谅荷台洽；

（二）全体职员请求救济事已面陈翁董事长；

（三）向教育部申请补助事已奉准翁董事长，日内当将呈文送部；

（四）嘱填校董一览表填就后当即奉上。

兹有奉达者：

（一）成都分部前为请求改为国立酿成学潮而罢课，嗣教部派大员前往处理，允将现有光华在蓉肄业学生，作为在成华借读，已由两校会呈教部，此后毕业证书由光华发给一点如何办理，奉董事长嘱转知沪校。此事经农先生到校时，希请示办理。详见呈部文附本。

（二）再现在蓉校学生有一部分拟转入沪校，该批学生之审查问题请注意。

（三）蓉校毕业证书向由张校长署名，唯本期毕业者（一月份）应如何办理，亦希与经农先生解决。

（四）教部以后指令已呈部径寄沪校。

专此即请年厘

弟张华联

卅五、元、十

朱经农请大同大学接收电机、化工两系学生的函

敬启者：

敝校所设电机、化工两系顷奉教育部令饬停办，并将该系学生设法转入其他私立大学，自应遵办。所有该两系学生均拟转入贵校肄业，曾已面洽，荷蒙俯允，至以为感。

兹特抄奉转学学生名单一份，函请察洽，准予收容为荷。

此致大同大学

光华大学校长朱经农启

中华民国卅五年八月十六日

（复字第三六〇号）

附录：大同大学的复函

敬启者：

查贵校转来电机、化工两系学生成绩单与敝校规定升级及格学分相差甚巨，十六人中除七人可合升级标准（敝校工学院一年级升二年级规定须及格二十八学分）尚须补读学分外，其余九人无从遵命照办。兹附还蒋卫源等九人成绩单九份，至祈台察，并请转知吴寿录等七人即来敝校办理转学手续为荷。

此致光华大学

私立大同大学注册处

九月六日

关于请之江大学接收机械系学生的函

敬启者：

敝校所设机械系顷奉教育部令饬停办，并将该系学生设法转入其他私立大学，自应遵办。所有该系学生均拟转入贵校肄业，曾已面洽，荷蒙俯允，至以为感。

兹特抄奉转学学生名单一份，函请察洽，准予收容为荷。

此致之江大学李校长培恩

光华大学校长朱经农启

中华民国卅五年八月十六日

（复字第三六〇号）

附录 A：之江大学的复函

敬复者：

顷接贵校复字第三六〇号大函并附转学生名单一份嘱予收容等由，准查各该生等学年成绩尚付阙如，应请钞示以便考虑，相应函复，即希察照为荷。

此致光华大学

之江大学校长李培恩启

八、十九

附录B：关于抄送转学生成绩单给致之江大学的函

敬启者：

接奉大函，承嘱抄送转学生成绩单一节，业已照办，相应检同成绩单十七份，函请台察。前送转学生名单中有汪彼得一名，查系土木系学生，当时误为抄入。再关于转学呈报教育部方面可无问题，请勿顾虑为荷！

此致之江大学李校长培恩

光华大学校长朱经农启

中华民国卅五年八月廿三日

（复字第三七七号）

朱经农致函苏北难民救济会上海办事处

径复者：

接准十月廿九日台函，祇悉。贵会热心教育，救济苏北流亡学生伙食费，再行发给十一月份一个月。业已遵照办理，相应检奉本校苏北籍学生登记请领伙食费、缮具发放清册三份，函请核发，并祈查照为荷！

此致学生临时救济委员会

光华大学校长朱经〇启

中华民国卅五年十一月九日

（复字第六二〇号）

附录A：苏北难民救济会议上海办事处的复函

径复者：

顷接大函，并附发放清册三份到会，准此。

兹订于本月廿日派员前往核发。届时各该生携带学生证名章具领，相应函复，即希查照转知为荷。

此致光华大学、光华大学附中

苏北难民救济会议上海办事处学生临时救济委员会

十一、十五

附录B：苏北难民救济会议上海办事处复函

径启者：

查各校苏北籍流亡学生暑期伙食费、补助费原定由八月份起至十月份止，共救济三个月，刻已办理完竣。兹为顾念该籍流亡学生实际困难起见，本会特商准苏北难民救济会议上海办事处，再行继续救济一月（即十一月份），至具领手续仍照以前同样办理。惟请领发放清册三份希于十一月十五日以前（用十行稿纸缮造）函送本会，以便定期核发。

相应函达，即请查照办理为荷。

此致光华大学

苏北难民救济会议上海办事处学生临时救济委员会

十月二十九日

教育部检发学生人数调查表的代电

私立光华大学：

奉行政院令饬编具本学期各校实有公费生人数表呈核等因，兹检发调查表三份，仰于文到三日内详实填报，以凭核办。学生人数务以详实为准，以后各月份垫发膳费数即以此表为凭。除分行外，合亟电仰遵照。

教育部印

中华民国三十五年十月十五日

（总字第二五六〇三号）

向教育部呈报一九四六年学生数调查表

谨呈者：

兹奉本校成都分部结束办事处十一月九日转奉钧部本年十月十五日总字第二五六〇三号代电，令将本校学生人数调查表填报呈部，自当遵办，业已依式照填，理合备文呈报，仰祈鉴核为祷！

谨呈教育部部长朱

附呈本校学生人数调查表一式二份

校长朱经〇

中华民国卅五年十一月廿二日

（复字第六三七号）

光华大学学生人数调查表

项别	人数	备注
全公费		
半公费		
分发青年军复学生	8	
贷金改全公费生	7	内汪廷蔚、刘明菊两生现在成华大学借读； 内马尚健、王汇川、王毓华、贺煜成、许慧智五生现在本校继续肄业
建教训练班学生		
完全自费生	972	
总计	987	

（卅五年度第一学期）

本月份中等熟米每市斗伍千捌百元。

校长朱经农

中华民国三十五年十一月廿二日填报

附注：

（一）本表一式三份，一份存校，二份报部

（二）表列人数应以实有人数为准，以凭垫发以费生膳费

（三）本表用最迅速方法直接寄交教育部总务司

附录：成都分部结束办事处转教育部相关指示的函

径启者：

兹奉教育部三十五年十月总字第二五六〇三号代电，饬填公费学生调查表等因，查成都分部原已奉准之战区学生截至本学期止尚有马尚健等五名已至上海本校肄业，又汪廷蔚等二名留在成华大学借读。此等学生均已于本年九月间具文填表呈部，并已以华大卅五字第六六五九号函将该呈件副本抄请察照在卷，所有上开教部代电除抄录存查外，兹将原电附请查照为荷。

此致上海校本部

附教育部总字第二五六〇三号代电一件

光华大学成都分部结束办事处谢霖启

中华民国三十五年十一月九日

（华大卅五字第六六八八号）

向教育部补报一九四六年贷金学生人数表与粮价表的报告

教育部钧鉴：

敝校本年九月一日华大（卅五）字第六三五六号呈，请发给三十五年八月起在校肄业战区学生贷金一案，奉钧部三十五年十一月二十一日总字第三二九二〇号代电开“九月一日华大（卅五）字第九三五六号呈件均悉。查该校本年一月份起所有请领学生膳费清册及粮价表均未报部，致无凭清结核算。成都与上海膳费标准不同，应分地报送粮价表。一至九月份膳费仍应将该校各月人数表及沪蓉两地粮价表报部再行清发，仰即知照。件存”等因，兹遵将自本年一月至九月之学生人数表及粮价按月造册呈报，即请察核。所有敝校成都分部垫发之款，共计捌拾五万九千六百一十元，除请扣去汇发各款外，其余仍乞钧部汇交敝成都分部结束办事处，以兹归垫清讫至自十月份起之贷金，请以在沪学生五名应领之款直接改汇上海本校转发。又留蓉借读学生两名应领之款仍请汇交成都分部结束办事处（地址：春熙南段十七号附六号）转发。再此项留蓉学生两名均在本学期应届毕业，其应领之贷金请予发至三十六年一月为止。并以附陈。

私立光华大学叩

中华民国卅五年十二月十八日

（华大卅五字第六八〇八号）

附呈：

（1）战区学生请领膳食贷金人数清册四份

（2）三十五年一至九月份战区学生请领贷金异动表十八份

私立光华大学成都分部三十五年八月份战区贷金学生请领贷金异动表

（一）人数总计及每人应给膳食补助金及贷金数目

种类	上月份人数	本月份增加人数	本月份减少人数	增减相抵后连同上月份共计人数	每月应给膳食补助金及贷金数
甲	15	0	8	7（在沪五人，留蓉二人）	在沪二万一千四百二十元 留蓉九千六百八十元

附注：

（1）上海粮价每市石五万四千元；成都粮价每市石一万六千元（平价米已取销）。

（2）在沪肄业学生五名，每名米二市斗三市升，计为一万二千四百二十元；副食费九千元，每名合计二万一千四百二十元，五名总共十万零七十一百元。留蓉借读生两名，每名米二市斗三市升，计为三千六百八十元；副食费六千元，每名合计九千六百八十元，两名总共一万九千三百六十元。

（3）本月份共发十二万六千四百六十元。

（4）本月份止共垫七十三万三千一百五十元。

（二）学生异动清册

姓名	异动原因（增减）	籍贯	年龄	性别	科（系）别	年级	甲乙种	备注
鲁尔谷	减	湖南长沙	二七	男	会计	四	甲	毕业离校
余迭良	减	湖北汉口	二三	男	政经	三	甲	休学
席裕骥	减	江苏吴县	二五	男	会计	四	甲	休学
余家范	减	湖北汉口	二四	女	政经	三	甲	休学
赵莲玉	减	河北宛平	二四	女	政经	三	甲	休学
熊学长	减	湖北鄂城	二〇	男	高中	三	甲	休学
崔学文	减	湖北公安	二〇	男	高中	三	甲	休学
林学炳	减	江苏江浦	二〇	男	高中	三	甲	毕业离校

私立光华大学成都分部三十五年九月份战区贷金学生请领贷金异动表

（一）人数总计及每人给膳食补助金及贷金数目

种类	上月份人数	本月份增加人数	本月份减少人数	增减相抵后连同上月份共计人数	每月应给膳食补助金及贷金数
甲	7	0	0	7（在沪五人，留蓉二人）	在沪二万一千四百二十元 留蓉九千六百八十元

附注：同八月份。

关于三名青年军的公费及膳食费再呈教育部的报告

案查钧部分发青年军复员学生核给公费一案，曾于本年十一月廿二日开送分发本校青年军复员学生请领公费顾毅雄等八人，又成都分部复员学生请领公费马尚健等五人名册，呈请钧部核发在案。兹又有青年军曾英雄、易乃庆、潘振德三名来校，谨再造具各项清册，呈请钧核，仰祈准将该曾英雄等三名每人学杂费卅四万元、宿费十万元，连前报青年军八名及成都分部复员学生五名，总共柒百〇四万元并各该生膳食贷金一并如数拨给，实为教便。

谨呈教育部部长朱

光华大学校长朱经〇

中华民国卅五年十二月廿三日

（复字第七二〇号）

教育部关于补发一九四六年一至九月份膳费的代电

私立光华大学：

卅五年十二月十八、廿三日华（卅五）复字第六八〇八、七二〇号两呈件均悉，该校三十五年一至九月份学生膳费，兹经核定如附单，计应补发五一六七九〇元，款另汇，应于收款后补呈钤领。至十至十二月份膳费，应俟粮价表到部再核发。该校成都分部学生膳费应由该校自行汇寄。青年军复学学生学杂等费，俟行政院核示办法再行饬知。仰即知照，件存。

教育部印

中华民国卅六年正月廿一日

（总字第〇五一一五号）

附：核拨私立光华大学学生膳费清单

民国三十五年

月份	粮价	副食费	每名膳费	人数	全月膳费合计	垫发数	补发数	附注
1	300	3 000	3 690	21	77 490	缓		
2	600	3 000	4 380	15	65 700	2 560 32 000		公利社本息
3	600	4 500	5 880	15	88 200	缓		
4	600	4 500	5 880	15	88 200	100 000		
5	600	4 500	5 880	15	88 200	100 000		
6	600	4 500	5 880	15	88 200	100 000		
7	600	4 500	5 880	15	88 200	100 000		
8	蓉 1 600 沪 5 400	4 500 5 500	8 180 17 920	2 16	16 360 286 720	200 000		
9	蓉 1 600 沪 5 400	9 000 15 000	12 680 27 420	2 16	25 360 438 720	200 000		
总计					1 351 350	834 560	516 790	

光华大学学生减免学费条例

一、资格：凡本校学生适合下列资格之一者，皆得由该生家长请求学校免交学费之全部或一部分。但以得其他奖金之学生（包括校内外）如欲请求免费时，得由学校斟酌情形办理。

1. 本校教职员之子女（凡本校教职员之在校弟侄，除其父兄已故经济责任须由该员负担者外，不得援引下列甲乙两项之规定请求免费）

甲、现任教职员，服务在五年以下者，得申请免缴子女一人学费之半数，满五年者免缴子女一人学费之全部；五年以上未满十年者，除免其子女一人全部学费外，得再请求学校免缴另一子女学费至半数；满十年者免缴子女二人学费之全部。

乙、已离校之教职员，曾在本校服务满五年者，得请求免缴子女一人学费之半数；满十年者免缴子女一人学费之全部；满十五年者除免其子女一人全部学费外，得再请求学校免缴另一子女学费之半数；满二十年者免缴子女二人学费至全部。

2. 凡曾在本校肄业一学期之学生，其家境确系清寒、各科成绩均已及格而未犯校规者，得申请免减学费之一部或全部。

二、申请手续：凡申请求免减学费之学生，须先向学校索取免减费申请书，依式填就，经家长签名盖章后送交学校审定之。

三、申请日期：申请免费手续须于每学期注册前一星期办理。

四、附则：

1. 各项助学金，本校当局认为有相当理由时，得酌量保留或取消之。

2. 本校每学期预算内指定的款为助学金之用，核准助学金之原则以全数金额分配适尽为止。

3. 凡经核准减免学费之学生，均有襄助本校各处室工作之义务，暂定减免学费全部之学生每学期应工作八十小时，余类推。

4. 本条例由校政会议通过施行，修改时同。

民国三十六年一月

家长陈吴婉侠呈请为子女申免学费的函

窃氏夫陈安宝生前任第二十九军军长，不幸于民国二十八年六月在江西抗战阵亡，并蒙国防部联合勤务司令部抚恤处本年八月二十一日发出叙字第七〇〇四〇号通知，除发给特恤生活费用贰佰万元外，关于子女免费入学一节业经转奉国民政府分电教育部遵照办理等因。奉此，查民夫陈安宝所遗子女三人，长子陈靖一、次女陈靖姝于本年夏季蒙贵校考试录取入学后，曾具文呈请教育部恳请免缴全部费用，经奉教育部本年十月十八日发高字第二五九六〇号批字内开，“呈悉，查抗战功勋子女求学免费条例第一条规定，抗战功勋子女考入各级公立学校时，其家境贫寒不能负担费用者，得请求免费待遇。该具呈人子女系考入私立光华大学，请求免费一节，姑准依照该条例第六条之规定，检同申请书、学生本人照片及恤金给与证件，呈由考取学校报部核办，仰即知照。此批”，自应遵办；除具文检同照片证件等呈复教育部鉴核外，理合遵批检同申请书、学生本人照片及恤金给与证件等呈请贵校鉴转教育部，实为德便。

谨呈光华大学

附件：恤亡给与令照片一张、抚恤处通知照片一张、学生本人照片各二张

具呈人陈吴婉侠

住址：上海天津路乾记弄二一号

中华民国三十五年十二月十一日

抗战功勋子女就学免费申请书

申请人姓名	性别	年龄	籍贯	住址
陈吴婉侠	女	四六	浙江省黄岩县	上海天津路乾记弄二一号
就学子女姓名	性别	年龄	籍贯	住址
陈靖姝	女	十九	浙江省黄岩县	上海天津路乾记弄二一号
陈靖一	男	廿一	浙江省黄岩县	同上
学校名称	校长姓名	科别	肄业年级	学校地址
光华大学	朱经农	商学院会计系 商学院银行系	一	上海虹口欧阳路二二一号
抗战阵亡人员姓名	职别	阵亡地点	阵亡年月	备考
陈安宝	陆军第二十九军军长	江西南昌运塘	廿八年五月六日	
与申请人之关系	母女、母子			

具申请人陈吴婉侠

卅五年十二月十一日

向教育部呈送核发抗战功勋陈吴婉侠子女学杂费的报告

案准本校学生陈靖一、陈靖姝家长陈吴婉侠呈称，“窃氏夫陈安宝生前任第二十九军军长，于民廿八年六月在江西抗战阵亡，蒙国防部联合勤务总司令部抚恤处上年八月廿一日发出叙字第七〇〇四〇号通知，除发给特恤生活费用贰佰万元外，关于子女免费入学一节业经转奉国民政府分电教育部遵照办理等因。奉此，查氏夫所遗子女三人，长子陈靖一、次女陈靖姝于本年度夏季蒙贵校录取入学后，曾具文呈请教育部恳请免缴全部学杂费用，经奉上年十月十八日高字第二五九六〇号批示‘呈悉，查抗战功勋子女求学免费条例第一条规定，抗战功勋子女考入各级公立学校时，其家境贫寒不能负担费用者，得请求免费待遇。具呈人子女系考入私立光华大学，请求免费一节，姑准依照该条例第六条之规定，检同申请书、学生本人照片及恤金给与证件，呈由考取学校报部核办，仰即知照。此批’等因，自应遵办；除具文检同照片证件等呈复教育部鉴核外，理合遵批检同申请书、学生本人照片及恤金给与证件等呈请贵校鉴转教育部，实为德便”等情，据此，查该陈吴婉侠所称确属实情，理应备文连同交来恤亡给与令照片及抚恤处通知照片暨陈安宝子女照片并抗战功勋子女就学免费申请书一并转呈钧部核准，将该两生三十五年度学杂费每名三十四万元共陆拾捌万元拨下为祷。

谨呈教育部部长朱

附转呈：恤亡给与令照片一张、抚恤处通知照片一张、学生本人陈靖一陈靖姝各一张、抗战功勋子女就学免费申请书一页

光华大学校长朱经〇
中华民国卅六年一月廿日
（复字第八〇三号）

附录：教育部的复电

私立光华大学：

三十六年一月六日复字第八〇三号呈件均悉。查抗战功勋子女就学免费规定以考入公立学校者为限，该校学生陈靖一、陈靖姝两名姑准自卅六年一月起依照抗战功勋子女就学免费条例第二条第一项办法办理。惟学杂等费应由校予以减免，其膳费准予由校列入公费生名册报部请领，并另由部发给各该生本年书籍、制服补助费每名国币拾万元，合计国币贰拾万元，应于款到后分别转发，并填具印收，报部备查。

电仰知照，证件发还。

附发还抚恤令照片及通知照片各一张

教育部印
中华民国卅六年二月十八日
（发文高字第〇九五一八号）

青树奖学金委员会委托甄选受奖学生的通知

敬启者：

青树奖学金（即前树恩贷学金、青树贷学金）为章荣初先生纪念其先人清儒公而设立，历经四载，受惠之大学生凡四百余名。奖学金额除足付肄业学校学、杂、书籍、实验等费外，并补助生活及医药费用。迩来物价飞腾，学费激增，一般品学兼优而家境清寒之学子，将因无力筹措学费而辍学者必不乏人。章先生有鉴于此，为抢救一般学行兼优而无力求学之清寒学生起见，决于下学期扩充奖学金额50名。惟以寒假期间短促，考选手续不及办理，爰拟委请各大学征选保送。素仰贵校办理完善，声誉昭著，用特检附征选新生暂行办法一种，函恳惠予参照前项办法，就中甄选合格之学生四名，并请将各该生历年成绩单连同申请书等，于二月十七日前一并赐寄虹口塘沽路一七〇号敝会临时办事处，俾便审核以利进行。事关助学，即烦查照见复为荷。

此致光华大学校长

青树奖学金委员会敬启

中华民国三十六年二月八日

附录：光华大学致青树奖学金委员会的复函

径复者：

接准贵会本年二月八日大函，嘱为保送本校品学兼优学生等由，自应照办。兹选送家境确属清寒学生林觉乐、严西成、倪宝华三名，附上国文作文、肄业成绩单暨青树奖学金申请登记表各一份，即请查收惠予核助为荷。

此致青树奖学金委员会

华大学校长朱经〇

光中华民国卅六年二月十七日

（复字第八四八号）

教育部催报青年军学生在校人数及本学期学杂宿等费的代电

光华大学：

本部分该校青年军退役学生业经到校人数及每名每学期应缴学宿杂费数目，速查明电复，并补造名册，注明分发文号呈核。

教育部总（〇八四二九）丑元①

附录：光华大学的复电

南京教育部朱部长钧鉴：

总（〇八四二九）丑元电祗悉，青年军学生来校十一人，本学期学费卅九万元，杂费八万元，宿费拾万元，名册遵另呈。

光华大学校长朱经农叩丑巧②

（复字第八五〇号）

李熙谋呈请黄晋贤免费就读的函

经农校长吾兄大鉴：

敬启者。兹有学生黄晋贤上学期在贵校附中初一上肄业，成绩尚优。惟查该生家境清寒，无力负担学杂各费，用敢代函恳祈察照，准其自下学期起惠予免费，俾免失学，无任感荷。

耑颂教祺。

弟李熙谋敬启

三十六年、一、卅

附录：朱经农校长的复函

振吾先生道鉴：

顷奉大示，祗悉一一。黄晋贤君请求减免学费事，前已核免五万元。现再核免三万五千元。兹将通知书附上，请转达为荷。

耑此，顺颂大安。

朱经农谨启

中华民国三十六年二月十九日

---

① 民国卅六年二月十三日。

② 民国卅六年二月十八日。

关于青年军退役学生欠费呈请教育部救济的报告

南京教育部部长朱钧鉴：

青年军退役学生到校十一人，上学期欠学杂宿费肆百捌拾肆万元，本学期欠陆百廿七万元。此外，实验膳食等费咸无力缴纳。迩来物价频涨，学生时虞断炊，未克专心攻读，情迫万分，祈迅赐救济，并候示遵。

光华大学校长朱经农叩丑敬[①]

（复字第八六五号）

关于公费生膳食贷金名册呈教育部的报告

查本校本学期公费生膳食贷金名册业已缮就，理合备文呈报。再查本学期由贵州大学转来肄业学生罗鉴野前在武昌中华大学肄业时请求钧部核给之甲种贷金，由该校出具之证明书一纸附呈，仰祈鉴核照拨。至罗生甲种贷金证明书仍祈发还为祷。

谨呈教育部部长朱

光华大学校长朱经〇

中华民国卅六年三月十四日

（复字第九二四号）

关于一九四六年粮价证明书等呈教育部的报告

案奉钧部本年一月卅一日总字第〇五一一五号代电开“私立光华大学卅五年十二月十八日、廿三日华（卅五）复字六八〇八、七二〇号呈两件均悉。该校卅五年一至九月份学生膳费，兹经核定如附单，计应补发516 790元，款另汇，应于收款后补呈钤领。至十至十二月份膳费，应俟粮价表到部再核发。该校成都分部学生膳费应由该校自行汇

① 民国卅六年二月廿四日。

寄。青年军复学学生杂等费，俟行政院核示办法再行饬知。仰即知照，件存，印附清单一份”等因，奉此，自应遵办。当经分别函请出具，兹谨将蓉地卅五年一至十二月粮价证明书一纸及沪地卅五年一至十二月粮价证明书十二纸，理合备文一并报请钧察，仰祈将卅五年十至十二月共三个月本校学生马尚健等十八名（名册已于卅五年十二月廿三日复字第七二〇号呈报）应领膳食贷金核发为祷。

谨呈教育部部长朱

校长朱经〇

中华民国卅六年三月廿五日

（复字第九四〇号）

附录：教育部的代电

私立光华大学：

三月二十五日复字第九四〇号呈件均悉，该校上年十至十二月份学生膳费兹经核定，如附单，计应补发 1 024 748 元，款另汇。仰于此款后补呈钤领，件存。

教育部印

中华民国卅六年四月十八日

教育部核发公费学生膳费清单

校名：私立光华大学　　　　民国卅五年 10-12 月

月份	全公费生人数	粮价（米）	副食费	膳费总额	应发数	垫发数	补发数
	全月						
10	2（蓉） 16（沪）	2 200 5 992	9 000 15 000	14 060 28 782	28 120 460 512	200 000	10—12 月 补发 1 024 748
11	2（蓉） 16（沪）	3 700 5 826	9 000 15 000	17 510 28 400	35 020 454 400	200 000	
12	2（蓉） 16（沪）	4 200 5 907	13 000 24 000	22 668 37 586	45 320 601 376	200 000	
备注	蓉地学生膳费应由该校自行汇寄						

教育部关于核发一至三月份公费生膳费的代电

私立光华大学：

四月十七日复字第一〇二九号呈件均悉，该校一至三月份学生膳费兹经核定如附单，计应补发陆拾捌万肆千叁百叁拾柒元，款另汇。仰于收款后补呈钤领。件存。

教育部印

中华民国卅六年五月一日

（总字第二三六一三号）

附教育部核发公费学生膳费清单

私立光华大学　　民国卅六年1—3月

月份	公费生人数（全月）	粮价（米）	副食费	膳费总额	应发数	垫发数	补发数
1	15	6 599. 50	24 000	39 087	586 305	400 000	1—3月 684 337
2	15	9 843	24 000	46 639	699 585	400 000	
3	15	10 978	24 000	49 249	738 735	540 288	
备注	三月份垫款内包括公利社本息						

附录：光华大学呈教育部的报告

案查本校膳食贷金学生，本学期马尚健等十五人应领膳食贷金，照规定须呈报粮价证明书。兹谨将本年一至三月共三个月粮价证明书备文，呈请钧部鉴察。

谨呈教育部部长朱

校长朱经〇

中华民国卅六年四月十七日

（复字第一〇二九号）

附呈卅六年一至三月沪地粮价证明书

等级		上旬	中旬	下旬	平均价	备注
中等熟米	1月	61 410元	68 930元	66 446元	65 595元	上列数字系每市石价格
	2月	69 000元	116 300元	110 000元	98 430元	
	3月	109 940元	109 400元	110 000元	109 780元	
证明机关：上海市社会局局长吴开先 中华民国三十六年						

关于一九四五年度转学生呈教育部备案的报告

案查本校卅四年度第二学期招收转学生，计文学院洪婵等十四名，理学院顾永泉等四名，商学院汪洪元等十九名，共计三十七名。理合造具转学生名册，连同证件三十二份，一并备文呈报，仰祈鉴核备案。其中洪婵等五名所缺证件，容后补呈，合并陈明。

谨呈教育部部长朱

附呈卅四年度第二学期转学生名册一份，证件卅二份。

校长朱经〇

中华民国卅六年四月廿六日

（复字第一〇四五号）

附录：教育部的训令

令私立光华大学：

卅六年四月廿六日复字第一〇四五号呈一件，为呈报卅四年度第二学期转学生名册证件仰祈鉴核备案由，呈件均悉。

该校卅四年度第二学期转学生顾永泉、蒋伯申、冯浩瑜、姚鑫林四名原校未经立案，且系专科学校肄业生；林觉乐、章新序二名系专修科肄业生，照章不得转学大学各学系，该生等转学资格不予备案。许洪义一名，原校学历俟查明后另案饬知该生，并应补呈高中毕业证书。颜瑞琪一名，应补呈原校肄业成绩单及高中毕业证书。张志一、蒋慧日、张培恒、朱庆洽、斐伯年、王同善、王毓华、张仲舒、谢熙年、李家德十名，应分别换呈或补呈高中毕业证书。未缴证件学生洪婵等五名，俟补各项证件再行审核。余以成、孙益吾、何承宗、张铸华、王汇川、瞿佩茵、许慧智、杨官堂、葛希龄、章青松、马尚健、李希春、沈光亚、贺煜成十四名转学资格准予备案，相片簿仍应补呈备查。册存。除许洪义一名证件暂存外，其余各生证件发还。

此令。

附发还证件三十一份。

部长朱家骅

中华民国卅七年一月十六日

（高字第〇二九三一号）

向教育部呈送一九四七年公费生膳食贷金名册的报告

案奉本年三月廿五日总字第一六四九二号代电，略开“学生请领膳费，应按月造送在校实有公费生清册及粮价证明书报部凭核”等因，奉此，自应遵办。兹谨将本校公费生请领本年四月份膳食贷金人数清册及四月份粮价证明书各一份报请鉴察核给。

谨呈教育部部长朱

校长朱经〇

中华民国卅六年五月廿六日

（复字第一一〇九号）

附呈：卅六年四月份粮价证明书

粮价证明单三十六年四月份					
等级	上旬	中旬	下旬	平均价	备注
中等熟米	120 200 元	141 400 元	154 000 元	138 500 元	上列数字系每市石价格
证明机关：上海市社会局局长吴开先 中华民国三十六年四月					

附录：教育部的代电

私立光华大学：

五月廿六日复字第一一〇九号呈件均悉，该校四月份学生膳费兹经核定如附单，计应补发肆拾叁万柒千捌百贰拾五元。款另汇，仰于收款后补呈钤领。件存。

教育部印

中华民国卅六年六月初九日

（高字第三一六四九号）

附：教育部核发公费学生膳费清单

私立光华大学　　　　民国卅六年四月份

公生费人数（全月）	粮价（米）	副食费	膳费总额	应发数	整发款	补发数
15	13 850	2 400	55 955	837 825	400 000	437 825

学生家长陈筱岩请学校呈请上海司令部释放陈舒的函

敬启者：

小儿舒昨夜前往暨大访友，暂住该校宿舍，不意本晨（五月廿八日）本市警备司令部包围暨大搜查同学，而小儿不幸遭捕。恳请钧长备文该部予以释放，深感公德两便。

此上光华大学校长室钧鉴

家长陈筱岩谨启

中华民国卅六年五月廿八日

附录：关于请求警备司令部稽查组释放学生陈舒的函

查本校学生陈舒在校安分求学，并无鼓动学潮行为，望祈准予释放，由本校领回严加管训，即请查照是荷。

此致警备司令部稽查组

校长朱经〇

中华民国卅六年五月廿八日

（复字第一一〇八号）

朱经农呈请吴国桢调查学生魏良失踪的函

国桢市长吾兄勋鉴：

兹据敝校学生魏良家长来称，该生于本月廿八日上午九时自周家嘴路（保定路）口秦晋村家中来校，于途中失踪，家属等不胜惶急。该生曾于本月廿六日路经暨南大学时被捕，于廿七日晚保释。兹又突告失踪。用特函请吾兄饬属调查，俯赐拯救，同深感激。

耑此拜恳，祇颂勋祺。

弟朱经农谨启

中华民国卅六年五月卅一日

光华大学授予荣尔仁荣誉法学博士学位

径启者：

兹经第二十次校政会议议决并经校董会核准授与台端荣誉法学博士学位，并定于本月廿九日上午九时举行授与典礼，务祈准时出席为荷。

此致荣尔仁先生

光华大学校长室启

中华民国卅六年六月廿八日

呈请翁文灏推介蔡辟雍入职的函

詠霓董事长道鉴：

溽暑困人，比想起居迪吉为颂。侧闻贵会拟向各专科以上学校征求毕业生分发各处服务，兹有敝校商学院毕业学生蔡辟雍，笃实好学，可造之才，如蒙赐予提掖，感同身受矣。伫候谨音。

肃此，祇颂钧安。

弟朱经〇拜上

中华民国卅六年八月八日

附录：翁文灏的复函

经农校长吾兄惠鉴：

八月八日大函奉悉，承介蔡辟雍君，至感。唯本会本年度需用大学毕业生名额，因受时局影响，极为有限。蔡君目前尚难位置，容有机会再为借重。

专此布复，顺颂教安。

弟翁文灏拜启

八月廿日

关于申请录用一九四七届暑期毕业生致交通部重庆电信局的函

敬启者：

敝大学胜利复员之后，尚有原成都分部肄业生留在成都其他大学借读。应于三十六年七月间毕业者，有经济系、银行系、工商管理系、会计系会计专修科等数十人。侧闻贵局尚需此项人才，拟请赐予录用若干名如何？

惠允当择优送荐用，特专函奉，恳尚祈示复为荷。

此致

交通部重庆电信局

私立光华大学成都分部公函

杭立武介绍沈瑞兰投考请予关照的函

经农校长吾兄教席：

兹有老友之公子沈生瑞兰，平日思想纯洁，勤勉好学，倾慕贵校办理完善，亟思饮受教益，除已报名应试外，特为函介，即祈惠予栽植，俾沾化雨，毋任感盼。

专颂教绥。

弟杭立武敬启

中华民国三十六年、八、廿八

附录：致杭立武的复函

立武吾兄次长赐鉴：

辱书敬悉，承介绍学生沈瑞兰，当即转饬注意。兹经审查成绩完毕，该生已予录取，除另函通知其家长外，耑复，祗请道安。

弟朱经〇拜启

中华民国三十六年九月四日

中国通商银行总行设立奖学金请递交合格学生材料的函

径启者：

本年四月二十六日为敝行创立五十周纪念，敝杜董事长月笙欲使费不虚糜、功归有用，经撙节是日宴饮之资，拨出专款国壹亿元，复承各界人士同情赞助，将贺仪折送现金计国币壹亿伍千余万元，一并作为奖学基金，由敝行组织奖学金管理委员会，运用生息，以期造育人才，聊为什一之助。

兹以本学期开学在迩，素谂贵校成绩优异，驰名国内。经议定贵校本学期奖学金为五名，随函附上奖学金办理原则及实施办法各一份，至希查照惠予办理，并将甄选合格学生连同证件于本学期开始之前一并送由敝行核定为荷。

此致光华商学院

中国通商银行总行

中华民国卅六年九月一日

附录：光华大学的复函

敬启者：

接奉九月一日大函，并附奖学金办理原则及实施办法，嘱查照办理等由，当经通饬本校商学院学生遵照规定填具申请书前来。兹将甄选合格学生张赫旸、杨锡禹、夏阳生、范思基、李兴祖等五名连同证件随函送上，至希查照办理并见复为荷。

此致中国通商银行总行

计附申请书成绩单证明书各五份

光华大学校长朱经〇启

中华民国卅六年九月十八日

（复字第一三五五号）

上海证券交易所关于申请奖学金的通知

径启者：

敝所为作育人才服务社会起见，设立民国三十六年度秋季奖学金，以资助本市清寒学子，将会同本市奖学金统一审核委员会统筹办理此项奖学金，以发给家境清寒确需资助之男生为限。请各学校就家境清寒之学生中选择其攻读勤奋、成绩优良、体格健全、操行纯正，并未领受公费或贷金或其他奖学金之类待遇者办理申请手续。

兹经敝所核定贵校各系奖学金名额共计廿九名（各系名额分配列后），特检奉奖学金申请表廿九份，即请贵校依照各系限额分别核发合于上开资格之被保举学生（请偏重三、四年级学生）依式填具，并于九月底以前汇齐送下，以凭办理为荷。

此致光华大学

附开各院系奖学金名额表：

银行三 会计九 经济九 工管六 法律二

上海证券交易所启

附录：光华大学的复函

径启者：

前准贵所公函并附奖学金申请表廿九份，嘱依限额分发学生填具汇转等由，准此。当经分发各该学系学生遵填前来，计共廿九名，相应检同各该生申请表廿九份，成绩总平均名单乙份，随函送请察核，并希见复为荷。

此致上海证券交易所

光华大学校长朱经〇启

中华民国卅六年十月一日

（复字第一三九四号）

河南旅沪同乡会请求豫籍在校生免费就读的函

敬启者：

吾豫地处中原，为军事重镇。抗战期间，备遭兵祸。再以历年天灾水旱蝗雹，民不聊生。胜利以还……兵连祸结，老弱辗转乎沟壑，少壮奔走乎四方。在沪各大学豫籍同学均属家乡……经济来源断绝，仅赖公费免费勉强维持。贵校豫籍同学，现有李培湍等三十三人（名单另附），均系以上情形，拟请惠予免费栽培。相应函达，务祈查照俞允，无任公感。

此上光华大学朱校长

河南旅沪同乡会理事长贾岳生

中华民国三十六年十月廿三日

关于呈请教育部核准豫籍学生转为公费的报告

兹接河南旅沪同乡会函称，“吾豫地处中原，为军事重镇。抗战期间，备遭兵祸。再以历年天灾水旱蝗雹，民不聊生。胜利以还……兵连祸结，迄无休日。近据贵校豫籍同学李培湍等三十三人，先后来会报告家乡……经济来源断绝，生活异常困难，请予援助等情。经查属实，将此函请准予转请公费，以资维持”等情。

查所称各节，自属实在，拟请体念……学生经济断绝，情形特殊，准予核发公费，以资救济。

可否之处，理合备文呈请鉴核示遵。

谨呈教育部部长朱

附呈豫籍学生名册乙份、证明书卅三份

光华大学校长朱经〇

中华民国三十六年十月廿七日

（复字第一四五九号）

附录：教育部的复电

私立光华大学：

十月廿七日复字第一四五九号呈件均悉，查本年度……学生救济办法无私立学校规定，所请核发李培湍等卅三名公费一节，碍难照准。

仰即知照，件还。

教育部印

中华民国三十六年十一月十一日

（总字第六〇七一五号）

俞慧殊关于请求调查保释俞硕遗的函

经农校长先生道席：

敬启者。小儿硕遗于九月十九日因诣威海卫路学生日报社旧址访友被逮。私念硕儿在贵校毕业，复荷委充国文系助教，其习性行动想为师座所洞悉。又念此儿秉性木讷，不善应对。此次致祸之由，岂其在此？更念禁锢？至是节序几更，每闻风声瑟瑟，辄为绕室彷徨，舐犊之私不能自已。用谨肃函奉白，敬乞赐予调查，许为保释，不胜感激主臣之至。

专肃，敬致诲安，并惟察照，不一一。

俞慧殊拜启

中华民国三十六年十一月三日

附录 A：关于请吴国桢查明保释俞硕遗的函

国桢先生市长赐鉴：

查本校国文助教俞硕遗君，人极忠厚，查其素行以无不检之处。兹据乃父函告该助教于九月十九日因诣威海卫路学生日报社访友被逮等情，究竟被逮情形如何，无从悬揣。拟请先生迅赐转饬讯明交保开释，俾得早脱缧线，无任盼感。

耑此奉恳，顺颂勋祺。

弟朱经〇拜启

中华民国三十六年十一月十三日

（复字第一五二六号）

附录 B：关于请淞沪警备司令部保释俞硕遗的函

兹据本校国文助教俞硕遗之父俞慧殊函称，伊子于九月十九日诣威海卫路学生日报社访友，突然被捕，请求许为保释等情。查该助教俞硕遗人极忠厚，沉默寡言，素对文学研究颇为用功。此次被捕情形如何，拟请迅赐问清，准予保释，以先久羁囹圄之苦，是所盼感。

专此函达，敬祈察照。

此致淞沪警备司令部宣司令

校长朱〇〇

中华民国三十六年十一月廿四日

（复字第一五五〇号）

附录 C：给俞慧殊的复函

查前接来函报告令郎硕遗君被捕情形，当即去函上海市警察局请其查明准予保释。兹接该局复函，谓从未拘捕俞硕遗其人。除再函警备司令部查询外，特此函达，即希查照。

此致俞慧殊先生

光华大学校长室启

十一月廿七日

关于豫籍学生无法免费致河南旅沪同乡会的函

案查前接贵会函，为在校豫籍……学生李培湍等三十三人请求救济一案，当以本校系属私立，经济有限，无法救济。业经据情转请教育部，体念情形特殊，准予核发公费，以资救济在案。兹奉部电复，略开“查本年度……学生救济办法无私立学校规定，所请碍难照准”等因，附件发还。奉此，相应检还证明书卅三件，函请查照为荷。

此致河南旅沪同乡会

光华大学启

中华民国三十六年十一月廿日

（复字第一五四一号）

家长林斯陶恳请给予其子林章瑜补助金的函

校长、董事会、清寒补助金会、贷学金会并诸教职员先生公鉴：

敬启者。小儿章瑜深感学力不足，有志上达，考入贵校，迄今逾半年矣。上期学杂各费为数尚少，幸赖胞姨凑助，得入校门。此半年中，多蒙诸师长谆谆教诲，热心指导，渠亦循规蹈矩，刻苦自励，方庆求学得所，将来毕业服务社会、提絜（携）弟妹，借轻父母负担。陶为家长，亦时加训勉勤学，用副贵校教育人才之厚望。讵料本届应缴各费突增数倍，出人意表，现闻尚欠校方壹百万元。小儿深虑费用日增，不能继续求学，除叠函催款并请求辍学谋事外，复称已向贵校补助金、贷学金两会请求救济，迄未揭晓。据其函述，谓校方以陶服务海关，殊非清寒，陈义至正，本无申辩余地。兹以家长立场，敢将梗概率直陈之。陶毕业税专，服务海关内勤二十三载，奉公守法，廉洁自持，只以七男二女（除章瑜外，男女八人，年龄十九、十八、十五、十三、十二、十、八、四岁），负担奇重，债台高筑，割肉医疮，加以物价暴涨以还，生活尤感无限威胁，是其频（濒）临饥饿线上，已为情理之所当然。本届缴费，福州方面高中三人、小学四人已经200余万；益以上海300万，实属无法应付。海关新近对于关员子女教育费虽有规定借支及补助暂时过渡办法，然每人只以一月薪津为限，半为补助，半属借款，不如邮局全部费用概出公家。陶月薪仅一百七十二万，应付此项所短实多。政府财政不敷，可以发行钞票，陶为平民，又有何法可享？贵校声誉素著，教授复尽知名之士，对于国内生活情形了如指掌，若知小儿确实痛苦，定表同情。如认其当堪造就，敢请鼎力设法，准其享受补助金及贷学金之利，益为国家作育人才保全元气，岂仅一家受惠已哉？

抑有进者，小儿未入贵校以前，曾考入江海关充任外勤试用稽查员（临时雇佣），参加海关接收敌伪仓库，严守父训，廉洁守法。使其肯效其他机关劫收行为，则此时多财善贾，正不必再作求学之想。惟其丝毫不苟，诚实忠厚，遂有今日痛苦。其忠于国家、孝其父母，殊堪嘉许。资质虽钝，有志向上，诸师长谅能知之非私言也。

陶一生为人素以“行善有余庆，积德胜遗金”为圭臬，故于一九四五年十二月廿六日在江海关时，即发起要求改良待遇，与各局部主管人员面见海关副总税务司丁贵堂先生，问以官员待遇何以不如电车售票华员薪给？何以远逊洋员？公等久在申江，想能忆及《大陆报》所登即陶所问。此为大众谋福利，昭昭在人耳目。兹再寄上拙文《为福建全省学生家长请命》一篇（曾见于十二月十六日《上海新闻报》、十二月十二日《文汇报》、十二月五日《福建民主报》、十二月四日《福建时报》及《正义日报》），以见陶处境艰难，胸襟坦白，对事固不对人，深信能助人者人必助我也。

贵校为私立性质，经费比之国立自属困难。但既有补助金、贷学金两会之设立，是其加惠清寒子弟，功德匪浅。在学学生若无虚伪，务乞成全格外，不胜感激。此必需照交之学什各费，如陶财力所及，自属责无旁贷。只以服务海关华员困苦情形，外界人士或有未明真相者，特此缕陈，并乞惠助示覆为祷。

临颖迫切，不尽神驰。肃此上达，敬请教安。

林斯陶拜启

卅六年十月廿五日福州闽海关

附录：光华大学的复函

来书祇悉，贵子弟已准由本校助学金委员会予以补助六十万元，相应复请查照为荷。

此致林斯陶先生

光华大学校长室启

中华民国三十六年十月卅日

（复字第一四八〇号）

呈请教育部拨发青年军学生学、杂、宿费

查本校本学期复员青年军学生计有赵镇东等十四名，每名学费壹百贰拾万元，杂费肆拾万元，宿费叁拾万元，共计贰千陆百陆拾万元，理合造具名册，备文呈请鉴核，准予拨发公费，实为公便。

谨呈教育部部长朱

计附呈复员青年军学生名册一份

光华大学校长朱经〇

中华民国卅六年十一月十七日

（复字第一五三一号）

附录：教育部的令

令私立光华大学：

卅六年十一月十七日复字第一五三一号呈一件：呈报本学期青年军学生学、杂、宿费请核发公费由，呈件均悉。自卅六年度第一学期起，青年军退役自行考入专科以上学校新生，其应缴学、宿、杂费，本部因经费困难不予补助，赵镇东等十四名所请补助生宿费一节未便照准。名册存。仰即知照。

此令。

部长朱家骅

中华民国卅七年二月初二日

（高字第〇六五九八号）

教育部关于检发学生人数调查表的代电

私立光华大学：

兹检发学生人数调查表三份，希于文列三日内翔实填报，以凭垫发以后月份之膳费，勿延为要。

教育部印

中华民国卅六年十二月廿六日

（发文总字第七〇一七三号）

附录：光华大学的报告

案奉钧部卅六年十二月廿六日总字第七〇一七三号代电，检发学生人数调查表，饬即填报等因奉，经分别查填，理合备文呈赍，仰祈鉴核。

谨呈教育部部长朱

附学生人数调查表二份

全衔校长朱〇〇

中华民国卅七年元月十四日

（光秘卅七字第三五号）

学校学生人数调查表

项别		人数	备注
卅五年度以前核定之公费生	全公费	5	
	半公费		
卅六年度奖学金生		264	
卅六年度新公费生		13	包括青年军、革命功勋子女、荣誉军人、边疆生、保育生等
救济金学生			
完全自费生		1 175	
总计		1 457	

（所填各该项人数为卅六年度第一学期之人数）

私立光华大学校长朱经农

中华民国卅七年元月十四日填报

附注：

一、本表一式三份，一份存校，二份报部

二、表列人应以翔实为准，以凭垫发膳费

三、本表用最迅速方法直接寄交教育部总务司第三科

上海市奖学金统一审核委员会报送学生人数的通知

查各专科以上学校学生下学期奖学金名额仍按照各校学生人数比例分配，相应函达，即希查照惠于本月二十五日前函示贵校本学期呈报教育部之学生人数，以便办理为荷。

此致光华大学

上海市奖学金统一审核委员会主任委员潘公展
副主任委员李熙谋
中华民国三十七年一月十六日
（统核字第二二号）

附录：光华大学的复函

径启者：

查本校卅六年度第一学期全体男女学生总数为一四五七人，相应函达，即希查照为荷。

此致上海市奖学金统一审核委员会

光华大学校长朱〇〇启
中华民国卅七年元月十七日
（光秘卅七字第四三号）

上海市奖学金统一审核委员会奖学金分配名额的通知

径启者：

查本会第四次常务委员会议决，“（一）各专科以上学校学生三十六年度第二学期奖学金名额按照各校所报三十六年度第一学期学生人数比例分配之。贵校学生三十六年度第二学期奖学金名额，经核定为二〇八名。（二）分函各专科以上学校严格办理初审工作。各校所送之申请表不得超过本会核定之配额，否则即退还重审。（三）如有学校将初审工作交由学生团体办理，则该校全部申请表本会不予审核。（四）专科以上学校学生申请三十六年度第二学期奖学金定于本年二月十五日截止，各校汇送申请表时应同时附送该学期公费生或免费生名册，如有逾期不送者，不予审核。（五）专科以上学校三十六年度第二学期新生奖学金名额以保留十分之一配额为原则。（六）三十六年度第一学期得奖学生除操行及学业成绩不良或行动逾越校规者外，一律予以优先申请三十六年度第二学期奖学金之机会”等语，记录在卷。

相应函达，即希查照办理为荷。

此致光华大学

上海市奖学金统一审核委员会主任委员潘公展

副主任委员李熙谋

中华民国三十七年二月九日

（统核字第五五号）

光华大学致上海市奖学金统一审核委员会的函

径启者：

查本校三十六年度下学期申请奖学金学生除仍请保留新生配额贰拾壹名外，前经送审之许承绪等壹百捌拾柒名，兹经复审核定，肆百万元者计冯振益等贰拾贰名，叁百万元者计郭松镠等叁拾柒名，贰百万元者计吴延闻等壹百贰拾捌名，合计壹百捌拾柒名。再原送审之谈太仪、林云珍两名业经取销，改核定为周璘、彭舜两名，合并声明。

相应检同复审核定申请奖学金学生名册暨申请书，随函送请查照核办见覆为荷。

此致上海市奖学金统一审核委员会

校长朱〇〇

中华民国三十七年二月廿日

（光秘卅七字第一〇三号）

光华大学致中国通商银行总行的函

径启者：

前准贵行四月五日总奖字第四号公函，以郭松镠等五名本期均已领有奖学金，不予再发，并嘱将同系中合于发给奖学金标准之学生另行申送等由，准此，自应照办。兹经审定同系中尚有张畅、应浚达、梁葆真、倪爱如、赵祯祥等五名，相应检同该生等申请书暨成绩单各五份，随函送请查照核办见覆为荷。

此致中国通商银行总行

光华大学校长室启

中华民国三十七年四月十五日

（光秘卅七字第二四九号）

附录：中国通商银行的复函

接准四月十五日大函暨附件，均经祇悉。查贵校所送学生张畅等五名奖学金申请表及成绩单等，经审查合格，应各予补助国币叁百万元。兹附奉收据五纸，请分发各生填缮盖章，亲自持至外滩七号，向本行李副理宗文处洽领为荷。

此致光华大学

中国通商银行总行

中华民国卅七年五月三日

（总奖字第十一号）

教育部关于尽快报送本年暑期应届毕业生人数简表的代电

私立光华大学：

仰将该校（院）三十六学年度第二学期应届毕业之男女学生人数分别科系开列简表于文到后即行报部确查。

教育部印

中华民国卅七年四月一日

（发文高字第一七七七一号）

呈送教育部一九四七年度毕业生人数的报告

案奉钧部本年四月一日高字第一七七七一号代电，饬将本校本年暑期应届毕业生人数简表报部备查等因，奉此，遵经造具三十六年度第二学期应届毕业生人数简表一份，理合备文呈复，仰祈鉴核备查。

谨呈教育部部长朱

附呈本期应届毕业生人数简表一份

校长朱〇〇

中华民国卅七年四月十六日

（光秘字第二五四号）

卅六年度第二学期应届毕业生人数简表

院别	类别	共计	男	女
总计		54	45	9
文学院	中国文学系	4	4	
	外国语文系	1	1	
	政治系	8	8	
	法律系	2	2	
	教育系	2		2
理学院	土木工程系	2	2	
	化学系	1	1	
商学院	经济系	16	15	1
	会计系	10	5	5
	银行系	3	2	1
	工商管理系	5	5	

教育部关于核发一九四八年三、四月份公费生膳费的代电

私立光华大学：

五月二十一日光秘卅七字第三二八、三二九号呈件均悉，该校本年三、四月份学生膳费兹经核定如附单，计应补发陆百伍拾万肆千元，款另汇，仰于收款后补呈钤领，件存。

教育部印

中华民国卅七年六月十九日

（总字第三三九〇一号）

附教育部核发公费学生膳费清单

私立光华大学　　民国卅七年3—4月份

月份	公费生人数（全月）	粮价（米）	副食费	膳费总额	应发数	垫发数	补发数
2	1	80 000	364 000	548 000	548 000		2—4月份 6 502 000
3	17	80 000	364 000	548 000	9 316 000	4 000 000	
4	17	80 000	1 030 000	1 214 000	20 638 000	2 000 000 10 000 000 8 000 000	
备注	2月份补曾英雄，3、4两月增加曾英雄一名						

呈请教育部核发马尚健等三、四月份膳费的报告

查本校公费生马尚健等十六名三、四月份膳食贷金，兹经造具名册，检同上海市社会局粮价证明单，备文呈请钧部鉴核发给，以便转发为祷。

谨呈教育部部长朱

附呈马尚健等请领膳费名册一份、粮价证明单一份

校长朱〇〇

中华民国卅七年五月廿一日

（光秘卅七字第三二八、三二九号）

附：粮价证明单（民国卅七年三、四月）

等级			上旬	中旬	下旬	平均价	备注
中等熟米	四月	市价	3 684 000 元	3 778 000 元	3 829 000 元	3 764 000 元	上列数字系每市石价格
		配售价	800 000 元	800 000 元	800 000 元	800 000 元	
中等熟米	三月	市价	3 165 000 元	3 644 000 元	3 644 000 元	3 484 000 元	
		配售价	800 000 元	800 000 元	800 000 元	800 000 元	
证明机关：上海市社会局局长吴开先 中华民国三十七年五月							

呈请台湾教育厅厅长许恪士推介毕业生的函

恪士吾兄厅长左右：

昨奉欧元怀先生来函，获悉吾公曾谈及台湾国营企业公司及工厂方面对会计人才需要至殷。兹者敝校本届商学院毕业学生吕荣才、应诗瑜、周惠民、单振雄、蔡辟雍、周吟秋、冯家信等七人，愿赴台服务。用特介绍。务祈赐予提掖，并希示覆，是所感祷。

专此，祇颂大安。

弟朱经〇顿首

民国卅七年七月卅日

周匡时呈请学校核免学杂各费及核发书籍、膳食费的函

学生（八四三三）周匡时（文学院政治系）系抗战阵亡将士遗族，今依教部颁布《抗战功勋子女免费就学条例》申请免缴今后学杂各费及请核发书籍、膳食等补助费，敬请钧座转呈教育当局鉴核赐准为感。

谨呈校长朱

学生周匡时呈

九月一日

附录：光华大学呈教育部的报告

案据学生周匡时呈来前国民政府军事委员会政治部第一厅厅队导〇〇五九号函暨陆海空军渝字第二四九号褒状及公函并称，“先父周复在鲁苏战区政治部中将主任任内殉职，拟请转呈钧部，依照钧部《抗战功勋子女免费就学条例》免予缴纳学杂各费及核发书籍、膳食等补助费”等由，查该生确为抗战遗族，合于钧部《抗战功勋子女免费就学条例》，敬祈俯予核准为祷。

谨呈教育部部长朱

全衔朱〇〇

中华民国卅七年九月六日

（光秘卅七字第四八九号）

吴开先请求照顾录取樊超的函

经农校长吾兄道席：

敬启者。本局调解科科长樊振邦同志负责处理全市劳资纠纷事件，忠诚干练，倚畀甚殷，其胞侄樊超、亲戚卜诚忠二人有志投考贵校银行系一年级，以求深造，业已遵章报名（准考证樊超第一六二八号、卜诚忠第一六五七号），如期应试。两生慕名向学，期在必取。只以弟与樊君情逾恒等，关怀倍切，用为专诚奉渎，务恳推爱成全，特予破格一并录取，俾遂立雪之宏愿，用慰樊君之期望，至深感祷。

专此，敬颂讲祺。

弟吴开先敬启

中华民国卅七年九月四日

附录：光华大学的复函

开先先生大鉴：

九月四日台示敬悉。樊科长令侄业经取录，其戚卜诚忠则以成绩过差未取，此系招生委员会公决，无法变更为歉。未能从命，尚祈谅察是幸。

专复，并颂勋祺。

弟朱〇〇拜启

民国卅七年九月六日

刘百闵请求照顾徐祖瑗入校的函

经农先生左右：

久未奉教，良深企念。敬启者。

友人徐逸樵兄近自东京来函，以其哲嗣徐祖瑗君曾于卅五年考取光华大学入学试验，当以诸暨乡里患匪，随侍其祖父乡居读书，未能入学。今年原拟赴日，但终以不易取得护照，因决仍在国内肄业。但今年大学入学考试均已完结，拟乞先生特予提携，准其在前年考取之资格，准予补行入学。事关青年进学，用敢不揣冒昧，烦渎以陈，敬恳裁察是荷。

耑此，敬颂教安。

弟刘百闵拜启

九月三日

附录：光华大学的复函

百闵、荫荪先生大鉴：

手示敬悉。徐祖瑗申请入校一事，因其录取在二年以前，早经失去学籍，实难设法。本年度两次招考期现亦办理完竣，请转嘱徐君下学期并行来校报考可也。有方台命，尚希谅察是幸。

专复，并颂勋绥。

朱〇〇

中华民国卅七年九月六日

教育部关于依照规定不能免费补助黄菱先的代电

私立光华大学：

三十七年九月二十一日光秘字第五〇六号呈件均悉，该校学生黄菱先申请援照《革命抗战功勋子女免费补助条例》准予免费补助一节，核与该条例第二条之规定不合，未便照准。仰即知照，件还。

教育部印

中华民国卅七年十月十五日

（高字第五六三七二号）

附录：光华大学呈教育部的报告

案准第三绥靖区本年八月五日纪字第一七九三号公函内开，“本部所属前五九军政军长黄维纲于三十二年八月积劳病故，迭奉国府明令优予抚恤并褒扬各在案。今该故军长之女菱先在贵校求学，因家乡……生活困难，所有学费无力担负，请援照《抗战功勋子女就学免费补助条例》，赐予免费”等由。该生又呈缴其父维纲国民政府军事委员会恤亡给与令（抚字第二七三〇五三号令），申请转呈钧部援照《抗战功勋子女免费就学条例》准免学杂各费。查该生所请合于钧部《抗战功勋子女免费就学条例》，敬祈俯予核准为祷。

谨呈教育部部长朱

全衔朱〇〇

中华民国卅七年九月廿一日

（光秘字第五〇六号）

上吴国桢请求补录俞济时女儿俞杭仙入学的函

经农吾兄校长道席：

敬启者。顷接总统府第三局俞局长济时兄函，称其女公子杭仙于去年上期毕业南京私立汇文高中，因病赴美治疗，致不克继续升学。迨今年暑期返国，又因公私立各大学考期已过，未及报考。青年失学，焦急万分，赐予就近协助，设法就学等语。素仰教泽宏敷，用特奉介一言，务请惠予在可能范围准其补考取录，俾获继续升学进修，出自裁成，同深感荷。

专此布恳，敬颂讲绥。

吴国桢顿首

中华民国卅七年九月廿三日

附录：光华大学的复函

国桢先生勋右：

九月二十三日损书敬悉，承介俞局长女公子报考敝校，原当照办，惜为时过晚。敝校两次招考，均经办理完竣，不拟续行添招。学校定章又无不经报考而准其入学之前例。方命歉甚，尚祈谅察为荷。

专复，敬颂勋祺。

弟朱〇〇顿首

中华民国卅七年九月廿八日

李熙谋关于商请接收高凌白借读的函

经农我兄惠鉴：

敬启者。兹有外交部驻沪办事处高凌白先生，前曾肄业燕京大学，书读至第四年第二学期时，因从军参加翻译官工作，旋又入外交部服务，致未能修毕学程。现以回原校续学事实上不可能，故拟入贵校政治系四年级借读，或暂准入学，俟学期考试时补行入学试验。特为代函商恳，务祈察洽，惠予成全，俾得完成学业，无任感荷。

专此，敬颂教绥。

弟李熙谋拜启

九、廿九

附录：光华大学的复函

振吾我兄局长勋右：

奉诵大翰，拜悉一是。高君凌白拟来敝校借读，完成其未竟之学业，殊堪同情，自当特别设法。惟借读办法教部早令取消，且四年级不收插班生。方命歉难照办。

专此奉复，敬祈谅察，顺颂大绥。

弟朱经〇拜启

中华民国卅七年十月五日

青树奖学金委员会关于甄选学生申请奖学金的函

敬启者：

青树奖学金为章荣初先生纪念其先人清儒公而设立，举办已逾五载，受惠之大学生凡四百余名，其因奖助而完成大学学业者大都均有职业服务于社会。现毕业同学与菱湖青树学校旅沪校友，为仰体创办人章荣初先生取之社会、用之社会，自助助人、己达达人之至意，愿将每月收入提成捐献，充作奖金招收新生。同时章先生为表示赞助，并鼓励同学之助人热诚起见，亦照毕业同学捐献奖金所招新生数额，增设同额之新生，本学期合共增设名额十二名。惟以各校大部开学，考选手续不及办理，爰拟请各大学甄选保送。素仰贵校办理完善，声誉昭著，对本奖学金向来热诚赐助。用特检附征选新生暂行办法一种，函恳惠予参照前项办法，就中征选合格之教育或生物学系二年级学生一名，并请将该生历年成绩单连同申请书等，于十月十五日前一并赐寄本市（25）合肥路127弄71号本会，俾便审核，以利进行。事关助学，即烦查照见覆为荷。

此致光华大学

青树奖学金委员会启

（中华民国卅七年）十月一日

附录A：青树奖学金毕业同学捐献奖学金办法

一、凡曾受青树奖学金之有职业毕业同学，一律于本学期起开始捐献奖学金，培植失学青年，以达自助助人、自立立人之目的。

二、凡有职业之毕业同学，按月捐献奖学金不得少于薪给总数百分之四。

三、凡有职业之毕业同学捐献奖学金不得少于四年。

四、捐献方面由各同学自定，内分一学年一次先付，一学期一次先付，三个月一次先付，二个月一次先付，按月捐付等五种。

五、凡毕业同学，如未获得职业，或有特殊困难无力捐献者，须具函声请展缓。

附录B：光华大学的复函

径启者：

接奉台函，敬悉一是。贵会设置奖学金补助清寒，奖掖后进，造福匪浅，良用佩仰。

承嘱选送敝校教育或生物学系成绩优良学生一名，自当照办。兹经考核结果，以教育学系四年级学生冯振益一名成绩优良，堪以保送，用特检同该生申请登记表、成绩单及自传等件，备函奉达，至希察照核发为祷。

此致青树奖学金委员会

光华大学校长室启

中华民国卅七年十月廿日

（光秘卅七字第五五一号）

文学院学生周匡时呈请核准免费资格的函

学生周匡时，系抗战阵亡将士遗族（先父故鲁苏战区政治部中将主任，于民国卅二年二月廿一日山东安邱平顶山之役抗敌阵亡），今依《抗战革命功勋子女就学免费条例》请免本期暨今后学杂各费并请核发书籍、膳食等补助费，祈即赐准为感。

谨呈校长朱转呈教育部

文学院政治系二年级学生周匡时呈

十一月十五日

附录A：光华大学呈请教育部的报告

教育部部长朱钧鉴：

案奉钧部本年十月十五日高字第五六三九〇号酉删代电，以“私立……电仰知照”等因，旋经饬据该生呈称，“依照本年十一月二日立法院公布之《革命抗战功勋子女免费就学优待条例》第八条免费待遇之核定，‘在国立学校或私立专科以上学校，由教育部组织革命抗战功勋子女免费就学优待审查委员会办理之’之规定，仍恳转呈教育部准予免费补助”等情前来，是否可行，理合检同该生附缴证件一纸、照片二张，电请察核饬遵。

全衔校长朱〇〇戌哿印

中华民国卅七年十一月廿日

（光秘字第五九三号）

附录B：教育部的代电

私立光华大学：

本年十一月二十日光秘（卅七）字第五九三号代电暨附件均悉，学生周匡时申请依照《革命抗战功勋子女就学优待条例》给予免费待遇一节，应俟该条例之审查细则公布后，再检同申请书、抚恤令呈部核办，原件发还。

教育部亥哿印

中华民国卅七年十二月廿五日

（高字第六八一一一）

教育部关于娄仲杰需补缴高中毕业证明的训令

令私立光华大学：

卅六年十一月廿七日复字第一五五八号呈一件，为呈送卅六年度第二学期毕业生成绩名册及入学证件等请鉴核由，呈件均悉。娄仲杰一名于入学时未经缴验高中毕业证书，仍应换呈经原校主管教育行政机关盖印之毕业证书遗失证明书再行核办，该生毕业资格不予备案。除名册成绩表报部外，余件发还，仰即知照。

此令。

附发还证明书、借读证明书各一纸

部长朱家骅

中华民国卅七年五月廿日

（高字第二七三二四号）

附录：光华大学呈请教育部备案的报告

查本校廿六年度第二学期毕业生娄仲杰一名，毕业资格前经呈奉钧部，本年五月廿日高字二七三二四号指令以该生入学时未经缴验高中毕业证书，饬换呈经原校主管教育行政机关盖印之毕业证书等因。兹经饬据该生呈缴高中毕业证书前来，理合检同上项毕业证书暨该生历年成绩表，一并备文赍请察核示遵，实感公便！

谨呈教育部部长朱

附呈娄仲杰高中毕业证书、历年成绩表

全衔校长朱〇〇

中华民国卅七年十二月三日

（光秘卅七字第六〇三号）

学生汪道奋申请学校开具证明以购优待船票的函

敬启者：

学生汪道奋（学号八九九六），家居浦东，每日来往学校，需搭乘市轮渡渡江。近悉该公司有优待公教人员及学生办法，凡学生可持学校证明文件，申请购买优待票。特此具函呈请，希缮发学生在学证明书壹纸为祷。

此呈光华大学秘书处钧鉴

学生汪道奋敬上

一九四九、三、十八

附录：光华大学致上海市轮渡公司的函

径启者：

兹据本校通学生汪道奋报称"家居浦东，每日往返须搭乘轮渡渡江，所费不赀。近悉该公司有优待公教人员及学生办法，请为证明"等语，兹特备函证明，即希贵公司查照，惠予购买优待乘船票，是为至荷。

此致上海市轮渡公司

光华大学校长室

一九四九年三月十九日

教育部关于垫发三月份学生膳费及填报调查表的代电

光华大学：

本部对各院校公费生救济生膳费忝念素殷，唯奉核定预算过低，致变应不易，使于该校同感困难。现经核准以米价每斗陆百元，副食费基数提升为十元，拨部统筹转发。惟查该地米价业又超过此数，本部除再呈院追加外，为体念学校困难及学生生活起见，特提高照当地粮价增垫。兹电汇三月份学生膳费七万元，仰希查收。

又本部为明了该校现学生人数及粮价情形，特检发调查表二份，仰于文到三日内，即行据实填列，迅速报部，以凭核办。

教育部印

一九四九年三月十一日发出

光华大学向教育部呈送学生人数及粮价调查的报告

教育部代部长陈钧鉴：

案奉钧部本年三月十一日第八七八号代电尾开"……又为明了该校现有学生人数及粮价情形，特检发调查表二份，饬仰于文到三日内，即行据实填列，迅速报部，以凭核办"等因，遵。已将上项调查表学生人数栏据实填列，并根据上海市社会局，本年一二月份粮价证明单，填列当地粮价，奉电前因，理合检呈上项填就之调查表二份，电请察核。又三月份粮价容俟上海市社会局粮价证明单填送到校后，再为增报，合并呈明。

（全衔）代理校长廖○○

光秘卅八寅梗[①]叩

附：私立光华大学学生人数及当地粮价调查表（卅七学年度第二学期）

项别		核定人数	实有人数	备注
公费生	全公费生	三	三	
	半公费生	十一	十一	
	奖学金生			
	救济金生			
自费生		现有人数一四七九人		
合计		一四九○人		
最近粮价变动情形		一月份平均价格每石市价一三三八．○○元 二月份平均价格每石市价九○五五．○○元 三月份平均价格每石市价		

代理校长廖○○

三十八年三月　日填报

校友马邹德一致廖世承的函

世承校长夫子有道：

夙侍绛帐，仰承陶冶，遥睽矩范，弥殷向往。

---

① 即1949年3月22日。

溯自离校来宁，与少云①主席结婚，倏逾十余载，寄迹塞外，关山间阻，对母校虽少联系，但未尝一日忘怀。今后倘有所能助，当竭力以赴也。

专函布臆，敬颂道祺。

生马邹德一②拜启

三十八年三月十三日

附录：廖世承的复函

德一同学惠鉴：

多年阔别，系念时深。顷接三月十三日来书，籍悉一一。

母校自经抗战炮火，大西路校舍已全部毁去。复原之初，即经勘定欧阳路新校址，地五十余亩，屋舍亦尚高敞，并于去岁由校备价承购永久使用矣。

本学期起，朱校长经农先生奉派出国参加联合国文教会议，一时不能归来，校政由世承接代。校中多年老教授，容启兆、蒋竹庄、吕思勉、谢循初、孙贵定、耿淡如、朱公谨诸先生现仍在校讲教，弦歌依旧，未减当年。余详附寄之光华通讯，不再赘告。

校中前因鉴于学生人数骤增，宿舍不敷分配，经已议定新建宿舍两幢。嗣以物价踊腾，原有预算不敷甚巨，致未继续兴工，引为憾事。

今后校讯当饬陆续寄来，借慰足下远念母校于千里之外也。

专复不一，顺颂时祉。

廖〇〇启

一九四九年三月廿八日

严禁学生私用电炉煤气的布告

查水、电、煤气价目，自经按月照电话指数计算以来，本校每月水电费用为数益巨。值兹物力艰难之际，自应尽量节省，嗣后如有学生私用电炉煤气情事，一经发觉，当予严处。

特此布告，仰各知照。

此布。

私立光华大学

一九四九年三月卅日

---

① 马鸿逵，宁夏人，回族，历任宁夏省政府主席、十五路军总指挥、第八战区副司令长官兼十七集团军总司令，1949年去台湾。

② 邹德一，江苏吴县人，1933年秋就读于光华大学文学院，肄业一学期后嫁给马鸿奎做五姨太，1956年在美国离婚。

公费生马尚健等呈请按照国立院校同一待遇预发膳费的函

窃生均为教部公费生，膳费向由教部按月拨下。惟因时局关系，上海各国立专科以上学校，公费生膳费业已由教部预发至十月份，而本校迄今尚未有经费发下。生等恐今后膳费无着，特恳乞钧座转呈教部，依照国立院校公费生膳费同等拨下，以俾生等安心求学，实为公便。

谨呈秘书室

公费生马尚健、潘景山等同呈

四月十四日于光华大学

附录：光华大学呈教育部的报告

私立光华大学呈稿发文光秘（卅八）年字第七二〇号

案据本校公费生马尚健、潘景山等报称，“窃生等膳费，向由教部按月拨发，惟因时局关系，上海区各国立专科以上学校公费生膳费闻已预发至本年十月份。生等为实际生活需要，拟恳转呈准予依照国立院校公费生膳费预发办法同一待遇，俾能安心向学”等情，前求理合备文呈请察核指令祇遵！

谨呈教育部部长杭

（全衔）代理校长廖〇〇

一九四九年四月十六日

派遣盛一飞等前往中央研究院借阅图书的函

径启者：

久仰贵所度藏科学图书丰富，为海上唯一宝库。兹有敝校理学院化学系毕业班学生盛一飞、盛序龄、何如福、徐传创、徐立平、沈梅英、朱定彝等七名写作毕业论文，须博览丛书，俾资参考，特为备函介绍该生等趋前在所借阅书籍，务祈惠允，无任感荷。

此致中央研究院化学研究所

私立光华大学校长廖世〇

一九四九年十二月十三日

刘佛年演讲的布告

本日上午十时至十一时敦请高教所主席刘佛年先生在大礼堂演讲《斯大林与中国革命》，各课暂停，希本校全体同学准时（依照教务处排定座位入座）前往听讲，特此布告，仰各知照。

此布！

校长廖〇〇

一九四九年十二月廿一日

学生刘清如、吴玲请学校出具介绍信的函

敬启者：

学生刘清如（学号六八六四）、吴玲（学号六九二一），理学院化学系，现因去国立中央研究院登记申请所需，特恳代写介绍书一封以用为荷。

此致校长室秘书处

学生刘清如、吴玲同上

十二月廿二日

附录：光华大学致中央研究院的函

径启者：

兹有本校理学院化学系一九四九年春季学期毕业生刘清如、吴玲在校肄业，品学兼优，拟申请在贵所充任助理员，用特备函介绍。至祈惠予照准，提携后进，无任感纫。

此致国立中央研究院化学研究所

私立光华大学校长廖世〇

一九四九年十二月二十二日

胡文耀咨询学期不足学生毕业办法的函

径启者：

据敝校法律系四年级学生声称，各私立大学法学院法律系已修毕七学期之同学得与修毕八学期之同学同时毕业，先给毕业证明书，待暑假时再给正式毕业证书等语。贵校如何办法，希详予见示，以便敝校采取同样步骤。

无任感盼。

此致光华大学廖校长

震旦大学校长胡文耀谨启

一九五〇年二月十一日

附录：光华大学的复函

径复者：

二月十一日大函敬悉。依照主管教育行政当局之规定，大学各院系学生必须修满八学期方得毕业。本校于一九五〇年暑期后即无学期不足可予毕业之办法。

相应复请察照为荷！

此致震旦大学胡校长

私立光华大学校长室启

一九五〇年二月廿一日

华东教育部关于呈报应届毕业生就业情况的通知

私立光华大学：

本部为欲了解华东各校应届毕业生之就业情况，特发出如下通知：

一、你校应将本届毕业学生之已就业人数列出院系、班级、离校日期以及服务机关、地点等，作出统计，限文到三日内备文报部。

二、以后如有应届毕业学生离校时，应按上项办法具报。

部长吴有训

副部长唐宇愚　沈体兰

一九五〇年五月十三日

附录：光华大学呈华东教育部的报告

案奉钧部本年五月十三日东教高学字第二八一一号通知，以饬呈报应届毕业生之就业情况等因。查本校本届应届毕业生中，除应东北招聘团之聘，志愿前往东北工作，已准提前举行考试，并已成行之学生计有十四名外；其余应届毕业生，现正在校参加期中考试，须于一个月后，方得参与毕业考试。兹奉前因，理合先就已赴东北工作之学生，造具就业人数统计表一份，备文送请察核备查！

谨呈华东军政委员会教育部

附呈统计表一份

全衔校长廖○○

一九五○年五月十七日

附：私立光华大学一九五○年应届毕业生已就业人数统计表

院系	已就业人数	离校日期	服务机关	地点
理学院土木工程系	7人	五月十日及十五日	应东北招聘团之招聘	东北
理学院化学系	1人			
商学院经济系	2人			
商学院会计系	2人			
商学院工商管理系	1人			
商学院会计专修科	1人			
共计	14人			

华东教育部秘书处关于发给毕业生听讲票的通知

兹发给文、法、教、美、体、音各科本期毕业生听讲票六十五张，理、工、农、商各科本期毕业生听讲票八十六张，并附听讲须知一份，请转知听讲学生切实遵照为荷！

此致光华大学

华东军政委员会教育部秘书处

七月十一日

附：听讲须知

一、地点：

（1）文、法、教、美、体、音各科本期毕业生听讲地点在江苏路愚园路西中西女校大礼堂。

（2）理、工、农、商各科本期毕业生听讲地点在上海市人民政府大礼堂。

二、时间：

（1）在中西女中听讲日期：本月十二日（星期三）上午九时。

（2）在上海市人民政府听讲日期：本月十三日（星期四）上午九时。

（3）听讲者要遵守时间，在上午八时半前到场入座。

三、听讲学生，以本期毕业生为限，本期以前毕业学生及非毕业学生暨本届毕业学生已离校就业者，概不得入场听讲。

四、接受本部所发入场券的本期毕业的学生，不得借故转让他人以及非本届毕业学生持用。

五、至上海市人民政府大礼堂听讲人员，一律由河南中路便门出入。

附录：关于毕业生领取华东教育部分配动员大会听讲证的通告

关于本届毕业生工作分配问题，业经华东教育部召集会议，当经决定本星期三（七月十二日）上午召集文学院毕业生，星期四（七月十三日）上午召集理、商学院毕业生，分别作工作分配报告。本校文学院毕业同学应于本周二（七月十一日）下午二时至四时，或本周三（七月十二日）上午八时前，理、商学院毕业同学应于本周三（七月十二日）下午二至四时，径来秘书室领取听讲证，按照规定时间及地点，前往听讲。事关切身工作问题，希遵照办理为要！

右通知（　　　）同学

校长室

一九五〇年七月十一日

呈送华东教育部缺少学分毕业生名单的报告

查本校本届应届毕业生中，学分不足者，计有十人，在分配工作时，该生等应否即行参加，俟参加工作后再行补修？抑或先在暑校补修后再行分配之处？理合造具缺少学分之应届毕业生名单一份，备文呈请察核迅示祇遵！

谨呈华东军政委员会教育部

附呈缺少学分之应届毕业生名单一份（略）

全衔校长廖〇〇

一九五〇年七月十五日

附录：华东教育部的批复

光华大学：

一、七月十五日光（五〇）字第二二四号及七月十七日光（五〇）字第二二九号呈件均悉。

二、你校本届毕业生中学分不足者，准予先行参加工作。惟缺少在五学分以上者，不能毕业；如缺少在四学分以下者，又是选修科目，可由校拟定补读及审查办法，呈送我部备核。

部长吴有训

呈请华东教育部核准社会系学生借读复旦、大夏的报告

查本校社会系去年今年均停止招生，现仅有四年级生五、六人，开班设课，既不经济，教学进行，忌多滞碍。兹为提高学生学习兴趣，减轻学校负担起见，拟自下学期起，向国立复旦大学社会学系借读，是否可行，理合备文呈请核示祇遵！

谨呈华东军政委员会教育部

全衔校长廖〇〇

一九五〇年八月廿六日

附录：华东教育部的批复

光华大学：

一、八月二十六日光字第二九五号呈悉。

二、你校社会系因停止招生，所有四年级学生，拟自下学期起向国立复旦社会系借读一节，所请碍难照准。我部意见你校可向上海沪江大学或东吴大学借读，希径自接洽。如有困难，我部可以协助，此复知照！

部长吴有训

一九五〇年九月二日

华东教育部关于社会系借读复旦大学的复函

私立光华大学：

一、顷接你校社会系学会一九五〇年九月九日呈称：

“窃生谭其粤等七名肄业于本市上海私立光华大学社会学系四年级上学期，因本系人数过少，不但校方课程难开，且后无来者。兼之在七人当中大多数无力负担学杂费用，而学校对本系向来采取漠视态度，每学期所开课程七折八扣，直至目前为止尚无系主任，故无人领导我们正课学习。长此下去，影响同学学习情绪匪浅。生等为克服学校困难及照顾同学前途起见，故请求校方曾经呈报教育部备案未准，但生等认为再有请求之必要。其理由：

1. 本系课程一向是复旦大学教授兼课，为响应精简及经济起见，可予合并复旦，且对课程内容及性质并无变动及脱节之虞。

2. 本校对本系同意合并复旦，而复旦社会系亦甚表欢迎，且按前次上海法学院之会计等系合并于上海商学院而成立经济学院是为一例，据此请求教育部加以考虑。

3. 合并后对本校可以节省开支，对同学可减轻负担，相互克服困难之原则下请教育部准予照顾。

以上均为实际之客观条件，据实呈报，恳祈钧部鉴核，给予照顾，则不胜迫切待命之至”等语。

二、关于该系学生借读事，前据你校暨国立复旦大学先后呈请到部，并经分别批复难予准行各在案，仍希遵照前批转知该系为要！

部长吴有训

一九五〇年九月廿一日

呈请华东教育部核准学生提前分配工作的报告

（一）兹有本校一九四九年度第二学期学分已修满之七学期学生夏建民、邹恒祐、陈有新、张泉、赵训彝、周惠宏、赵镇东、陈振华等八人，拟请准予提前分发工作。

（二）以上学生中，陈振华原在贸易部土产公司实习，赵镇东原在人民银行信托部实习，该生等拟请求准分派各该原实习机关工作。

（三）遵照钧部本年八月十五日教高学字第四八六〇号通知关于学年未届提前参加

工作暂行办法之规定，理合缮造名册一份，备文呈报，敬祈察核示遵！

（四）再本校一九四九年度第二学期学分已修满之七学期学生陈迎元、许立功二人，在学期考试前提前赴东北就业。可否先照七学期修满学分办理，俟学生届满再行准予毕业之处，并祈核示！

谨呈华东军政委员会教育部

全衔校长廖〇〇

一九五〇年九月十二日

附录：华东教育部的批复

光华大学：

一、九月十日光（五〇）字第三二号呈悉。

二、关于七学期已修满学分，要求提前分配工作的学生，经研究后，决定分发该生等于下列各部门工作。

（1）政治系学生二人及经济系学生一人分配去华东劳动部工作。

（2）法律系学生二人分配去华东司法部工作。

（3）工商管理系学生三人分配去华东人民银行工作，内中二人如原实习机关拟留用，可照准。

以上各生希即转知前来我部办理介绍手续。

三、土木系学生考期前离校去东北工作者，该生等缺课是否超过学校原有规定，希具报备核。

部长吴有训

一九五〇年九月卅日

华东教育部关于应届毕业生提前参加工作暂行办法的通知

光华大学：

关于各专科以上学校应届毕业学生未参加毕业考试提前参加革命工作，及学分已修满（七学期）、学年未满，或学年已满而学分不足就提前参加工作，其毕业问题，我部特拟订暂行办法如下，希各校遵行：

1. 应届毕业生未参加毕业考试，及学分已修满（七学期）、学年未满，或学年已满而学分不足，如提前参加工作，须经学校呈准我部后方可就业，否则不发给毕业证书。

2. 应届毕业生未参加毕业考试，即提前参加工作，其缺课以不超过学校原有规定为原则。所缺课程由校向毕业生服务机关联系，请其负责按期将学生工作情况报校由学校评定分数，代替成绩，如及格准予毕业，发给毕业证书。

3. 学分已修满（七学期）、学年未满的应届毕业生，提前参加工作，但须至学年届满时，才准毕业。

4. 学分未修满而学年已满的学生，如其所缺学分系非必修课并不超过四个学分，经呈准后可以提前参加工作。其所缺学分的补救办法，可参照第二条规定办理。

5. 毕业论文（可以专题报告代替）不交者不准毕业。如经核准参加工作者，应在工作期间补交。

6. 二、四两条规定补救办法，学校应与毕业学生工作机关接洽，不能由学生个别报告。

部长吴有训

一九五〇年八月十五日

华东教育部关于教高学字第六八四〇号通知补充说明的通知

光华大学：

查我部一九五〇年八月十五日教高学字第四八六〇号通知第三条关于“学分已修满（七学期）、学年未满的应届毕业生，提前参加工作”的规定，各校学生多有误解，以至提出要求将应在第八学期所习课程提前学习而超过学校原有规定，以致造成选习课程的紊乱现象，我部为了纠正这种现象，特补充说明如下：

学生在七学期肄业期满时读完学校所规定的全部课程，是指一般学生在入学肄业时每学期选修课程并未超出学校原有规定（如学校规定学生每学期选修课二十学分，最多不得超过二十四学分），努力学习至七学期已将全部课程读完，得准要求提前参加工作，但须专案呈报我部批准后方得离校就业。并非每个同学在七学期开始时，选读课程超过学校原有规定（如学校原有规定每学期学生选修课程最多不得超过二十四学分，而学生在校课程尚缺少学分，要求提前在七学期全部选读完了），而将应在第八学期选修课程一并在第七学期选读完了者。

前项补充说明，各校应切实掌握执行，以免学生在选课中发生紊乱现象。

部长吴有训

一九五〇年十月十四日

华东教育部关于提前参加工作暂停的通知

光华大学：

查关于专科以上学校学生学分已修满而学年未届（已读完七学期）及学年已满而学分不足者得申请提前参加工作问题，我部曾于一九五〇年八月十五日及十月十四日以教高学字第四八六〇号及六八四〇号通知施行在案。近有少数学校学生误解前项办法规定的精神，自二下起各班级一般均纷纷竞选学分，希望争取在修满七学期时提前申请参加工作。此种情形，不但影响了学生毕业程度，且更妨碍身体健康，与我部订立此项规定的原旨大相违背。且遵照中央人民政府教育部“关于实施全国高等学校课程改革的决定”规定：高等学校学生每学期每周实际学习时间（包括上课、实习、实验、自习等）以四十四小时为标准，最多不得超过五十小时，则自一九五〇学年度起各校各系科必须按照此项规定原则制定课程及教学计划严格实施。因此今后七学期修满应修毕业学分的情况，应不复存在。

鉴于上述种种情况的改变，我部前颁高等学校学生学分已修满而学年未满及学年已满而学分不足者得申请提前参加工作的暂行办法自即日起应予停止适用。惟为照顾少数学校部分学生实际情况起见，截至一九五〇年度第一学期止暂准继续个别申请，但各校应将申请学生历年修习学程、学分及毕业学分总数，分学期造册呈报凭核，希知照为要。

部长吴有训

一九五〇年十二月十三日

呈请华东教育部援例准应浚达等分配工作的报告

顷据本校一九四八年度第二学期学分已修满之七学期学生应浚达、顾国华报告，请求转呈准予分发工作等情前来，查该生等毕业问题曾经函奉前上海市人民政府高等教育处一九五〇年三月十六日高大私字第二〇六九号指示，必须修满学年及政治课方得毕业。复查与该生等情形相同之学生周礼德前经呈奉钧部本年七月十五日教高学字第四〇一八号批复准予参加土改工作在案，该生等可否援例并遵照钧部本年八月十五日教高学字第四八六〇号通知关于学年未届提前参加工作暂行办法之规定，准予分发工作，所缺政治课，俟在工作单位补行学习之处，理合据情转报，敬祈察核示遵！

谨呈华东军政委员会教育部

全衔校长廖〇〇

一九五〇年九月十九日

附录：华东教育部的批复

光华大学：

一、九月十九日光（五〇）字第三三二号呈悉。

二、我部教高学字第四八六〇号通知，系限于一九五〇年暑期学分修满而学年未满之学生之要求工作，经我部核准后，可分配工作。

三、你校学生应浚达、顾国华系一九四八年度第二学期学分修满学生，不能适用上列条例，无法分配工作。

部长吴有训

一九五〇年九月廿七日

呈请华东教育部核准汤雪梅等分配工作的报告

一、案据本校一九四九年度第二学期学分已修满之七学期学生汤雪梅、严大东、黄志瑞等三人报请准予提前分发工作，前来拟请援照钧部九月卅日教高学字第〇〇六四七六号关于决定分配本校学分已修满七学期学生工作一案之批复，赐准提前分发工作。

二、又据一九四九年度第二学期已届满第八学期之学生沈梅英、王季萍、宋定昌、邱启远、夏伯训、邱仁佐、徐邦裕等报告，在暑假统一分配工作时，因有不及格学程，须在暑校补读，未能参加统一分配，现以所缺学分，早经在暑期班补足，请求准予补行分发工作等情前来，经已转提第十八次校务会议暨改组后第一次常务委员会议议决，准予毕业记录在卷，并已于九月廿七日以光（五〇）字第三四一号呈送一九五〇年暑期毕业未接受分配工作名册内，分别列入（内徐邦裕一名，已去市委会工作，未经列入）。近复据各该生等迭次请求催派工作前来，拟请准予核派，俾遂为人民服务之愿望。

三、最近又据八学期毕业学生汤国英、高美珍、沈绍平及七学期学生严大东等联名请求，以原在中国纺织机器制造公司实习已届八月，现该公司拟予留用，拟转请准予分派该公司工作等情前来，查学生汤国英、高美珍、沈绍平前在该公司实习期间，因有继续留用之希望，故未参加统一分配。兹据前情，拟请准将汤国英等三人及严大东，一并分派中国纺织机器制造公司工作。

以上各项，理合分别造具名册，备文补报，敬祈察核，迅示祗遵！

谨呈华东军政委员会教育部

全衔校长廖〇〇

一九五〇年十月廿日

附录：华东教育部的批复

光华大学：

一、十月二十日光（五〇）字第三七六号呈悉。

二、你校一九四九年度第二学期（学分）已修满之七学期学生汤雪梅等请求提前分发一节，因暑期统一分配工作已结束，应俟寒假时参与分配。

三、八学期学分已补修满之本届毕业生沈梅英等六人，既已列报在一九五〇年暑期毕业生未接受分配工作名册，可暂准分配工作，希通知该生即来我部一谈。

四、汤国英等三人，既未参加统一分配，现拟在中国纺织机器制造公司工作一节，我部无法予以介绍。

五、复希知照！

部长吴有训

一九五〇年十一月九日

华东教育部报送参加军干校学生情况的通知

公私立高等学校：

查各校动员学生参加军干校工作即将结束，兹为了解你校确实参加人数起见，即希速将你校参加军事干校学生分别院系、年级、性别，造册报部为要！

部长吴有训

一九五一年一月十八日

抄致各省、市、行署文教（教育）厅、局、处、有关业务部门

附录：光华大学呈华东教育部的报告

兹遵照钧部一月十八日教高学字第〇〇〇三三八号通知，将本校确实参加军干校学生名册一份，备文呈报，敬祈察核备查！

谨呈华东军政委员会教育部

附呈名册一份

全衔校长廖〇〇

一九五一年一月二十二日

附：私立光华大学参加军事干校同学名册（一月二十日）

姓名	性别	院系别	年级	备注
黄枬荣	男	文、法律	三	
乐凤梅	女	文、教育	二	
张祖芳	男	理、土木	二	
王正民	男	理、土木	二	
胡润森	男	理、土木	二	
王忠棣	男	理、土木	二	
邱建民	男	理、土木	二	
陆俊坤	男	理、土木	一	
言茂仁	男	理、土木	一	
朱　瓒	男	理、土木	一	
黄昌平	男	理、土木	一	
唐来翘	男	理、化学	一	
徐允中	男	理、化学	一	
吴文波	男	理、生物	一	
王俊凤	女	理、生物	一	
章啸者	男	理、铁专	一	
杜敦绍	男	理、铁专	一	
樊贻芬	女	商、会计	四	
张康騄	男	商、会计	三	
薛孔震	男	商、会计	二	
杨炽昌	男	理、土专	一	
陈家勃	男	理、土专	一	
陈伟中	男	理、土专	一	
吴国瑱	男	理、土专	一	
董阳开	男	理、土专	一	
谢佑慰	男	理、土专	一	
徐惠全	男	商、财经	一	

以上共计 27 名。

光华大学关于转院转系办法的布告

兹将第七次常务委员会议通过之转院转系办法公布于后，此布！

一九五一年二月一日

本校转院转系办法

一、入学后肄业一学年可申请转院转系。

二、入学后肄业二学年只可转系，不得申请转院。

三、一年级新生入学后第一学期内不得申请转院系。

四、一年级新生入学后肄业满一学期，如因特殊原因得申请试转，经核准试转后方得正式承认转院转系资格。

五、在大学肄业二学期之转学生，得申请转院转系；在大学肄业三学期或四学期之转学生得申请转系而不得申请转院。

六、凡学生入学后申请转院转系以一次为限，且经核准转出他系后不得再申请转回原系。

七、文、商学院一年级学生申请转入理学院，必须在本校招生时参加一年级新生数学、物理、化学三科入学考试合格后方得核准转系。

八、凡申请正式转院转系或试转者均须于注册开始前将申请书送至教务处，汇齐后由转院转系审核委员会开会核定。

华东教育部催报各校之今暑毕业生人数统计表的通知

华东区各公私立高等学校：

查我部前奉中央人民政府教育部二月一日厅人字第三七二号函为规定全国高等学校毕业生须按期填报各项表式等因，已于二月廿七日以教秘人字号一三八〇号通知你校遵照办理在案。

兹为预早统（通）盘筹划今暑毕业生之工作，希你校将今暑毕业生之人数统计表（表四）速即报部为要！

部长吴有训

一九五一年三月十九日

附录：光华大学呈华东教育部的报告

兹遵照规定，将本校今暑（一九五〇年度第二学期）应届毕业生人数统计表（表四）一式三份备文呈报，敬祈察核备查！

谨呈华东军政委员会教育部

附呈之件如文

全衔校长廖〇〇

一九五一年三月廿三日

私立光华大学一九五〇年度第二学期应届毕业生人数统计表（表四）

院别	系（科）别	组别	入学程度	修业期限	毕业生人数			备注
					计	男	女	
文学院	中国文学系		高中毕业	规定四年	1		1	
	外国语文系		高中毕业	规定四年	1		1	
	政治系		高中毕业	规定四年	9	6	3	内四人于1950年度第一学期（七学期）修满学分，已分配工作
	法律系		高中毕业	规定四年	4	3	1	
	教育系		高中毕业	规定四年	11	1	10	内二人，七学期修满已分配工作，又张颉君一名未注册
	社会系		高中毕业	规定四年	5	1	4	
理学院	土木工程系		高中毕业	规定四年				
	化学系		高中毕业	规定四年	4	8	1	
	生物系		高中毕业	规定四年	1	1		
商学院	经济系		高中毕业	规定四年	28	25	3	内三人于1950年度第一学期（七学期）修满学分，已分配工作
	会计系		高中毕业	规定四年	32	16	16	内十三人于1950年度第一学期（七学期）修满学分，已分配工作，一人自行就业，一人参干
	银行系		高中毕业	规定四年	5	2	3	二人已分配工作
	工商管理系		高中毕业	规定四年	36	29	7	九人已分配工作
	会计专修科		高中毕业	规定二年	10	1	9	
总计					147	88	59	内三十三人七学期修满学分，提前分配工作，一人自行就业，一人参干

一九五一年三月廿八日填

向华东教育部呈送申请助学金及报销名册的报告

兹将本校本年五月份申请人民助学金人数异动表及具领人民助学金报销名册各一式两份，备文呈报，敬祈察核！

谨呈华东军政委员会教育部

附呈之件如文

全衔校长廖○○

一九五一年五月廿四日

一九五一年五月份申请人民助学金人数异动表

<table>
<tr><td colspan="2" rowspan="2">月份异动</td><td colspan="4">光华大学</td><td colspan="2">全校学生人数</td><td colspan="2">836</td><td rowspan="2">备注</td></tr>
<tr><td>甲等</td><td>乙等</td><td>丙等</td><td>丁等</td><td>折合甲等合计</td><td>百分比</td><td>研究生津贴</td><td>百分比</td></tr>
<tr><td colspan="2">上月核定</td><td>42</td><td>16</td><td></td><td></td><td>54.5</td><td>6.2%</td><td></td><td></td><td></td></tr>
<tr><td rowspan="2">本月变动</td><td>增</td><td>1</td><td>1</td><td></td><td></td><td></td><td></td><td></td><td></td><td rowspan="2">甲等一名由评议会决定降至乙等，甲等新增一名,乙等放弃一名</td></tr>
<tr><td>减</td><td>1</td><td>1</td><td></td><td></td><td></td><td></td><td></td><td></td></tr>
<tr><td colspan="2">评议会核定</td><td>42</td><td>16</td><td></td><td></td><td></td><td></td><td></td><td></td><td></td></tr>
<tr><td colspan="2">核批意见</td><td></td><td></td><td></td><td></td><td></td><td></td><td></td><td></td><td></td></tr>
</table>

五月四日填报

附录：华东教育部的批复

光华大学：

一、光（五一）字第二四五号呈悉。

二、自五月份起准你校人民助学金每月54.5个甲等名额，以后如有异动须将变动情况和异动表报部核定。

华东军政委员会教育部部长吴有训

一九五一年六月十日

中国科学院关于录取章宗涉的通知

你校保送研究生及研究实习员，内有章宗涉等壹名，经审查合格，业予录取。其报到证明，请由你校出具（未交毕业证件的仍应补交）。程途安排，听由人事部门统筹，即希查照并转知为荷！

此致光华大学

中国科学院

五一、七、廿八

附录：光华大学的复函

本校前此保送生物系应届毕业生章宗涉参加中国科学研究院研究实习员的审查，所报表件尚缺少体格检查书。兹据该生补报前来，理合检同该生体格检查书一份，备文补报，敬祈察核！

谨呈中央人民政府教育部中国科学院

附呈之件如文

全衔校长廖〇〇

一九五一年六月廿八日

呈请华东教育部核示毕业生缺修学分处理办法的报告

关于本校今暑应届毕业生中有问题（缺修学分应补读）者如何处理，业经本校协助毕业生分配工作委员会议讨论，分别按照各别情况提出意见如次：

一、应可奋（政治系）缺少选修学分二学分、毕业论文二学分，共计四学分。拟俟集中学习后，先去岗位上工作，将来以缴送工作报告，代补所缺学分。

二、胡维英（会计系）学分已修满，在校学习八学期，惟在一九四八年秋学期因战争关系离校，未能按期参加大考，故未有成绩。拟准予毕业，并参加集中学习。

三、齐武（会计系）在校八学期，有一学期未参加大考，故无成绩，缺少毕业论文二学分。拟先准参加集中学习，俟在岗位上工作后，缴送工作报告及格，再准毕业。

四、刘世祥（经济系）去年七学期读满学分，当时呈准提前分配工作有案。比因该生不愿参加工作，而继续在校学习，复以该生学期中因病未能参加大考，可否准予毕业？

五、叶汉光、周国贞（化学系）均缺必修普通物理四学分，拟准先行参加集中学习，完毕后再行补读。俟补读及格后，准予毕业。

以上各项，理合据情备文呈报，敬祈察核迅示祗遵！

谨呈华东军政委员会教育部

全衔校长廖〇〇

一九五一年七月十六日

附录：华东教育部的批复

光华大学：

一、本年七月十六日、十九日光字（五一）第三七二及三八八号两呈均悉。

二、你校本年度应届毕业生缺修学分者应可畚、胡雏英、齐武、叶汉光、周国贞等五人准先参加集中学习，刘世祥的毕业及工作问题俟其病愈后再议，复希知照！

部长吴有训

一九五一年七月廿六日

国立上海财政经济学院关于并入学生如期报到的函

关于你校并入本院的各系同学，自九月二十日至廿二日止办理报到缴费注册手续，过期不得补行注册，用特函达，即希查照转知为荷！

此致光华大学

国立上海财经学院教务处启

一九五一年九月十四日

关于转入上海财经学院学生如期前往报到的布告

顷准上海财经学院来函称，“关于你校并入本院的各系同学，自九月二十日至廿二日止办理报到缴费注册手续，过期不得补行注册，即希转知”等情前来，合亟布告，仰各遵照为要。

此布！

一九五一年九月十七日

关于转知同济大学开学日期的布告

顷准同济大学来函称，“我校业已开学，即将正式上课，请即转知你校土木系复学学生于九月十九日来校报到，廿、廿一日体格检查，廿四日注册，即请查照办理”等情前来，令亟布告，希各同学遵照为要。

此布！

校长廖世〇

一九五一年九月十八日

光华大学、光华成都分部、成华大学系科设置沿革表

光华大学系科设置沿革表

校名	时间	系科设置																				
光华大学	一九二五年	文科								理科					商科					工科		
		国文系	教育学系	历史学系	政治学系	社会学系	哲学心理学系	英文学系	德文学系	物理学系	化学系	生物学系	数学系		银行学系	会计学系	商业管理学系	经济学系		测量系	绘图系	建筑系
	一九三六年	文学院								理学院					商学院							
		国文系	教育系	历史系	政治系	社会系		英文系		数理系	化学系			土木工程系	银行系	会计系		经济系				

光华大学成都分部系科设置沿革表

校名	时间	系科设置										
		文学院					理学院		商学院			
光华大学成都分部	一九三八年至四六年	中国文学系	教育学系	历史学系	政治经济学系	社会学系	化学系	土木工程系	银行学系	会计学系	工商管理学系	会计专修科

成华大学院系设置沿革表

校名	时间	系科设置																				
成华大学	一九四六至四九年	文学院								理学院					商学院							
					政治学系		经济学系	外国文学系		数学系	化学系	生物学系		机械学系	银行学系	会计学系	工商管理学系	财政金融系	会计专修科			
	一九五〇至五二年	文学院								理学院					商学院							
		中国语文学系		哲学历史系	政治学系		经济学系	外国语文学系	俄文专修科						财政金融系	统计会计系	企业管理学系		会计专修科			

呈请华东高教局准予言茂仁免试入读同济的报告

一、顷据前光华大学学生言茂仁家长言心哲先生来函，以“小儿言茂仁曾肄业于光华大学理学院土木工程系，一九五一年二月间适值政府号召青年参干，小儿为响应政府号召曾在该校带头参加，经政府分配在中央公安干部学校学习，结业后分派在北京中央公安部工作。现在政府各部门为储备将来建设人才起见，正在选拔青年干部进入高等学校学习，以资深造。本人近接小儿来信，得悉他的组织上已要他今夏仍回到高等学校完成其所习的学业，因此拟请填发肄业证明书，转请高等教育部免予考试，回到他原来所属之系科学习”等语前来。

二、查该生于一九五〇年度第一学期在光华理学院土木工程系一年级肄业，在该年度的第二学期开始之时，响应政府号召参干离校，现该生经组织上同意他继续复学。但光华的土木工程系于五一年夏并入同济大学，该生所请复学，可否请你局介绍他到同济免试入土木系一年级学习。

三、检呈中央人民政府公安部政治部五三年七月二日（五三）公政治发字第一〇七〇一号函一件，敬请核示！

谨呈华东行政委员会教育局

附件如文

前私立光华大学校长廖〇〇

一九五三年七月廿三日

附录：华东高教局的批复

前光华大学结束工作组：

一九五三年七月廿三日光束字第八二号报告悉。关于前光华大学土木工程系一年级肄业学生言茂仁申请于下学期免试入同济大学土木系一年级学习一节，由于该生系一九五一年二月参干学生，且中央公安部已批准其继续升学，为照顾该生起见，我局同意其于下学期免试入同济大学土木系一年级学习。

中央人民政府高等教育部华东高等教育管理局

一九五三年八月十日

光华大学成都分部毕业生名录

1938 年

李毂君　萧　运　邹明诚　杨影斐　胡昭玺　郭祖志　周　鼎　叶　煜

1939 年

钱兆亮　朱济民　朱尊群　李树基　叶霞翟　涂纪燧　钱兆钟　杨毓智　周同善

宗瑾如　袁寿恒　刘　芳

1940 年

李增辉　郭俭师　高朝元　刘振绮　陈炳奎　杨奉昌　邓伯康　邓自明　曹瑞麟

王世经　田景秀　张赓传　张本萱　彭兆凤　彭兆奎　廖光含

1941 年

余守仁　吴娜环　李培思　易汝恒　翟怀仁　王材俊　王镇南　余洪祥　李天仇

李贤英　李才贵　李容素　芮石岩　胡舆琼　纪　逸　陶　根　姚家荣　郭绍蕙

郭大德　黄凤瑛　曾兴修　葛家珍　陈先忠　陈冈陵　陈叔伟　陈玉容　孙国昭
张文英　郑可达　刘我超　谢宝章　谢宗义　罗淑媛　谭如芬　萧敬容　陈可权
张世璇　程雅兰　殳家驹　彭家萃　陈致芳　汤　中　吴　杰　朱逢原　宋子瞻
沈　同　陈河清　罗广礼　谢应信　何紫馨　葛福煦　廖品超　谢秩藩

1942 年

王道昌　王恩隆　周琏容　蔡国琦　蔡时逸　蒋德曾　黄治东　刘文公　左天富
李淑仪　李荣华　易光佐　许光瑶　张仲篪　裴秀若　刘辉明　王继铣　余顺明
何光铎　袁本湄　马德容　唐　维　高　芝　黄清臣　陶正堂　陈毓东　郭士华
叶枝荣　邹至灵　邓　益　欧阳钧　尹凤仑　包隆鑫　甘仙逸　向仍廉　沈柏范
姜大钧　周之文　李先猷　李茂青　俞心培　马嘉芬　夏宗杰　夏芸仙　曾龙富
隆克谦　蔡迎兴　张凤诰　张世耀　张沉闽　张世芳　张兴文　葛　忠　潘玉岱
傅先翱　汤秉文　陈济和　杨玉坚　廖荣杰　叶　春　刘仲华　刘振玲　赵延艾
严子冰　缪同和　李香石　王淑卿　王　突　李　崧　林长炘　李树藩　张道义
张介谦　魏桂昌　王伯寅　李昌渠　黄吉祥　张集镛　李裕祖　李应琼　何佩芳
林宙文　彭德贞　张继恬　鄢子伟　王素敏　王端顺　尹集宛　沈自秀　周继英
朱丏苒　杭承德　李云湘　马家聪　林智媛　章富源　彭德辉　黄大昭　黄学诗
孙　恭　万朝杰　费镜秋　廖常论　雷瑶芝　潘继美　刘光炜　刘克思　刘登堡
刘学勤　刘镜贞　刘淑端　谢邦彦　谯中秀　谭详鹤　罗德馨　王秀峰　方善堤
毛思俊　李才敏　何典章　崔极汝　陈树元　刘玉仙　谢焕发

1943 年

郭旅进　宋幼臣　崔钜钊　陈毓元　潘超华　孙士烺　郭佩华　戴定炜　罗元锴
王纲英　李昌兰　李秉文　林祥熙　吴忠娟　金燡长　陈霖堂　雷文祥　廖洁秋
赵明清　魏均沛　刘连年　庞应藻　罗代华　王　珍　甘竹芳　任均和　何光永
沈时楷　邱有樟　金祖孟　姜　鼐　李家镇　高之贞　曾饶资　吴江陵　宋尔恭
陈新名　陈茂榕　陈思尧　杨成全　杨成德　张瑞莹　张志琼　张忠玉　廖常森
廖正涵　邓德昭　刘　楷　刘君模　潘慈嘉　龙泽奎　骆德尧　朱顺华　沈明瑜
徐玉光　许存信　陆绍锡　郭贵宣　张慕苏　张文焕　邓国勋　杨志侠　刘子滇
蓝云辇　谢宗扬　龚攀隆　刁天孝　王特秀　李倚云　李昌裕　原用九　韦美刚
黄瑞士　宁开先　罗显经　王玉华　何明照　李文学　陈德本　陈霞友　张继纯
黄继勋　雷见鹤　邓瑶华　邓钟瑚　董振玉　王　璋　任瑞华　江启荣　余鸿杏
余光湜　李　旭　胡　藻　周润深　何高范　许光荣　唐世栋　舒隆森　冯瑞芝
张俊嫒　张尚纶　黄廷椿　陈湘华　杨树芳　刘则禄　刘世莹　刘玉松　滕耀辉
魏绍远　戴玉舒　罗玉蕙　毛清誉　左鸿烈　简　章　沈玉清　李同生　计少华

吴祖昆　周光佩　周绍钦　胡瑞芝　陈命钧　张延华　叶祖兰　邓自檬　万桂英
萧乾昭　聂康谋　钟郁如

1944 年

田和雨　朱显扬　李复聪　李继忠　吕厚贻　谷自成　金通敏　屈重容　唐学德
陈宇章　张慎荧　张德明　张　熹　邹弘刚　傅惠兰　邹联珂　郑培基　蒲和鏐
王承志　安蜀民　徐仁东　唐振觉　雷启明　罗鉴铭　严用之　王世清　朱家骏
高宗稷　黄明域　刘嘉柏　杨孟平　赖思敏　丁　毅　江蕙英　李远谟　李茂菁
沈文粹　沈树雄　胡麟文　曾德君　奚茂兰　黄国庆　黄人珍　陈琼如　陈茂生
张书鼎　杨佐才　刘雪清　刘奇珍　刘敦儒　欧阳钟　缪同和　谢显明　王俊杰
王秩宗　王曾祥　王昌春　包德琴　李德徽　宋尚飞　吴荫彬　金淑兰　胡朝儒
胡秉扬　段泽高　唐　慧　徐云雁　徐瑶芝　曾兴诗　曾蔼儒　曾体瑚　曹泽芬
马友锦　陈淑寅　陈文谟　陈水棻　许吉仙　孙隽民　崔培本　程景文　闵德暄
万志英　万行贵　杨维乾　蔡淑芳　赵希蕙　刘琫碧　刘顺昌　傅开侯　邓雨南
邓明萱　郑还富　廖正奎　罗秉文　顾炜如　王　炳　朱子中　李爱洁　李道杰
李增荣　徐玄玲　林繁润　陶　濬　陶道基　孙次宫　梁贞忠　黄　武　黄林璐
黄逸文　黄照安　张克定　张　烈　凌介福　刘　均　杨肇苾　鄢智培　王信义
毛祖根　李成林　李世钟　杜其立　胡仪甫　唐贤轹　傅国宾　郑德禄　郑敦诚
卢履鳌　徐遂千　许郁周　张祖襄　黄蕙和　文楚白　田文贞　任　城　任代清
李文义　何吉六　卓炳灿　周之文　周同和　邱蔚雯　吴琼芝　胡孝述　姚仲文
袁永坚　俞汝筠　张启嵘　张　敏　张沉闽　张毓如　许怀楷　汤德音　陈克山
温成安　黄巽孚　杨毓孝　邓昭如　邬前存　赖显珖　刘显恩　刘仲麟　刘　玥
蔡克淦　蓝永承　篮永清　黎　晖　戴念本　王　治　王鉴甫　文德禄　李继梅
李绍森　李章闲　李锡尼　唐昌彭　张永金　张显威　赵永棣　彭希班　罗怀俊
罗世哲　鲁尔谷　刘德尊　杨翠莲　郑林昌　钟云登　蹇三逵

1945 年

王正芳　王鹤维　向以衡　何光荣　李非吾　武德宪　张元龙　陈璧和　黄中纬
杨锡芸　刘多贤　刘宇森　萧鸿龙　江啟吾　李官林　范和燊　胡秉璜　胡宗文
莫　健　章鉴文　张栋梁　陈运高　乔鹤年　刘筱祝　刘　培　缪重林　罗　森
罗明泰　王文瑞　向本林　李龙云　何恩实　余泽芬　胡信琼　周光珠　张臻成
缪家厚　颜　璜　龚德华　王钦祥　王才莲　王元炳　文启蛰　甘永芬　尹　能
尹感庸　沈柏范　胡远礼　周仕仪　周祖俊　涂泽栋　纪　逸　徐从善　连鳞华
陈光宗　刘纯纪　刘　宇　郭　贞　游绳礼　钟厚裕　黎见秋　甘兰泉　李叔舟
李天治　吴　江　岳　峤　周世益　胡兴环　徐可慧　袁勤芳　孙百川　曾　瑢

陈瑶华	范一农	张尚杰	张尚殊	张豫珍	张光熙	程淑媛	赵宏枢	邓祥澄
杨肇坤	刘援	刘子芸	熊惠君	郑念修	沈兰清	王明中	王文耀	尹从光
包维炳	朱国荣	李世桢	李克昌	周志儒	周礼	胡守馨	徐瀚身	许镛
黄凯	黄立贤	舒国钧	叶岐	陈泽昆	陈大畴	张培竹	刘世新	刘万卯
刘璧辉	罗文	邹博云	应青松	王之宜	何高伟	向登极	汪曙光	伍朝聘
安策东	李于宪	贾仲仙	黄德暄	詹祟五	赵辅君	骆长德	刘鑫廷	罗成章
龙允之	何紫琮	黄铁中	万俊	蒙少玢	刘郁文	邓光盛	罗启麟	王文瑾
江放勋	余德宣	匡瑗吉	李宗文	李昌永	李成蕙	李华暄	周锦璞	周琮芳
胡永祺	吴祖崑	黄丕承	黄朝治	黄德琳	夏俊藻	曾奇寿	张明德	张伯良
张世芳	陈茂榕	陈闽瑶	郭绍汾	彭泽福	邹仕廉	傅英俊	杨应时	杨德芳
刘励冰	刘自超	罗淑媛	罗再伦	钟明澍	谢邦琮	王顺森	王明朗	王玉胜
文远成	杜新孝	何寿岱	李世珍	李明仁	邱俊蓉	林德荣	易明旭	周桂荣
苑昌坤	崔欲达	黄靖国	郭世明	张克明	张学清	陈淑英	康汉耀	杨奇
赵静秋	鲁溦玉	罗丽元	钟临兴	廖士德	熊佑琮	谭仲篪	谢树芳	谢继陶

1946 年

王锦灿	王正传	朱清秀	李顺天	高玉科	黄存贤	袁教孝	唐学儒	陈伯英
喻曼	郭君佩	叶文穆	阳渐逵	杨群英	刘福春	钱瑶琴	钟俊	卢履贞
李仁宇	李泰焜	何奎	夏吉元	黄一楷	黄振民	许存道	陶佑传	张廷龄
刘尧村	邹伯崇	颜蜀铮	刘大佐	黄廷珣	郭秀容	赵锡铨	方慎之	王俊杰
向传璧	傅开侯	江福和	李祖瑜	吴嘉文	胡金湛	段泽高	曾有传	黄尚钧
黄亨忠	陈金潆	陈淑寅	冯永昭	冯万志	张明慧	张舜华	张兴烈	张开容
张益盛	华瑞芬	万志英	臧致云	荣廷炳	廖从士	谢盛兰	谢齐	赖祟乙
刘琫碧	萧登云	王华治	王録	朱邦华	何典五	李德祥	李忠	邱华卿
吴仕荣	周文森	夏侯琮章	梁光先	梁恕	侯季韩	陈祖庚	张晓峰	张玉璠
喻世龙	曾开甲	杨景森	杨西明	杨崇竺	刘兴德	刘纪文	谢继石	罗静如
罗淑英	萧碧云	王海恬	何熙定	羊维高	李孟祥	杜光祥	胡允常	胡述英
胡亚伯	林元湘	高希文	孙辅政	常承道	郭永熙	陈先惠	陈则先	陈文洲
傅浩雄	黄德礼	张功甫	彭鹤鸣	叶华	杨家钤	赵兴让	邓龄	邓家钧
邓吉桂	赖高伦	罗开熙	蒋培德	旷正光	王泽森	吕长模	汪兴昌	吴兆熙
胡陶	冯显达	邹丕承	刘学珍	李宗美	章素琴	郑多瑶	尹织文	王玉璠
王阴浓	王叔元	王守慎	王海	王维辟	史本春	任祖骕	宋卓	吴仕英
吴守芳	吴守桂	李章闲	李锡尼	何运枢	杜仲华	林幼筠	胡昌涵	柏徐
曹泽芬	唐昌彭	袁学儒	秦述秋	朱世荣	郭铁基	夏顺荃	陈朝兴	杨惠卿

张云樵　张素芬　庄以立　程兰宣　冯曼妮　华云辉　雷友德　刘德尊　杨秉樑
杨　渊　杨洪璋　廖忠孝　阎洪宽　郑林昌　荣廷泽　鲁尔谷　穆大淳　罗怀俊
钟泽全　钟云登　包德仙　毋承镐　江惠吾　江心辉　余志高　余存之　李景前
舒　辉　李蝉英　易　奇　姜曼霞　段美淑　唐洪玖　陈吉亨　黄志镇　张泽兰
张海光　万志惠　刘大杰　邓世全　赵孝云　熊序先　冯承志

1947 年

朱克明　向先樵　李好古　李善之　李德维　余懋昭　汪廷蔚　周明淑　易坤源
姜大荣　陈自强　陈维宇　倪道明　唐泰成　孙　祥　孙轶群　康永强　傅伯雍
张　钧　黄培铨　黄明远　冯泽勋　彭婉贞　曾宪谟　刘恒墙　刘书栋　刘笃存
郑国潜　赵　恺　廖芥萍　龙能靖　罗　宾　谢念先　谭咏秋　戴镜波　萧茜萍
萧善琴　萧体明　何　毅　陈光寅　曾正心　刘其贞　欧明克　谢祥和　魏建业
萧庆伟　王文辉　米祖良　陈桂宇　陈择明　邓祥光　邓开扬　刘明菊　文启钤
王兴正　石俊国　李启光　李质成　何世续　余昌群　涂钜纯　胡孝淑　陆德备
郭绍源　陈百里　陈志凌　陈经纬　黄忠源　黄穆海　梁进修　冯庆华　彭俊卿
曾绍明　贾开明　叶瑞林　廖伯纯　刘昭桢　刘祥云　熊道朴　罗淑玉　戴金篆
王祥蓉　尹盛煊　汪仲琼　李光璧　邱荣华　何宣华　林少兰　房国枢　易明文
胡慎修　徐惠泉　纪　睦　康又骎　张　德　张贞祥　郭仕华　邓銮笙　刘　蕙
郑学兰　欧阳炯　潘增厚　阙永福　钟成凤　乐隆棫　杨福广　刘子居　谌昌仲
萧钦文　郭大镕　周元康　王次平　吴佑文　李树仁　李君绩　胡　修　罗懋学
陈少英　黎炳恒　陈琪玉　邓宇中　范仲宏　郭一平　李允俊　兰季芬　杨文涛
刘修琬　朱克洵　朱显荣　杨孝匡　徐　进　林　倩　杨代卿　郭莞华　罗成忠
王丽君　封良相　胡明汉　王文竹　杨镇定　夏明贵　张永熙　周德智　罗文谷
杨永年　韩国箴　李淑华　王伟姿　刘俊英　柴以道　何正麟　杨本荣　杨大和
郭昌琮　董万古　雍国都　严　肃　林培修　熊志敏　张宗伦　冷怀旭　孙志沄
张应咸　萧子文　骆启明　覃玉芳　苏邑瑜　冯永铭　杨懋庚　陈兴智　欧阳幸穷
陈茂华　张容生　曾拘玄　黄西源　邹德秋　萧苍灵　杨庆荣　张应平　刘有志
冯炼成　张彩庆　吴兆萱　汤学源　陈和玉　李云祥　李贻汉　刘天阁　胡承俊
余光淮　王朝玉　高静辉　饶瑞瑢　王章廷　徐秀清　陈忠桃　张显威　李正功
陈谷如　巫应忠　康素芳　林　荣　叶枝润　刘　媛　彭明錞　张瑾瑜　严保铭
陈毓英　彭素清　谢九如　刘园岸　刘桂芳　杨文钧　张琪瑛　朱怀章　谢必琪
李文槐　李大祥　程自生　谢存芳　钟郁莘　周世琮　罗　昭　周启学　罗瑞祥
郭仲元　李惠明　易仲元　边瑞菴　牟　智　罗建惠　杨硕玉　谢仲诚　赖祖熹
张绍良　凌琛　魏歧高　周一开　马世荣

留蓉成华大学借读生名录

叶式枢　胡崇佩　陈懋裕　李竞学　夏有章　曹仁度　陈煊德　吕　莹　唐继高
刘兴炽　王　琳　陈明谟　冯天勤　张锦珲　孙清芸　邓永清　杨　焘　王少枬
杨茂峰　李鉴古　刘维心　曾懿均　马汉媛　陈渊明　刘炯谟　谢代垓　冯树谷
王政文　赖兴旸　杨家吉　王振洋　刘泽之　王远闻　郭静初　李永志　刘怀琪
张宇翰　邹世模　左绍明　邹先钺　李治荣　黄崇贵　李玉璠　雷启芳　郭大崎
史　琳　帅相桓　张治康　张兴辙　余直中　左万齐　林继政　徐叔达　何蜀芳
平进道　周载端　曾忠仁　雷兆熊　范华正　蔡辟雍　唐上清　陈　泽　蒲良全
熊承伯　游汉藩　龙汝辑　廖载道　李毓芬　沈传诗　彭祖昌　范文煊　文德喜
赵守铨　王树棠　冷德载　赵麟书　曾淳于　翁治民　廖健民　胡先魁　涂培光
陈树东　曾次经　陈在玉　曾绍雩　龚　遐　陈光宗　徐德昭　舒守琦　文光龙
卢崇珌　翁兆熊　刘衍瑜　李华亮　张孝虎　黄鹤年　张赫旸　何　贤　贾恺达
徐增宗　饶绍孝　王丹桂　包维骍　周高林　夏肇禹　张慎仪　王仕官　曾珂一
张希舜　王祖颐　周隆勋　冯光荣　梁尔文　傅群祥　万德昌　胡淑婉　黄纯芬
王相同　熊明椿　王雪姿　袁德权　武精一　邱令灼　杨洪珏　王绍禹　刘绣谷
罗世伦　苏世沛　邹　灿　王珍祥　古永馥　李庶熙　萧国孝　龙文蔚　唐敬如
陈传简　王朝聆　李昌才　王显镇　瞿兴能　李克让　孙亚鸣　胥鸿忠　范增墉
萧作孚　王文贵　曾慧松　吴道本　刘武忠　何志忠　曾贯通　罗朝纲　陈心原
邹　镕　孙守牺　张　超　魏家纲　王永嘉　唐叔聪　袁亚辉　陈为玠　钟　俊
潘建修　颜昌梅　吴伯常　刘德戡　高宝武　吕仲良　詹文信　杨锡禹　黄百年
吕厚福　卢履健　马　远　罗钧泰　王植言　蒋略生　臧敏如　朱耀木　王展能
秦述澜　吴志仁　吴学瀚　张绍鸿　罗先胤　张泽荣　郭孝中　谢之固　吴伯谦
陈志昂　杨国川　黄建勋　谢　濂　尹立贵　刘大镛　刘衍坤　陈茂祺　高元武
游　新　何朝廷　王汝彬　张　能　蓝运同　林国济　谢克淮　李开烨　马明聪
罗章涛　张远辉　李敦淳　龚万钧　帅乐山　夏鑫传　安开圣　吴中正　李　鹏
尹纪泽　陈德仁　李良辅　罗绣芬　李光辉　吴凤超　杜允文　刘习如　吴有仙
尹晓志　张绍蓉　张小介　李辛目　朱　堉　蓝亚民　萧德容　马凤英　向昌文
李锡藩　何万邦　陈宣和　谢熙文　唐虞典　林孟弼　高国柱　曾子久　李旦明
彭克里　薛莹如　钟秋浔　左仲文　王载樑　胡家瑞　唐泰玉　潘长美　王肇恩

张士坤	黄行政	马天惠	王文才	郭大志	陈尺璧	黎永钟	王继钢	汪成勋
李兴洲	薛良鼎	罗宜愚	黄佩如	张恩荣	杨绍志	涂万选	曹嘉颖	何翊峰
黄永登	张朝铠	熊汝仪	马为贤	帅士定	谭震华	朱纪治	万尔样	李静娴
唐顺华	熊荫桃	刘邦基	廖端容	吴锡恩	唐贤堃	高　洁	骆华寿	蒋继哲
王义可	杨叔平	何懋永	廖子成	王维信	袁用之	白宗星	张能聪	雷启荃
刘效渊	郑元昌	游泽焜	杨西伯	袁其侃	马玉麟	李炼成	雍国权	何培勋
柏朝塘	黎瑜生	黎贵全	何高兰	向国瑞	吕厚禄	张德维	钟德昭	廖先苏
林宏照	邓顺祠	曾传智	郭子文	廖伟勋	胡守权	饶裕礼	郭绍绩	陈茂萱
李乃熹	冉永芬	程洛纯	刘荣炳	李泽庚	宋肇元	李林宾	张伯诚	邱省徽
陈瑶琳	屈义臣	雷国兴	梁树国	李晴岚	广世光	段二文	吕正成	薛金谷
虞叔权	祁六中	吉恩荣	郭鱼符	杨肇渝	廖海深	宋玉芬	黄盛灼	刘佩文
郭淑昭	李德奎	何仲平	杨世昌	李世茂	蒋宏金	郑绍德	龚徜徉	周德钰
詹沛储	蓝淑萱	曾有德	赵如松	曾宗华	刘伯民	杨肇瑛	赖志俊	任本恕
李盛柏	戴锡昌	曹立中	李宗海	徐嘉靖	贺全贞	袁俊明	王介谭	成金华
冯竹筠	朱德明	吴大麋	曹国祥	刘修瑜	谢贞德	朱玉纹	郭大启	叶荫根
陈达和	屈明良	刁泽祥	李月霞	何冠基	彭素君	周肇成	张绍莲	张国琴
刘鍠声	漆秉清	康泽辉	向维嘉	甘伯羽	余子厚	刘伯静	张素芬	张正东
胡孝之	周泽厚	徐述怀	张秉国	张永昌	张绍镛	王廷骝	张德汇	郑超慧
杨清樾	曾尚品	赵承萱	欧阳仲	林绍禹	谭校斌	何俊如	黄晋贤	郭余德
戴汝舟	王纯昌	夏代锐	陈芝锦	江先癸	邓永修	郭　默	杨超衡	李卓群
张步凤	黄永昆	马菊英	马文观	陈　泽	曹师植	任淑贞	郭治民	陈升发
凌卫宸	吴守荫	袁　齐	刘德安	潘克林	屈智宜	张廷余	李君泽	钟泰华
武德君	徐秀贤	袁汝玉	李永晋	吕金波	王符绾	张国治	陈叔容	冷仲相
郎克珍	张成伟	李初文	刘德纯	胡秀光	郭菊菲	胡守轮	陈于飞	吴兴隆
李　洁	胡倾飞	王若愚	毕克伦	辜其懋	蒋其昌	李蕴熹	徐本立	刘兴豪
张思琏	李兴钟	王子南	廖仲瑶	唐泰荣	谢俊华	张学铭	吴俊英	郭绍农
尹德滋	杜海田	李绍祺	吴宗宇	张咏裳	魏云舒	张志端	蓝焕辉	雍国庆
张武溪	屈义辉	周树云	朱盈源	郭仲筠	常树华	唐朝辅	曾令洪	吴中一
瞿兴能	周隶华	程菊缘	何蜀聪	朱慧萱	虞宗春	蒲顾君	彭甚志	冯良榕
郭恒焕	郑绍珍	张淑媛	朱　渊	潘万福	王炳乾	华秀辉	张尚珠	石素娟
古光炜	刘成华	许百宜	尧宗知	陈廷辉	周绩工	萧驭中	张光德	蒋昌谨
邹淑麟	张兴聪	吴泽长	杨乾桢	黄孟华	李荫枢	韩泉清	鄢子伦	何来苏
曾瑞文	黄宓君	夏有志	张沛隆	罗述仁	詹世焜	林良昭	涂万琼	林云阁

石静之 邓治中 陈家樑 曹太冲 刘美莲 胡　熙 刘文瑶 杨正国 熊明秋
王永裕 余世光 吴　禧 巫立华 陈德尧 沈守玉 李怀炯 冷观铜 宋玉章
杨培義 张步凰 钟俊东 陶良英 艾仲恺 邓邦蔚 陈光裕 钟世杰 陈润华
何镜文 李明淑 雍贵文 徐贵如 何光桊 曾永松 陈景玉 余德玄 许云仙
钟玉贤 彭一庄 林兆容 罗克明 邹凌霄 郭孟元 孙蕴华 朱稽训 雷远祥

附：回沪本校肄业大学生名录

戴正伦 张铸华 郭意诚 杨官堂 余选良 余以成 葛希龄 许慧智 王汇川
郜爱荣 孙益吾 何承宗 闵　渊 王毓华 林锡珠 倪墨涵 夏炎文 刘培根
张育美 李大纬 杨沛霖 徐　麟 李家德 王同善 唐振统 贺煜成 朱庆洽
张孟如 刘逸民 熊曦农 陈可杰 王人杰 杨永言 唐雨齐 万世昌 谢兴璠
何祥圆 陈贵祥 李希春 谢熙年 马尚健 王昌春 雷泽芬 苏鎏贞 苏赓扬
刘国军 叶蔷生 夏巧筠

第六辑　教职工的延聘与管理

光华大学聘请各科教授[1]

光华大学定于九月七日上课。文、理、商三学院，共分国文、英文、政治、教育、社会、哲学、历史、化学、物理、生物、数学、经济、会计、银行、工商管理十五学系。系各聘请知名而富经验专家教授，各学科除续聘钱基博、吕思勉、林玉霖、柏女士、王造时、廖茂如、鲁继曾、吴泽霖、李石岑、蒋竹庄、容启兆、颜任光、朱公谨、金井羊、戴霭、薛迪靖、道仲陶诸名士及其他助教外，新聘韦捧丹、黄仲苏、张慰慈、陈选善、俞志瀚、何炳松、黄赓祥、张效敏、唐庆增、倪若水，均已修分任各系学程云。

呈请上海市教育局褒奖王丰镐夫妇捐地办学的报告[2]

光华大学成立八载，褒奖案悬。谨将最近上海市土地局量丈地亩实数缕陈，恳请呈复教育部转呈政府明令褒奖，以光国典而励兴学事。

案查本校成立之初，学校基地由前浙江交涉使王丰镐与其妻费佩翠慨捐，业于民国十九年四月呈请教育部给于（予）奖褒，以宏激劝。于是年五月奉贵局第一〇三三八号训令转下教育部令，令将王丰镐捐校地亩契据呈核以凭报部，其时以本校实用地亩既溢出方单之数，而王丰镐、费佩翠所捐地亩又有一部分为其墓地，本校应为划出，令其自为保管，因此将奖案久悬。兹经上海市土地局详细丈量，共计学校基地为八十四亩九分九厘二毫，内除本校陆续购进地十八亩零九厘二毫，杨鸣藻捐助地七亩八分八厘九毫外，为王丰镐捐助地五十九亩零一厘一毫，加以建筑校门外公路占地一亩，建筑中山路占地五亩，共计王丰镐、费佩翠捐助地六十五亩零一厘一毫。此以现在上海市土地局674.451平方公尺为一亩计算，与从前捐地时以六十方为一亩计算之为七十三亩零七厘八毫者适相符合。以目下地价计之，大西路地每亩值银三千两，地六十五亩零一厘一毫共价在十九万五千零三十三两，折合国币约当二十七万元以上。

---

① 光华大学之教授［N］. 申报，1931-09-05（17）.

② 为王丰镐及其妻慨捐巨产兴起大学请予褒奖的呈文［A］. 上海：华东师范大学档案馆.

王丰镐与其妻费佩翠慨然捐助，夫义妻贤，实为难得。谨案国民政府颁布捐资兴学褒奖条例第五条“捐资在十万元以上者除授予一等奖状外，由教育部专案呈请国民政府明令嘉奖”之规定，理合备文，连同上海市土地局最近清丈图样三张，呈请贵局转呈教育部从优给奖，以昭国典，兴起来者。尚祈鉴核示遵。

谨呈上海市教育局局长潘

计呈送学校清丈图三张，又副图三张

私立光华大学校长张寿镛

廿三年三月廿二日

附录：上海市教育局的答复令①

令私立光华大学校长张寿镛：

呈一件——为王丰镐、王费佩翠慨捐巨产兴起大学请予褒奖由，呈图均悉，所请应照部令补呈地亩契据，以凭核转，图存。

此令。

中华民国二十三年五月九日

上海市教育局局长潘公展

会计处追加预算的请示②

依照“核定大学部职教员待遇新办法”编造追加预算数表呈请核示祇遵。

（一）分组教薪。陈诒先，国文一丙组，每周四小时，月薪三十二元；黄孝贞，商算乙组，每周三小时，月薪廿四元；薛迪符，会计学乙组，每周三小时，月薪廿四元；唐庆增，经济学乙组，每周三小时，月薪廿四元；唐庆增，财政学乙组，每周三小时，月薪三十六元；潘子端，法学通论乙组，每周二小时，月薪十六元。自十月份起薪，四个月计，共增陆百念肆元正。

（二）助教。吕翼仁、杨聘之、于绍勋、杨习镇每月各增加八元，四个半月计，共增壹百肆拾肆元正。

（三）新聘助教。万云骏月薪四十元，自十月份起，四个月计，共增壹百陆拾元正。

① 据请褒奖王丰镐等应照教育部令补呈地亩契据以凭核转的指令［A］. 上海：华东师范大学档案馆.

② 依照核定大学部职教员待遇新办法编造追加预算数表呈请核示祇遵的函［A］. 上海：华东师范大学档案馆.

（四）依暂行办法（四）及以往旧例，助教及教员不依钟点计薪者以职员待遇论，应增加数为：吕翼仁廿五元，杨聘之廿五元，杨习镇廿五元，黄赓祥四十四元，傅敦厚三十五元，于绍勋廿五元，唐书绅三十元，胡先佺廿五元，彭文余四十元，共增贰百柒拾肆元正。

（五）依暂行办法（五），教员兼实验，其实验待遇以二小时作一小时计算。章启馥每周四小时，月薪十六元；江之永每周八小时，月薪三十二元；沈绍文每周十二小时，每月四十八元；戴克靖每周三小时，每月十二元。以四个半月计，共增肆佰捌拾陆元正。

（六）依暂行办法（六），助教兼课除原薪外另给教薪。计杨习镇定性分析、定量分析，每周共二小时，月薪十六元；唐书绅补习簿记，每周三小时，月薪廿四元。以四个半月计，共增壹百捌拾元正。

（七）依暂行办法（七）（丙），职员薪奉（俸）逾百二十元至百五十元者，以六折计。唐书第每月应增加叁元（原薪壹百叁拾元，现支七十五元）。五个月计共增拾五元正。

（八）依暂行办法（九），凡职员在本校附中兼受专任待遇者不支薪金，另给津贴三十元。姚舜钦每月应减少四十元（应支三十元，现支七十元）。五个月计，核减贰百元正。

增加预算与核减预算相抵，共计增加预算实数为壹仟陆佰捌拾叁元正。

光华大学会计处谨呈

中华民国廿七年十一月十八日

附录：光华大学教职员待遇暂行办法（廿七年秋学期）

一、教员薪金与职员薪金分开致送，并列预算内

二、教员薪金每学期以四个半月计算，职员薪金每学期以五个月计算

三、教员薪金分每小时三元及二元

四、助教及教员不依钟点计薪者，以职员待遇

五、教员兼实验，其实验待遇以二小时作一小时计算

六、助教兼课，除原薪外另给教薪

七、职员待遇办法规则如下：

甲、原文薪百元以下者，除生活费四拾元外，余以对折计

乙、逾百元至百二十元者，以七折计

丙、逾百二十元至百五十元者，以六折计

丁、逾百五十元至二百元者，以对折计

戊、逾二百元者，以四折计

己、实支薪在二十元以下者，给津贴十元

庚、原薪在七十元以下者，膳食由学校代办，每人应缴膳费七元

八、凡职员兼任其他职务者不支兼薪，另给津贴三十元

九、凡职员在本校附中兼受专任待遇者不支薪金，另给津贴三十元

十、副校长、教务长、院长及校医，薪金另定之

十一、按照新办法，职员实支薪金较上学期减少者，如数补足之

蔡莲荪请辞兼代职务的报告①

为呈请辞去兼代职务以专责任仰祈鉴核事。

窃莲荪为猥以菲材，聊荷钧座栽植，委畀襄办会计事宜，荏苒三载，幸免陨越。溯战后环境突变，校方为树百年大计，派秘书兼领事务主任陆寿长先行入川筹备成都部开学事宜，责莲荪暂行兼代所遗职务。莲荪受命之初，惶悚倍至，顾以暂时性质，极愿竭其棉薄以报钧座夙昔提掖之大德。

今者容院长启兆新自川中归来，述及川校精神焕发，闻之殊为欣慰。惟陆秘书身膺重寄，百端待举，一时似难回沪，而其所遗沪校职务关系对内对外者至巨。莲荪自维材识微末，况以会计处整理旧债工作日形紧张，倘或因循滥竽，势必艰于应付，迫不获已，敬恳钧座准予辞去兼代职务，另选贤才专其责任，学校幸甚，莲荪幸甚。

冒渎直陈，伏乞俯宥衷曲，临颖神驰，不胜迫切待命之至。

谨呈校长张。

职 蔡莲荪呈

廿七年五月十六日

一九三八年教职员聘任的通知

本校为统一事务，改组秘书处，设秘书长一人，秘书三人，分设文牍、庶务、医务、编辑四股，并以图书馆隶属之。

① 《光华大学蔡莲荪呈请辞去兼代职务的信函》，华东师范大学档案馆

聘张歆海君兼任秘书长。

聘沈章甫君兼任秘书（兼领机要文牍），蒋君辉君兼任秘书（办理交际事宜），张华联君兼任秘书（兼领机要事务及翻译）。

事务处即裁撤，改为庶务股。聘蔡莲荪君为庶务股主任，薪水照旧支给。

聘容启兆君为教务长。在容启兆君未回沪以前请朱副校长代理。

聘胡其炳君为注册股主任，并兼训育股主任。

聘彭文余君为体育股主任。

聘沈昭文君为实验馆主任。

聘薛迪符君为会计处主任兼编计股主任。

聘蔡莲荪君为会计处副主任兼出纳股主任。

寿镛

八月十九

关于朱公谨代理教务长的函

敬启者：

本校教务长容启兆先生因公赴蓉，在未回沪以前教务长职务祈请台端代理，至祈俯允担任为荷。

此致朱公谨先生

私立光华大学校长张寿镛

中华民国廿七年八月廿二日

邀请张歆海兼任学校秘书长的函

敬启者：

兹聘请台端兼任本校秘书长职务，以二十七年度为期，至希俯允担任为荷。

此致张歆海先生

私立光华大学校长张寿镛

中华民国廿七年八月廿二日

廖世承请假离校后附中事务安排的函

窃世承因奉教育部令主持国立师范学院筹备事宜，遵即取道前往湘西接洽一切，已将详情面陈钧座，允准世承请假离校三月。在此时期，中学主任一职，已与倪若水先生面洽，请其代理，俾专责有人，进行无滞。又邢云飞先生于上学期内世承离校时，出席中等学校会议，情形熟悉，此次仍以本校教导主任名义，代表参加各校开会。以上两事，敬请钧长报告常务校董备案外，并祈加发倪先生代理主任聘书，以昭郑重。

谨呈校长张

中学主任 廖世承

二十七年八月十五日

张寿镛请廖世承继续担任附中主任的函

径启者：

接准大函，并见各报登载执事启示一则，曷胜惆怅！

执事主持光华附中至十二年之久，惨淡经营，得为全国模范中学，立勋劳卓著，与寿镛尤属沆瀣一气，道义契洽。本年八月二日提出校董会以执事有事离沪，仍请照旧担任原职，在离沪期间由执事荐人代理。现因倪代主任辞职，已提出常务校董讨论，由寿镛暂行兼领，自本学期九月二十一日开学之日起由寿镛负责，一面请给假一学期，仍留附中主任原职，经常董会通过，合亟函达，仍请执事俟湘事筹备完竣来沪担任原职，夙仰执事爱护光华始终如一，务请勉抑谦怀，无任钦迟，手此奉布，即颂日祉。

光华大学校长张寿镛启

聘请倪若水代理附中主任的函

敬启者：

本校沪部附中主任廖茂如先生因事请假，兹特聘请台端代理本校沪部附属中学主任，务请俯允担任为荷。

此致倪若水先生

私立光华大学校长

廿七年八月十七日

呈请教育部为谢霖副校长备案

重庆教育部钧鉴：

本校分设四川，所有成都分部校务异常繁多。前经校董会议决添设副校长一人常川驻蓉，并聘本校商学院院长兼教授谢霖担任此职，理合电陈，尚乞垂察备案。

私立光华大学校长张寿镛自成都分部叩皓

民国二十七年八月十九日

关于张青莲担任理学院化学系课程的函

敬启者：

兹敦请台端为本校沪部理学院化学系义务讲师，担任高等无机化学学程，以二十七年度为期，至请俯允担任为荷。

此致张青莲先生

私立光华大学校长张寿镛

中华民国廿七年八月廿九日

谢霖关于成都分校容启兆任职情况的报告

詠老校长赐鉴：

敬启者。本年六月间在重庆、成都两地曾在我公面前先后与容启兆、薛观澄两兄商定蓉校事务，由霖与启、观二兄分掌，成为鼎足，分工合作，彼此应允照办。其后观兄即已按照进行，故中学部之事务全由观兄负责且能有条不紊。惟大学部之事启兄颇少主持，以致完全集于霖之一身，因此反有指霖为包揽者。此等浮言自有事实破之，固可不必有所辩论，惟实际上霖来不及苦痛殊甚。现在新校落成将于元旦迁入，此次来渝之前亲与容、薛二兄将原定鼎分办理一节当面重述，霖所希望于启兆先生者厥有四点：（1）请其常住新校；（2）大学教务请其主持；（3）本校全赖社会辅助，学生半由关系方面而来，应付学生必须刚柔并用；（4）与教师间须常有往还。启兄当时甚表赞同，迨至次日即来一信，表示只以年底为度，是于霖之希望不能接受已溢言表。特函陈究应如何，尚乞裁示。

顺颂第福。

谢霖谨肃

中华民国廿七年十二月十五日

谢霖关于一九三九年成都分部人事安排计划的报告

詠老赐鉴：

谨密肃者。蓉校本学期不久即将结束，来学期事应先筹划。兹将重要情形及霖意见分陈如下：

甲、实在情形

一、大学部方面自迁入新校以来对外距城较远，对内范围较大，以致仅霖一人，不能如在城内时之各方兼顾。

二、容先生仍不愿意与社会往来，即各教授之间亦鲜接近，而又以缺少教授时必须霖或观澄兄设法补充，为最痛苦而着急。

三、观澄兄近来只肯管中学事，于大学部之行政颇消极，当系生有摩擦之故，是何原因可不追问。

四、陆上之、李约仲两兄十分负责，且暑假亦不回去，可佩可感。

五、江鹏任训育主任，资格虽浅，但系本校教育系出身，且肯努力，似应予以提携。此次又往受训，已可无虑。

六、中学部教导主任郑勉（保兹）先生，历在江苏任省立高中校长有年，并曾服务教部，资格及办事能力两俱充实，部厅对伊亦甚好。

乙、必要筹划

一、大学部主力必须增厚。

二、中学部宜有专人负责。

三、大学训育长之人选宜即决定。

四、质的提高。

丙、拟陈办法

一、薛观澄兄改聘为商学院院长兼专任教授，并仍兼副教务长。

二、容启兆兄仍任教务长兼理学院院长暨化学教授。容先生现任英文教授系陈久敬先生中途辞职一时权宜办法，究不妥。

三、文学院现在只有政经一系，由霖兼任院长，且有许多共同必修课程，亦属此系。又政府对于本系最注意，由霖兼任当无疑虑。

四、大学部训育长决以江鹏担任。

五、中学部主任请郑勉先生担任，小学则直辖于中学。

六、质的改进由各人负责办理。

七、以上各节见诸实行则成为左列情形，即为蓉校之重心。

谢　霖　　副校长兼文学院院长暨教授

容启兆　　教务长兼理学院院长暨教授

薛迪靖　　副教务长兼商学院院长暨教授

江　鹏　　训育长兼教授（党义）

陆寿长　　事务长兼教授（英文）

李恩廉　　注册主任兼教授（化学）

郑　勉　　中学部主任兼教授（国文、生物）

似此则三院及中学均有一人专负其责，于事必甚有益，用特专函奉陈此事，拟在七月初间即行分别致聘，是否可行，尚乞电示。

敬颂著祺。

谢霖谨肃

民国二十八年六月十六日

附录：谢霖再次汇报成都分部一九三九年秋季学期人事安排的函

詠老赐鉴：

敬启者。上学年完结，本学年已开始。大学已自七月一日起实行放假，中学则须七月中旬方能考完。惟战时儿童保育会已有难童一百五十名送到，故暑假期内初中必须照常上课，为此等儿童补一学期课程，大学则须筹备来学期事。启兆兄日内返申，霖则须赴重庆接洽一切，薛观澄兄对于中学部事坚决不肯继任，而大学部又属缺少人力。爰已于霖动身赴渝以前按照上次函陈办法致送聘书，俾各开始工作，兹开如下：

教务长兼理学院院长　　容启兆

副教务长兼商学院院长暨教授　　薛迪靖（副教务长不支薪）

文学院院长　　谢　霖（如有别人可辞去）

秘书主任　　赵　中

注册主任　　李恩廉

训育主任　　江　鹏

事务主任　　陆寿长

会计主任　　郭基荣

专任教授　　洪北平、史丽源、沙凤岐、谢乐康、王孟钟、薛迪靖、万鸿开、洪殷朴、谢元范、彭天根、林树湘

中学主任　　郑　勉

教导主任　　何其宽

小学主任　　万载芳

再霖拟明日赴渝，本校事务托由薛观澄兄代理，并以附陈。

即颂著祺

谢霖谨肃

民国二十八年七月五日

谢霖就张寿镛对成都分部人事意见的复函

詠老赐鉴：

谨肃者。接七月十日手书，敬悉。此信仅七日即达，可为速矣。奉示各节，分陈如下：

一、大学改组，教部虽有通章行到本校，然于私立大学似除训导长一席重视而外，其余皆无强迫性质。

二、训导处应设之训导长遵示由霖以副校长兼任，并于训导长下设生活指导主任一人，聘江鹏君任之，又设女生生活指导一人，聘吴维仪君任之。至体育、卫生两部分拟仍旧贯由体育主任钱耀彬君及校医沈其稀君分负其责，不归入训导处，否则势必遇事来向所谓训导长者请示，既无暇主持则必误事。又军事训练此间系由军管区特设军训处管理其事，教官系由该处秉承政治部令派，常有调动亦直接办理，本校无权过问。其名称大学曰"军事训练队"，以校长为队长，教官及生活指导主任为队附；中学曰"军事训练团"，以中学主任为团长，教官及教导主任为队附。若遽改组，事关当地法令，恐生窒碍。拟看其他大学如何办法再作道理，暂不变动。

三、蓉校教务长一席奉示容启兆兄因留沪任理学院院长兼总务长，不能回川，嘱聘薛观澄兄兼任，当以此意告知观澄兄。伊谓本有副教务长名义，启兄行后诸事均系由其处理，无遽变更名义之必要，如何仍候酌示。

四、商学院设有三系，且为蓉校主要之院，霖兼任三学期，以他事繁多，遗误非浅。观兄原为沪校商学院院长，此次改聘观兄担任，意在托付专责，务乞允诺。至该三系主任，拟聘杨孝慈兄任银行系；唐庆永兄任工商管理系；至会计系，因霖兼任文学院院长，若再兼会计系主任，不免可笑，拟另设法。雷鸿堃君现任省政府职务，因省府干涉兼职，未便勉强。

五、文学院院长霖本无其资格，因只有政经一系，故暂兼之。郭子雄兄对于本校感情欠佳，一则伊对学生曾经说明誓不再来，二因伊为成都市府参事，亦有不能兼职限制，以致势难续聘。至所遗政经系主任一职，拟聘川大教授张宗沅先生担任。张君为留美硕士，安徽籍，伊因川大迁峨不愿前往，其人于政治学颇负盛誉也。

六、理学院院长奉示聘顾葆常先生以系主任代理，顾君在本校原系兼任性质，此次川大迁峨，顾君因眷在蓉不愿去，而川大方面因今春教潮关系开罪于程天放校长，遂未续聘。日前闻伊将应穆藕初先生之邀前赴重庆，今以尊意告知，伊极愿意。惟须为专任教授兼系主任，并另在校外再兼课数小时，方敷生活。霖与观兄商酌认为已在本校任课及系主任年半似尚适宜，故即定局，惟兼代理学院院长一节拟从缓议，我公当以为然。

又土木工程系主任仍请盛允丞先生担任，经与接洽已得允诺，并由盛君介绍彭天根先生为土木工程系专任教授兼土木工程专修科主任。

七、中学主任一职，尊意必须观兄担任，并云万无商量余地，当即切实转达。惟观兄云“于中学事不感兴味已久”，上年我公来川之时，伊亦屡次面陈，故物色郑保兹君为之继任。郑君在校任教导主任，半年以来，同人咸觉确属中学教育专家，不易延得之人。至大中行政，自开办至今，从未分开。又云郑君学问道德两俱高尚，办事稳健且识大体，可为校庆得人，必无可虑之处，日后自能证实。所有中学事务仍当随时照料必不忽视，托代转陈等语，仍希明察。总之中学事务是观兄不愿做，非霖有意换人。观兄愿意专负大学责任，于校有莫大益处。倘或对于中学事务十分强其担任，大中两部俱恐难得善果。至公虑及大中行政因此分开，确无其事。公如在川，目睹情形，亦必赞同，因此请勿坚持，是所盼祷。

八、其他组织。霖意本学期皆不更动，以免多事。尊意以陆上之兄兼代总务长一节，一则上兄现于事务处主任外尚兼英文教授，已属极忙，势难再增他职；二则地位如较李约仲兄超越，亦有不妥，故拟仍旧不动。

专此奉复。顺颂著祺。

谢霖谨肃

民国二十八年七月十八日

关于一九三九年度院长、系主任人选安排的通知

聘张歆海为文学院院长、容启兆为理学院院长、沈章甫代理商学院院长。

聘蒋竹庄兼国文系主任、张歆海兼外国语文系主任、吕诚之兼历史系主任、耿淡如兼政治系主任、孙贵定兼教育系主任（聘书已发）、容启兆兼化学系主任、朱公谨兼数理系主任、赵志游为土木工程系主任、沈章甫兼银行系主任、唐庆增兼经济系主任、蔡正雅兼工商管理系主任、薛迪符兼会计系主任。

文学院教员、理学院教员另单续送，商学院教员照单聘，先发。

寿镛

七月五日

张寿镛关于一九三九年度行政改组及人员安排的意见

本大学自二十八年度起参照划一行政组织系统，酌量改组：

（1）训育长改为训导长，由本校长兼任

（2）教务长请朱公谨副校长兼理，会同三院院长主持教务

（3）总务长请容院长兼理

教务处置三组——（一）注册组，（二）课程组，（三）出版组，两馆——（一）图书馆，（二）实验馆，各设主任一人。聘潘子端为注册组主任、陈楚善为课程组主任、姚舜钦为出版组主任、唐书第为图书馆主任、沈昭文为实验馆主任。

训导处置四组——（一）生活指导组，（二）卫生组，（三）体育组，（四）管理组，各设主任一人。聘储元西为生活指导组主任、谈兴中为卫生组主任、彭文修为体育组兼管理组主任。

总务处置二组——（一）文书组，（二）庶务组，各设主任一人或并设副主任一人。聘朱时隽为文书组主任兼庶务组副主任、蔡莲荪为庶务组主任。

会计室设主任一人、副主任二人，下置编计、出纳二组，各设主任一人或并设副主任一人。聘薛迪符为会计主任兼编计组主任，蔡莲荪、周仲池为会计副主任，蔡莲荪兼出纳组主任，唐书绅为编计组副主任。

校长室设秘书若干。聘沈章甫、薛迪符、蒋君辉、张华联为校长室秘书

寿镛

七月五日

谢霖关于以张寿镛名义发布训导处有关任免的函

詠老赐鉴：

七月十八日接奉七月十日手书，敬悉。当日复上一缄，不日即可邀鉴。昨日奉尊篠（七月十七日）电文曰“人选既发表蒸（七月十日）函取消，三处长并不必设，仍留副教长可也”等因敬悉。霖十八日缄中所陈办法与尊篠电所示相同，惟训育处已遵改为训导处，并遵由霖兼训导长。另聘江鹏君为生活指导主任，吴维仪君为女生生活指导，已用我公名义分别布告致聘。盖因教部所重视者厥为训导长一席，似此则与部章相合，沪蓉两校亦得一致矣。特再祥陈，尚乞赐察。

再我公致翁校董电已收到转告。霖俟孔院长日内到省，晋谒之后即当赴渝接洽。如何情形，容再续达。

顺颂著祺。

谢霖谨肃

民国廿八年七月廿一日

光华大学商业专修夜校聘定各课专家

光华大学商业专修夜校自积极筹备登报招生以来，报名入学者极为踊跃，各科教授亦已分别聘定：

光华大学商学院院长蔡正雅担任统计学及工商管理。

国立商学院会计系主任安绍芸会计师担任审计学及高等会计。

复旦大学会计系主任袁际唐会计师担任会计报告分析。

光华大学会计系主任薛迪符会计师担任会计学。

光华、复旦教授陈德荣会计师担任银行会计及所得税会计。

商务印书馆总编辑张天泽担任经济学。

太平保险公司秘书王雨桐担任信托及仓库。

浙江兴业银行调查室主任王宗培担任投资学。

国信银行襄理朱增泉担任国际汇兑。

江苏银行稽核包玉墀担任金融市场货币及银行学。

中国天一保险公司副经理金瑞麒担任保险学。

其余各课概由该校日校教授潘子端、娄尔行、陆上之、李百强、任运魁、唐书绅、胡先佺、卜坤一等分别担任。

该校定于十四日开学，现仍继续招生，简章备索云。

朱公谨请辞副校长的函

詠霓校长钧鉴：

敬启者。昨晨晋谒，获聆清诲，快慰奚如！返寓后接奉赐书，猥以办理本学期结束事宜，见委此事，万非言钧才力所胜。至于副校长一职，前已屡次请辞，且校董会开会时，亦以与大学规程不合提议取销矣。一切已于昨晨面陈，兹因奉到手教，敢再渎陈，敬希鉴察为幸，专肃奉复，敬颂道安。

朱言钧启

卅年十二月卅日

张寿镛向校董会辞职函

敬启者：

本校自民国十四年成立，谬承董事会推寿镛为校长，于今忽忽十六年矣。其间艰难困苦，早在洞鉴。维是历年债负累累，处此紧缩之时，筹款更属不易。况数年以来，寿镛久以年老多病未能常川到校视事，来日大难，断不容再行尸位。即自本年十二月三十一日止为寿镛卸职之日，务恳照准。

此后应如何推选贤能及如何办理之处，均祈董事会公决。

无任企感。

此致光华大学、中学校董会。

张寿镛

中华民国三十年十二月二十日

朱经农请校董复议校长人选的函

詠霓、新之、可庭、鸣阶、霖甫、任光诸位校董同鉴：

辱承不弃，推选经农为光华大学校长，深感厚意。惟经农才力薄弱，不得不临事而惧。基于下列诸原因，实不敢冒昧受聘。

（一）校址未定，校舍未建，在沪上复校问题尚多，有非经农能力所能解决者。

（二）物价动荡，法币贬值。国立学校教职员不得不照原俸一百零一倍支薪，外加生活补助费、学术研究费及食米一石，每人每月由学校担负之经费近九万元。光华大学若照此标准致送教授薪津，则力有所不逮；若不照此标准支薪，则校内名教授皆将舍光华他就，学校水准将无法维持，学校精神亦无法振作，有违当年设学初意。经农对光华经济状况太不明瞭，自觉全无把握。

（三）私立大学校长有一必须具备之条件，即自身生活问题，不致累及学校，且有能力为学校筹款。经农经济能力去此条件太远，实不宜担任私立大学校长。

（四）法令规定，大学校长不准兼职。经农若辞现职，则衣食住行，事事发生问题。未为学校服务，即增学校重累，于公于私，均有妨碍，实不相宜。

近接张星联先生由沪来函，建议两点：

（一）组织校务委员会暂维现状。

（二）俟政府还都，局面安定后，再选正式校长。

以上两点经农认为非常恰当，一方可得充分时间，物色适当校长；一方又可使已成立之校务委员会发挥其权能，进行复校工作。倘于此时在渝产生一校长，则沪上校务委员会行动将受牵制；而在渝之校长对沪上情形又甚隔膜，不能提出适当之主张，实有百害而无一利。故函请复议，诸希鉴谅。

敬请道安！

朱经农手上

民国三十四年九月十五日

聘请廖世承为附中校长的函

兹敦聘台端为本校附属中学校校长，至希俯允担任为荷。
此致廖世承先生

私立光华大学校长朱经〇
卅四年十月十六日

朱经农请廖世承早日返回任职的代电

蓝田（南岳）国立师范学院廖院长茂如先生鉴：
务盼于七月初返沪就任本校副校长兼附中校长，盼电告行期。

弟朱经农
卅五年六月十四日

光华大学成都分部校董名录[①]

公元1945年八月，日寇投降后，因校长张詠霓先生逝世，是年十月十一日，留渝校董开会。议决将旧校董会解散，另推新校董，组织校董会，公推董事长及常务校董，兹录其姓名如下：

翁文灏（詠霓）	朱言钧（公谨）	康宝志（心之）
钱永铭（新之）	徐　堪（可亭）	赵锡恩（晋卿）[②]
谢　霖（霖甫）	徐可熛（公起）	廖世承（茂如）
王费佩翠（王省三先生夫人）	许　沅（秋帆）[③]	邓汉祥（鸣阶）
朱经农	张星联	颜任光

① 《光华的足迹》编辑小组．光华的足迹：光华大学建校七十周年纪念集（内刊）［Z］．上海：华东师范大学，1995：249.

② 赵锡恩，名晋卿，上海光华大学校董。

③ 许沅，字秋帆。曾任上海大中华饭店、中央饭店董事长。光华大学成立时捐资5 000元开办经费而成为校董。

光华大学成都分部教职员工名录

（一）大学教职员工

姓名	性别	籍贯	姓名	性别	籍贯
丁惠迪	男	四川富顺	王靖轩	男	山东
丁贤书	男	四川成都	王福霖	男	南京市
王文柔	女	湖北武昌	王载梁	男	浙江鄞县
王文娟	女	湖北武昌	王镇	男	四川井研
王月秋	女	河北保定	王宝贤	男	河北泺县
王玉华	男	四川成都	王镜蓉	男	江苏南通
王世宜	女	福建闽侯	毛寿恒	男	浙江鄞县
王世宪	男	福建闽侯	尹孝芯	男	四川巴县
王志	女	四川犍为	方有之	男	江苏溧阳
王伯华	女	四川成都	方寿椿	男	河北大兴
王武缙	男	四川蓬溪	方碧霞	女	河北汉口
王松泉	男	四川资中	牛光夫	男	河南温县
王孟钟	男	广东番禺	文鼎	男	四川万县
王孟宪	男	广东番禺	文启高	男	四川万县
王叔培	男	四川成都	文启蛰	男	四川万县
王彦达	男	四川	文启菁	男	四川万县
王振亚	女	安徽滁县	文德全	男	四川富顺
王淑英	女	四川宜宾	文厚安	男	四川富顺
王基培	男	安徽来安	尤仁安	男	江苏无锡
王章树	男	四川新都	尤烈才	女	四川
王国恩	男	四川射洪	石濂水	男	浙江镇海
王绍成	男	山西太原	甘明蜀	男	四川荣昌
王紫霜	男	浙江吴兴	左春浦	女	四川绵阳
王瑶章	女	四川江北	左景瑛	女	湖南湘阴
史丽源	男	江苏宜兴	李芳春	男	四川彭水
史长辅	男	山东济南	李宗瑚	女	江苏武进
田世英	男	江苏砀山	李炳英	男	四川中江
田净兰	男	江苏淮安	李秉文	男	江苏江都
朱奉贤	女	湖北阳新	李叔桓	男	湖南长沙
朱景梓	男	山东博山	李炳和	男	河北安新
朱尊孔	男	四川成都	李建勋	男	四川华阳
朱肇轩	男	四川资中	李思廉	男	湖南长沙

姓名	性别	籍贯	姓名	性别	籍贯
朱瑞芳	女	南京市	李时清	男	四川新繁
伍康成	男	江苏武进	李惟建	男	四川成都
伍琮	男	湖北武昌	李国英	女	四川安岳
全绍康	男	四川遂宁	李菊五	男	北平市
任芸女	男	四川景庆	李焯林	男	广东开平
任瑞华	男	四川成都	李运恺	女	四川钢梁
任德森	男	四川西克	李景清	男	河南内乡
刑辅卿	男	河北安新	李植	男	四川蛰江
刑寿征	男	江苏江阴	李福生	男	江苏
江鹏	男	安徽婺源	李荣	男	绥远兴和
江钟杰	男	四川宜宾	李琊	男	江苏镇江
宋忠麟	男	四川崇宁	李德滋	男	山东蓬莱
余洪祥	男	江苏江宁	李震修	男	河北武清
李之珣	男	河北安治	李镇潮	男	江苏川沙
李文统	男	四川大邑	李耀先	男	四川合江
李同生	女	湖北随县	李耀寰	男	浙江嘉兴
李守华	女	湖北武昌	邱坤	男	湖南南县
李伯琮	女	四川内江	沈文辅	男	浙江杭县
李芸妹	女	四川华阳	沈克斌	男	江苏开进
李志聪	女	天津市	沈其稀	男	安徽石埭
沈明瑜	男	浙江鄞县	周次夫	男	四川灌县
沈纪文	男	江苏常熟	周存国	男	四川资中
沈时楷	男	南京市	周同和	男	四川萤县
沈琳庆	女	浙江杭县	周光煦	男	四川成都
沈筱宋	男	江苏扬州	周考成	男	四川大行
言穆渊	男	江苏常熟	周南菁	男	江西安福
何子坚	男	四川万县	周崇高	男	湖南零陵
何光玖	男	四川成都	周谦冲	男	湖北黄陂
何名忠	男	广西	林如稷	男	四川资中
何燕航	男	四川	林纪方	男	四川华阳
何翘森	男	河南汝南	林祥熙	男	四川成都
杜岑	男	四川万县	林萍	女	福建福安
杜其根	男	浙江绍兴	林耀南	女	四川成都
汪于颖	男	四川	林蔚人	男	福建闽侯
汪震	男	北平市	林树湘	男	湖南湘潭
沙凤岐	男	江苏宜兴	林约樵	女	四川

姓名	性别	籍贯	姓名	性别	籍贯
初毓芳	女	山东莱阳	金祖荫	男	山东历城
初毓梅	男	山东莱阳	金积楠	男	安徽安庆
吴子展	男	四川忠县	金剑	男	江苏无锡
吴仲贤	男	湖北	袁行恕	女	江苏武进
吴汝麟	男	江苏	易建东	男	山东
吴荫彬	男	四川邛崃	屈守元	男	四川华阳
吴崇毅	男	江苏宜兴	胡化苍	男	四川
吴肇海	男	四川成都	胡永骧	男	四川中江
吴维仪	女	四川威远	胡自翔	男	湖北浠县
吴潘令华	女	江苏江宁	胡克楚	男	江西九江
周力勇	男	四川忠县	胡金箱	男	四川隆昌
周正秋	女	四川成都	胡金湛	男	四川隆昌
胡芳屏	男	四川成都	徐复均	男	江苏无锡
胡法渊	男	四川成都	徐照	男	江苏宜兴
胡愚	男	湖北汉口	徐禄申	男	江苏宜兴
胡仪甫	男	四川壁山	梁伯高	男	四川达县
胡毓杰	男	浙江萧山	梁度南	男	河北保定
胡禅根	男	四川成都	马友锦	男	浙江绍兴
洪北平	男	江苏仪征	马秋帆	男	四川彰明
洪般朴	男	安徽寿县	马淑芬	女	河北安国
洪传经	男	安徽怀宁	唐秉乾	男	四川金堂
洪谨载	男	福建南安	唐尧衢	男	四川渠县
侯仲华	男	四川宜宾	唐敏	男	江苏武进
侯慕渔	男	山东郯城	唐庆永	男	江苏无锡
祝正国	男	江苏如皋	唐慧	女	四川宜宾
奚蓬仙	男	江苏镇江	秦西燦	男	山东安邱
姚士杰	男	四川资中	秦佩珩	男	山东平邱
范治安	男	四川岳池	秦广福	男	南京市
柳升祺	男	浙江	容启兆	男	广东中山
孙世如	女	浙江杭州	凌均吉	男	四川宜宾
孙振权	男	江西泰和	凌介福	男	四川宜宾
孙贯文	男	山东蓬莱	凌瑞熙	男	四川成都
孙凤吉	男	四川开江	翁以观	男	江苏武进
孙锡彦	女	江苏无锡	倪惠元	男	浙江吴兴
孙钟灏	男	江苏无锡	倪裁之	男	上海市
徐燮均	男	江苏无锡	陈久敬	女	四川

姓名	性别	籍贯	姓名	性别	籍贯
徐玄玲	女	福建闽侯	陈玉堂	男	福建德化
徐春霆	男	江苏武进	陈功焘	男	四川岳池
徐寅魁	男	上海市	陈兆枋	男	陕西高陵
徐曾渭	男	江苏	陈廷籍	男	四川隆昌
陈克山	男	福建同安	张奎	男	上海市
陈明耀	男	四川江津	张烈	男	四川温江
陈明中	男	四川岳池	张桂桢	男	安徽安庆
陈其恒	男	上海市	张益盛	男	四川资中
陈品端	女	江苏海门	张培深	男	江苏铜山
陈思尧	男	浙江鄞县	张景芬	女	河北保定
陈旅成	男	四川华阳	张开容	女	四川泸县
陈雪如	女	江苏铜山	张榦周	男	广东开平
陈量伯	男	四川	张凯君	女	湖南长沙
陈富心	女	广东南海	张荫群	男	四川云阳
陈爱美	女	浙江台州	张德先	男	四川营山
陈楚祥	男	江西鄱阳	张树生	男	山东曾县
陈德荣	男	上海市	张玮	女	江苏
陈实孚	男	四川崇庆	张晓飞	男	四川
陈毅夫	男	四川	张锡嘏	男	湖北蕲春
陈溦	男	四川	陆希绩	男	江苏常熟
陈泽珩	女	湖南长沙	陆家馨	男	浙江杭县
陈阅聪	男	河南宝庆	陆寿长	男	江苏嘉定
张木兰	女	江苏句容	盛绍章	男	四川成都
张允裴	男	河北	康来文	男	浙江奉化
张少霞	男	四川灌县	康震夏	男	上海市
张立	男	四川资中	陶钰	男	江苏松江
张世文	男	浙江绍兴	黄天麟	男	江西吉安
张光涛	男	河北泺县	黄武	男	四川成都
张光扬	男	山东济南	黄德清	男	湖北汉口
张西园	男	四川万县	黄德琳	女	四川泸县
张志芬	女	江苏吴县	黄宪章	男	湖南耒阳
张佩芝	女	四川成都	郭子雄	男	四川资中
郭基荣	男	广东潮阳	万鸿开	男	安徽芜湖
姬清波	男	河北安新	舒义余	男	北平市
高文龙	男	四川	傅迪	男	四川长寿
高少成	男	四川	傅养恬	男	四川成都

姓名	性别	籍贯	姓名	性别	籍贯
高金泽	男	朝鲜	傅简克	男	南京市
高忠诲	男	四川	程英祺	男	四川涪陵
高贻岎	女	河北	程景文	男	江苏南通
高道英	女	安徽	程慕辉	男	四川
章汝旦	男	江苏吴县	彭天根	男	四川大竹
梅远谋	男	湖北黄梅	彭吟霄	男	江苏吴县
梅操纯	男	湖北武昌	彭昌国	男	湖南宁乡
覃玉芳	女	四川眉山	彭鸾鸣	女	四川南都
许品如	女	江苏武进	贾子铮	男	湖北
许哲士	男	安徽歙县	贾题韬	男	山西赵域
曾一旻	男	四川富顺	杨文辉	男	湖南长沙
曾国芬	女	四川隆昌	杨永富	女	四川荣昌
曾传一	男	四川合江	杨佑之	男	湖南长沙
曾宪武	男	四川	杨伯谦	男	四川叙永
曾宪林	男	四川南溪	杨延森	男	贵州毕节
曾宪楷	女	四川湘乡	杨金章	男	河北昌黎
曾兰轩	男	四川仁寿	杨介眉	男	广东中山
曾瑢	女	四川金堂	杨训慧	女	江苏江宁
曾用修	男	四川金堂	杨康祖	男	湖北
冯天爵	男	四川万县	杨祖棻	男	山东
冯志翔	男	湖南长沙	杨效让	女	江苏淞江
冯云裳	女	四川成都	杨彬照	女	四川荣县
万志英	女	四川射洪	杨朝升	男	贵州遵义
万载芳	男	江西九江	杨焯	男	浙江杭县
杨清樾	男	四川崇庆	赵廷夔	男	江苏镇江
杨肇宓	男	四川憧南	赵春藩	男	四川广汉
杨庆治	男	四川彭县	赵善诒	男	江苏吴县
杨聚义	女	河北保定	廖秉权	男	四川绵阳
杨德济	女	江苏	楼兆馗	男	浙江嘉兴
杨宪益	男	安徽泗水	端木国华	女	江苏溧水
杨宪鼎	男	安徽泗县	赖劭轩	男	四川新都
杨树芳	女	四川	赖彦于	男	四川资中
杨琮玖	女	安徽泗县	熊子骏	男	四川成都
杨佃阁	男	四川成都	熊子勋	男	四川
裘宏达	男	江苏吴县	熊集生	男	四川
邬学通	男	湖北汉口	熊汝骊	男	四川资阳

姓名	性别	籍贯	姓名	性别	籍贯
叶守乾	男	安徽寿县	樊培禄	男	河南信阳
叶季瑶	女	四川成都	潘大逵	男	四川
叶绍钧	男	江苏吴县	潘立先	男	广东番禺
叶华	男	广东海丰	潘祖永	男	浙江
叶霞翟	男	浙江松阳	潘新藻	男	湖北黄陂
雷肇唐	男	四川岳池	潘源来	男	湖南浏阳
雷瑶芝	女	四川成都	潘维新	男	浙江吴兴
雷鸿堃	男	广东中山	潘鸿声	男	浙江
闻通	男	辽宁北镇	郑春贤	女	四川荣昌
邹松	男	江西	郑勉	男	江苏武进
邹维谦	女	山东	郑德禄	男	四川璧山
葛力	男	河北	刘子芸	女	四川成都
葛履聪	男	四川成都	刘为圻	男	福建莆田
赵人儁	男	浙江兰溪	刘止戈	男	四川岳池
赵心丹	男	四川南充	刘世传	男	山东蓬莱
赵中	男	镇江	刘星垣	男	四川成都
刘师曾	男	河北天津	钱德富	男	浙江鄞县
刘治武	男	河北衡水	钱耀彬	男	福建闽侯
刘善建	男	江苏如皋	卢美意	男	安徽庐江
刘階平	女	四川彭县	卢枝荪	女	安徽庐江
刘云笙	男	四川成都	卢企愚	男	山东济南
刘云波	女	四川成都	卢殿宜	男	湖南宝应
刘国钺	男	江苏江宁	臧佩芬	女	浙江
刘絜敖	男	四川大邑	薛迪靖	男	江苏武进
刘葆真	男	山东	薛绍蕴	女	江苏武进
刘万全	男	四川成都	薛愚	男	湖北襄阳
刘殿卿	男	河南郾城	颜安澜	男	四川宜宾
刘雅声	男	湖北沙市	戴乃迭	女	英国
刘履新	男	江西南昌	钟行素	男	四川
刘樊	男	四川德阳	钟作猷	男	四川
刘澄秋	男	四川	钟定蓉	女	四川中江
刘觉民	男	四川荣县	钟云登	男	四川新繁
鲁光桓	男	湖南长沙	钟朴生	男	湖北
鲁光琦	女	湖南长沙	龙志霍	男	湖南长沙
鲁尔谷	男	湖南长沙	龙显铭	男	四川营山
滕茂桐	男	安徽舒城	谢瑶娟	女	安徽芜湖
蔡义高	男	四川资中	谢清和	女	四川成都

姓名	性别	籍贯	姓名	性别	籍贯
蔡迎舆	女	福建龙溪	谢元范	男	江西吉水
邓文瑚	女	四川安岳	谢元豪	男	江西吉水
邓敬言	女	四川江津	谢舄暲	男	四川崇庆
欧阳钟	男	四川巴县	谢素云	女	四川资中
濮筱孚	男	四川威远	谢绍康	男	湖北黄冈
蒋炳芝	男	江苏宜兴	谢文炳	男	湖北黄冈
蒋益明	男	湖南醴陵	谢霖	男	江苏武进
谢乐康	男	湖北黄冈	萧敬容	女	四川中江
归润章	男	浙江吴兴	萧麟	男	四川泸县
归监明	男	江苏常熟	饶华松	男	湖北黄冈
聂仲升	男	四川屏山	龚训庭	男	江苏宜兴
聂经纬	男	湖北沙市			
韦及宇	男	山东			
魏守谟	男	安徽巢县			
魏靖之	女	浙江杭县			
罗士纹	女	四川崇庆			
罗玉东	男	湖南鄠县			
罗仲言	男	湖南湘乡			
罗伯陶	男	湖南永绥			
罗昭涧	男	湖南浏阳			
罗潜庵	男	湖南鄠县			
严毅荪	男	江苏无锡			
庞俊	男	四川綦江			
顾味真	女	南京市			
顾曾沐	男	江苏无锡			
顾葆常	男	江苏无锡			
顾凤华	女	江苏无锡			
顾学曾	男	南京市			
苏良弼	男	四川成都			
苏祖南	男	四川仁寿			
苏国夫	男	四川华阳			
萧之儒	男	四川华阳			
萧公权	男	江西泰和			
萧吉安	男	四川资中			
萧回	男	四川崇庆			
萧通	男	江西泰和			

（二）附属高中教职员工

丁惠迪	丁贤书	王文柔	王文娟	王月秋	王玉华	王世宜	王世宪	王　志
王伯华	王武缙	王松泉	王孟钟	王孟宪	王叔培	王彦达	王振亚	王淑英
王基培	王章树	王国恩	王绍成	王紫霜	王瑶章	王靖轩	王福霖	王载梁
王　镇	王宝贤	王镜蓉	毛寿恒	尹孝芯	方有之	方寿椿	方碧霞	牛光夫
文　鼎	文启高	文启蛰	文启青	文德全	文厚安	尤仁安	尤烈才	石濂水
甘明蜀	左春浦	左景瑛	史丽源	史长辅	田世英	田净兰	朱奉贤	朱景梓
朱尊孔	朱肇轩	朱瑞芳	伍康成	伍　琮	全绍康	任　芸	任瑞华	任德森
刑辅卿	刑寿征	江　鹏	江钟杰	宋忠麟	余洪祥	李之珣	李文境	李同生
李守华	李伯琼	李芸妹	李志聪	李芳春	李宗瑚	李炳英	李秉文	李叔桓
李炳和	李建勋	李恩廉	李时清	李惟建	李国英	李　植	李焯林	李运恺
李景清	李菊五	李福生	李　荣	李　瑯	李德滋	李震修	李镇潮	李耀先
李耀寰	邱　坤	沈文辅	沈克斌	沈其稀	沈明瑜	沈纪文	沈时楷	沈琳庆
沈筱宋	言穆渊	何子坚	何光玖	何名忠	何燕航	何翘森	杜　岑	杜其根
汪于颖	汪　震	沙凤歧	初毓芳	初毓梅	吴子展	吴仲贤	吴汝麟	吴荫彬
吴崇毅	吴肇海	吴维仪	吴潘令华	周力勇	周正秋	周次夫	周存国	周同和
周光煦	周考成	周南菁	周崇高	周谦冲	林如稷	林纪方	林祥熙	林　萍
林耀南	林蔚人	林树湘	林约樵	金祖荫	金积楠	金　剑	袁行恕	易建东
屈守元	胡化苍	胡永骧	胡自翔	胡克楚	胡金箱	胡金湛	胡芳屏	胡法渊
胡辋愚	胡仪甫	胡毓杰	胡禅根	洪北平	洪般朴	洪傅经	洪谨载	侯仲华
侯慕渔	祝正国	奚蓬仙	姚士杰	范治安	柳升祺	孙世如	孙振权	孙贯文
孙凤吉	孙锡彦	孙锺灏	徐燮均	徐玄玲	徐春霆	徐寅魁	徐曾渭	徐复均
徐　照	徐禄申	梁伯高	梁度南	马友锦	马秋帆	马淑芬	唐秉乾	唐尧衢
唐　敏	唐庆永	唐　慧	秦西燦	秦佩珩	秦广福	容启兆	凌均吉	凌介福
凌瑞熙	翁以观	倪惠元	倪裁之	陈久敬	陈玉堂	陈功焘	陈兆枋	陈廷籍
陈克山	陈明耀	陈明中	陈其恒	陈品端	陈思尧	陈旅成	陈雪如	陈量伯
陈富心	陈爱美	陈楚祥	陈德荣	陈实孚	陈毅夫	陈　澈	陈泽珩	陈阅聪
张木兰	张允裴	张少霞	张　立	张世文	张光涛	张光扬	张西园	张志芬
张佩芝	张　奎	张　烈	张桂桢	张益盛	张培深	张景芬	张开容	张斡周
张凯君	张荫群	张德先	张树生	张　玮	张晓飞	张锡嘏	陆希绩	陆家馨
陆寿长	盛绍章	康来文	康震夏	陶　钰	黄天麟	黄　武	黄德清	黄德琳
黄宪章	郭子雄	郭基荣	姬清波	高文龙	高少成	高金泽	高忠诲	高贻岎
高道英	章汝旦	梅远谋	梅操纯	覃玉芳	许品如	许哲士	曾一旻	曾国芬

曾传一 曾宪武 曾宪林 曾宪楷 曾兰轩 曾　瑢 曾用修 冯天爵 冯志翔
冯云裳 傅　迪 傅养恬 万鸿开 舒义余 万志英 万载芳 傅简克 程英祺
程景文 程慕辉 彭天根 彭吟霄 彭昌国 彭莺鸣 贾子铮 贾题韬 李文辉
杨永富 杨佑之 杨伯谦 杨延森 杨金章 杨介眉 杨训慧 杨康祖 杨祖棻
杨效让 杨彬照 李　朝 杨密焯 杨清樾 杨肇宓 杨庆治 杨聚义 杨德济
杨宪益 杨宪鼎 杨树芳 杨琼玖 杨俪阁 裘宏达 郚学通 叶守乾 叶季瑶
叶绍钧 叶　华 叶霞翟 雷肇唐 雷瑶芝 雷鸿堃 闻　通 邹　松 邹维谦
葛　力 葛履聪 赵人儁 赵心丹 赵　中 赵廷夔 赵春藩 赵善诒 廖秉权
桃兆馗 端木国华 赖劭轩 赖彦于 熊子骏 熊子勋 熊集生 熊汝骊 樊培禄
潘大逵 潘立先 潘祖永 潘新藻 潘源来 潘维新 潘鸿声 郑春贤 郑　勉
郑德禄 刘子芸 刘为圻 刘止戈 刘世传 刘星垣 刘师曾 刘治武 刘善建
刘階平 刘云笙 刘云波 刘国钺 刘絜敖 刘葆真 刘万全 刘殿卿 刘雅声
刘履新 刘　樊 刘澄秋 刘觉民 鲁光桓 鲁光琦 鲁尔谷 滕茂桐 蔡义高
蔡迎舆 邓文瑚 邓敬言 欧阳钟 濮筱孚 蒋炳芝 蒋益明 钱德富 钱耀彬
卢美意 卢枝荪 卢企愚 卢殿宜 臧佩芬 薛迪靖 薛绍蕴 薛　愚 颜安澜
戴乃迭 钟行素 钟作猷 钟定蓉 钟云登 钟朴生 龙志霍 龙显铭 谢瑶娟
谢清和 谢元范 谢元豪 谢昺暲 谢素云 谢绍康 谢文炳 谢　霖 谢乐康
归润章 归监明 聂仲升 聂经纬 韦及宇 魏守谟 魏靖之 罗士纹 罗玉东
罗仲言 罗伯陶 罗昭涧 罗潜庵 严毅荪 庞　俊 顾味真 顾曾沐 顾葆常
顾凤华 顾学曾 苏良弼 苏祖南 苏国夫 萧之儒 萧公权 苏吉安 萧　回
萧　通 萧敬容 萧　麟 饶华松 龚训庭

（三）高级中学教职员名录

薛迪靖 洪北平 汪　震 郎　淳 翁以观 陈　均 马大椿 陆寿长 史丽源
杨文辉 徐燮均 徐福均 郭俊铄 李春霆 万长祺 金祖荫 钟本立 张本兰
张允和 江　鹏 李增焯 郭基荣 杨　焯 萧　回 黄德清 王基培 谢瑶娟
张桂桢 傅玉珊

敦请教务长陈青士即日莅校的函

青士先生大鉴：

敬启者。荷承俯允屈就本校教务长之职，至为感幸。兹奉上聘书乙件，至祈察收，并请即日莅校，共商下学期教务上兴革事宜为盼！

耑此，祇颂日祉！

弟朱经农启

中华民国卅五年七月二日

（复字第二八七号）

聘请秉志担任名誉教授的函

敬启者：

兹敦聘台端为本校理学院生物学系名誉教授，至祈俯允担任为荷！

此致秉农山先生

光华大学校长○○○

中华民国三十五年十月八日

（复字第四八四号）

聘请谢循初担任教育学系兼职教授的函

兹聘请台端为本校文学院教育学系兼任教授，担任此校教育，薪水八月份起送致，及普通心理学，薪水自十一月份致送两学程，至祈俯允担任为荷。

此请谢循初先生

私立光华大学校长朱经农

中华民国卅五年十月卅日

朱经农向校董会转呈教职员请求加薪五成的函

谨呈者：

本校各教职员以迩来生活指数频加，殊难维持生活，佥向校中请求于十二月份起设法加薪五成等情，按诸情形，尚属真实，似应予以救济，以维彼等生活而使安心服务。嗣经提交第八次校政委员会议决，备函向钧会申请，并推请张总务长趋前陈述详情，记录在卷。

为特敬呈鉴核，俯赐救济，是所企祷！

此上校董会

校长朱经〇

中华民国卅五年十二月七日

（复字第六八〇号）

校董会关于一九四七年度一月份加薪五成的复函

准三十五年十二月七日来函为“本校各教职员以迩来生活指数频加，殊难维持生活，佥向校中请求于十二月份起设法加薪五成等情，按诸情形，尚属真实，似应予以救济，以维彼等生活而使安心服务。嗣经提交第八次校政委员会议决，备函向钧会申请，并推请张总务长趋前陈述详情，记录在卷。为特敬呈鉴核，俯赐救济，是所企祷”等语，均经洽悉。各教职员生活清苦，夙所同情。惟是校中经费亦极为拮据，且本学期收支预算所限，无米之炊，至感为难。既据函称，几经设法，勉于三十六年一月份加发薪五成，以后须视下学期收入情形，再行酌定。

专此函复，尚希婉达是荷。

此复朱校长经农

光华大学校董会财务委员会主席委员钱永铭

民国三十六年一月九日

（财字第五号）

聘请翁朝庆担任土木工程学系教授的函

兹聘请台端为本校理学院土木工程学系教授，担任道路工程一学程，自民国三五年十二月至卅六年一月，至希俯允担任为荷。

此请翁朝庆先生

私立光华大学校长朱经〇

中华民国卅五年十二月十三日

聘任教职员办法的通知

径启者：

兹奉校长手谕，规定聘任教职员办法如后：

一、凡教职员系聘任全年者，下学期自当继续，不另发聘书。

二、凡教职员系聘任半年且服务优良者，由系主任、院长或组主任签字，经教务长或训导长、总务长、会计主任、校长决定后，交校长室续发聘书。

三、凡各院处室拟新聘教职员者，须将姓名、资历等函送校长室提交聘任委员会，经通过后送发聘书。

以上规定相应录转，希即查照为荷。

此致三院院长、各系主任、三处处长、会计室主任

校长室启

中华民国卅六年一月十日

（复字第七六四号）

请张歆海在海外继续为复校筹募的函

歆海先生左右：

久疏音问，比想道履迪吉为颂。本校复兴基金承吾公海外奔走筹募，曷胜感祷。兹邮奉本校概况、复校计划暨校舍照片各三份，望祈察收是荷。光华复校诸事待兴，端赖

鼎力遥助，则复兴可期，尚请不吝赐音为祷。

耑此布恳，顺请大安。

弟朱经农顿首

中华民国卅六年二月

关于请张歆海代表出席美国政治与社会科学年会的函

歆海校董先生道席：

本校顷接美国政治与社会科［学］社邀请推派代表一至三人出席该社五十一届年会，兹拟恳请台端代表出席，如蒙俯允，无任感祷。附上该社请柬一纸，即请察收为荷。

耑此奉恳，顺颂大安。

弟朱经○顿首启

中华民国卅六年三月十七日

补送万云骏等著作证件以备教育部资格审查的报告

案查本校教员资格送审一案，前奉钧部卅五年十二月廿一日学字第四○三二四号指令并附应补证件著作清单，饬各员补呈各件；又奉钧部本年二月初七日学字第○六九九六号训令，饬转知教员唐庆增补呈专门著作，当先后分别饬遵。

兹据教员万云骏补送专门著作一本，唐庆增补送专门著作二本，许啸天补送服务证件十份，理合备文转呈，仰祈鉴赐审查。

至于其他各员应补各件，俟送到再行转呈，合并陈明。

谨呈教育部部长朱

附呈万云骏著《西笑语业》一本，唐庆增著《中国经济思想史》（上卷）、《唐庆增经济论文集》各一本，许啸天服务证件十份

校长朱经○

中华民国卅六年四月十七日

（复字第一○二四号）

同意岑有常因病辞商学院院长的函

有常先生有道：

顷奉教言，拜悉一一。

本校复员期内，承先生力疾从公，多予襄助，感激莫名！不幸贵恙时发，理应得休养机会，来函拟辞商学院院长职，本非同人所愿。为便于先生调养计，勉如所请，敬祝早日康复，并希教益时赐，藉匡不逮。

耑此布复，祇候康健！

弟朱经农顿首

中华民国卅六年七月四日

（复字第一二三六号）

呈请教育部发给何德奎赴美护照的请示

窃本校于抗战期间旧有大西路校舍全部被毁，损失惨重。复校以还，二年于兹，虽尽力擘划（画），以格于经费，未能速效。兹拟派本校商学院院长何德奎先生赴美国筹募基金，伏乞钧长准予发给赴美护照，实为德便！

谨呈教育部部长朱

校长朱经〇

中华民国卅六年七月十日

（复发字第一二四四号）

呈请教育部部长朱家骅帮助办理徐僖留学证书的函

骝公部长钧鉴：

未亲尘教，倍切瞻依。

兹恳者，本校化学系讲师徐僖先生现得中华文化教育基金董事会国外科学研究补助金赴美国 Lehigh 大学进修研究塑质化学，并获有入学许可证。兹恳核发留学证书，并祈嘱主管人员尽速办理，俾九月能赶到该校注册上课也。

肃此，祗请钧安。

职朱经农谨上

中华民国卅六年八月七日

王隽英为丁观海询问工作机会的函

经农校长吾师：

久未侯晤，近况迪吉为颂为祷。

兹有恳者，外子丁观海系光华校友，在交通大学毕业后赴美深造，得土木工程师学位，曾先后任教交通大学、重庆大学等校十余年，现任教山东大学，以地方不靖，拟于暑期后南来。丁君长于应用及理论力学、结构学、钢筋混凝土及其他土木系课程，母校如需添聘该项教授，祈予惠助玉成，无任感荷。

专此，敬请教绥。

受业王隽英敬启

七、一

（赐示：南京中央党部抚恤委员会转）

附录：光华大学的复函

隽英女弟青鉴：

展诵来书，备悉种切。观海仁弟好学力行，甚愿延揽，但土木系教员悉仍其旧，课程并无增添，有违之处，尚乞谅察。

耑复，顺颂署安。

朱经○启

中华民国卅六年八月十四日

教育部关于呈缴副教授万云骏照片印花的训令

令私立光华大学：

查核校教员资格送审案内业经核定万云骏一员合于副教授资格，该员须俟照片一张、印花五元补到后再行发给合格证书，前缴著作先行随文发还，仰即转知。

此令。

部长朱家骅

中华民国卅六年十一月初三日

（学字第五八九九二号）

附录：光华大学的复函

案奉钧部本年十一月学字五八九九二号训令，为核准本校教员万云骏为副教授资格，饬转该员须缴照片一张印花五元等因，奉此，遵将该员照片印花备文呈请鉴核示遵。

谨呈教育部部长朱

计附呈万云骏照片一张、印花五元

光华大学校长朱经〇

中华民国卅六年十一月廿四日

（复字第一五四八号）

请杨荫溥代理商学院院长的函

兹聘请台端代理本校商学院院长（卅七年二月至七月），至祈俯允担任为荷。

此致杨石湖先生

私立光华大学校长朱〇〇

中华民国卅七年元月廿七日

廖世承关于减半支取副校长职薪的函

经公校长道鉴：

本学期弟副校长职薪拟支半数，以示公允。为便利行政计，已冒昧先行函知会计室，敬祈惠予核准为感。

专此，敬颂道安。

弟廖世承拜启

二、廿六

附录：朱经农的复函

茂如先生副校长大鉴：

奉书敬悉。所请支半薪，具见廉让公贞，至为钦佩。惟本校事务诸多借重，酬劳原已微薄，拟请照原支领，幸毋客气为盼。

耑复，顺颂道绥。

弟朱〇〇敬启

中华民国卅七年二月廿七日

中华全国体育协进会关于准许容启兆公假的函

敬启者：

查第十四届世界运动会已定于本年七月二十九日在英京举行，我国已报名参加足球、篮球等项。查贵校容启兆先生经验丰富，领导有方，被聘为中国足球队领队，定于四月廿二日出发，途经港、菲等地，作友谊观摩比赛而后抵达英京。用特函请贵校自四月廿二日起至九月底止，准予容先生公假，敬祈惠允为荷。

此致光华大学

中华全国体育协进会理事长张伯苓

总干事董守义

中华民国卅七年四月十八日

（奥字第二七九号）

附录：光华大学的复函

接奉贵会公函，为聘本校容启兆先生为中国足球队领队前往参加第十四届世界运动会请准给假公假等由，自应照办，相应函复，即希查照为荷。

此致中华全国体育协进会

校长朱〇〇

中华民国卅七年五月八日

（光秘字第二九四号）

薛迪符请求辞职的函

经农校长先生钧鉴：

日前接奉聘书，至为感愧。窃以过去一年，生以外间职务关系，到校时间极少，对于所任工作，未遑兼顾，下学期起应请另行派员接替，以重校务，原聘书附还。诸希鉴原赐准为叩。

专此，敬请钧安！

生薛迪符谨启

七月十三日

附录：朱经农的复函

迪符我兄大鉴：

顷奉手书，祇悉一一。

吾兄爱校至深，任职以来，贡献卓巨。方今复校伊始，赖倚益殷，今遽萌退志，是固君子谦德，实农及全体同人所不愿闻者也。用特函请打消辞意，聘书一纸仍祈察收，是所企祷。

祇候大安！

朱经〇顿首

中华民国卅七年七月十九日

（复字第一二五一号）

朱经农请廖世承、朱公谨、容启兆等出任校政会议常务委员的函

敬启者：

兹经第四十三次校政会议议决，在经农出国期间，校务由校政会议诸委员共同负责。惟时值非常，环境瞬息万变，为加强校政会议起见，除加聘吕诚之、薛观澄、王志稼三先生参加校政会议外，并请台端为该会常务委员，尚希俯允是幸。

此致廖茂如、朱公谨、容启兆先生

朱〇〇敬启

十一月十二日

附录A：朱公谨的复函

经农先生道右：

顷奉教言，承属担任常务委员一席，弟俗务缠身，无法兼顾，特此恳辞，尚祈另推贤能，是所盼祷。

专此奉复，即颂教绥。

校政会诸公均此不另。

宗弟公谨启

十一、十三

附录B：请朱公谨继任校政会议常务委员的函

公谨先生道席：

敬启者。十一月十三日大书拜悉一一。朱校长奉派出国之顷，适值风雨如晦之秋，校政措施诸待策筹，仍恳先生赐念时艰，惠允共济，实所企感者也。

专此奉达，诸请察照，敬颂筹祺。

弟廖〇〇拜启

中华民国卅七年十一月廿四日

薛迪符请辞会计主任的函

径启者：

迪符以在国信职务较忙，对于校中会计主任一职，无暇兼顾，特呈请辞职，乞赐照准。

此上廖代校长。

薛迪符敬启

二月七日

附录：同意薛迪符推荐张芝联继任会计主任的函

迪符先生大鉴：

二月七日，惠示敬悉。先生赞襄校务近二十年，贤劳千万，佩感同深。承告尊务丛繁，扫系事实。为表尊重台嘱起见，校中会计主任名义经请芝联先生替兼，至于副主任一席，并已转请张先生径行决定。今后校政，仍请随时匡助，实所企盼。

专复，敬颂筹祺。

廖〇〇敬复

一九四九年二月廿八日

廖世承代理光华大学校长的通告

径启者：

本校校长朱经农先生，去岁十一月奉部派参加在黎巴嫩举行之联合国文教会第三次大会，赴美后即向校董会提出辞呈。最近在美西雅图专心著述，一时不克返国，再度函请辞职，已经校董会照准。自本学期起，改聘廖世承副校长为代理校长，自卅八年三月一日起正式视事。

相应通告，即希查照为荷。

此致

光华大学校长室启

一九四九年二月廿八日

呈请教育部备案廖世承代理校长的报告

教育部代部长陈钧鉴：

本校校长朱经农于卅七年冬奉派出国参加联合国文教会议，并考察欧美近年教育实施。朱校长近在美国专事著述，一时不克返国，经已函准本校校董会辞去校长职务，自本学期起，由校董会改聘廖世承为代理校长。世承遵于卅八年三月一日起代理校长职务，理合电呈察核赐准备案，实感公便。

私立光华大学代理校长廖〇〇

光秘卅八寅（东）[1] 叩

请上海电信局为廖世承住宅装设电话的函

径启者：

本校廖代校长，现寓山阴路一九一弄三四号。近因时局日趋紧张，校政处理益见丛繁。而校内机宜之指示，以及与校外各大学机关消息之传通，有时常在夜晚行之，需用电话之处至觉切迫。

相应专函奉达，请烦贵局查照，惠予派员在上开寓所内装设电话，实纫公谊！

此致交通部上海电信局

私立光华大学启

一九四九年四月廿一日

① 寅（东），三月一日，即1949年3月1日。

廖世承请辞光华大学校长职的函

诸位校董先生道席：

世承奉命代理校长职务，倏已七月，时艰责重，深虞陨越。值此光明来临之际，校务革新有望，衰弱之躯愿备位教授之列，所有大中校长职务，伏恳自即日起准予辞去，不胜感祷之至。

专此，敬颂道安。

廖世承谨启

六月四日

廖世承同意担任光华大学校长的函

敬复者：

顷奉大书，承以光华大学校长职务见委，曷胜感篆。惟世承前在代理校政期间，虽已竭献棉力，总感绩效毫无，所有困难情形迭经提向大会陈述。今既复荷颁委，亦唯有暂时勉力赴，尚祈察照！

此致私立光华大学校董会王主席校董

廖〇〇谨启

一九四九年八月廿四日

向上海市高教处呈送廖世承校长简历的报告

查本会为商讨决定本学期学校重要方针，经于本年八月十二日召开解放后第一次校董会议，佥以代校长廖世承先生在代理校政期间主持校务卓著绩效，当经决议正式聘请担任大学校长，记录在卷。相应检同廖校长简历一份，函请察核备查，至纫感荷！

此致上海市人民政府高等教育处

私立光华大学校董会主席校董王贵佩翠

一九四九年九月廿一日

廖世承（茂如），五十八岁，江苏嘉定人

上海南洋公学、北京清华学校毕业，美国勃朗大学博士

历任国立南京高等师范副教授兼附中主任、国立东南大学教授兼附中主任、私立光华大学副校长兼附中主任、国立暨南大学师资专修科主任、国立中央大学社会教育系主任、国立师范学院院长、私立光华大学附中校长兼代理大学部校长职务。

向上海市高教处报送拟开新学程等的报告

查本校本学期拟开新学程，计有新民主主义论、新哲学、政治经济学等，拟聘上海市人民响应巴黎拥护世界和平大会筹备会秘书处副主任叶以群先生为本校兼任副教授，讲授新民主主义；本校专任教授姚舜钦先生讲授新哲学；私立大同大学专任教授本校兼任教授张一凡先生，及国立交通大学专任教授本校兼任教授杨荫溥先生分别讲授政治经济学。

所有以上新开学程暨拟聘教授相应专函陈报，敬祈察核示遵，至纫感荷！

此致上海市人民政府高等教育处

校长廖〇〇

一九四九年九月廿一日

附录：上海市高等教育处复函

九月二十一日光秘（三八）字八一七号公函暨附件均悉。你校聘请叶以群、姚舜钦、张一凡、杨荫溥四先生为政治课教授，予以照准。

相应函复查照为荷！

此致私立光华大学

高等教育处

一九四九年九月廿七日

向上海市高教处呈政治学教授姓名等的报告

敬复者：

接奉贵处本年十二月廿三日大函以嘱将本校担任政治课教授之姓名、住址、电话及授课时数一并呈报等由，自应遵办。

兹随函附奉本校政治课担任教授一览表一份，敬祈察核备查！

此致上海市人民政府高等教育处政治教育股

附表一份

私立光华大学启

一九四九年十二月廿六日

附：私立光华大学政治教授一览表

<table>
<tr><th>姓名</th><th>教授学程</th><th>教授时间</th><th>住址</th><th>电话</th></tr>
<tr><td rowspan="3">叶以群</td><td>社会发展史 A</td><td>星期一、三 10—11</td><td rowspan="3">汾阳路 79 号</td><td rowspan="3">68840</td></tr>
<tr><td>社会发展史 B</td><td>星期一、三 11—12</td></tr>
<tr><td>社会发展史 C</td><td>星期一、三 9—10</td></tr>
<tr><td rowspan="5">姚舜钦</td><td>社会发展史 D</td><td>星期一、三 10—11</td><td rowspan="5">亨利路亨利坊一号</td><td rowspan="5">（02）60080（光华）</td></tr>
<tr><td>社会发展史 E</td><td>星期四 10—12</td></tr>
<tr><td>社会发展史 F</td><td>星期二、四 1—2</td></tr>
<tr><td>新哲学</td><td>星期一、三、五 11—12</td></tr>
<tr><td>唯物辩证法</td><td>星期一、三 1—2</td></tr>
<tr><td>杨荫溥</td><td>政治经济学甲</td><td>星期二 8—9
星期四 8—10</td><td>山阴路兴业坊 52 号</td><td>（02）62389</td></tr>
<tr><td>张一凡</td><td>政治经济学乙</td><td>星期四 2—4
星期六 2—3</td><td>安福路 191 弄 22 号</td><td>78937</td></tr>
</table>

聘请周煦良担任教授的函

敬启者：

本校文学院外国语文学系本学期拟增开“英文散文选读及习作（甲）上”一学程，每周授课三小时，该项课程聘请台端担任，至希俯允为荷。

此致周煦良先生

校长廖世〇启

一九四九年九月十九日

请复旦大学惠允谢循初继续在校任教的函

敬启者：

前为协商挽留本校生物系主任王志稼先生等继续在校担任教课一节，曾于本年九月廿八日以光秘（卅八）字第八二〇号函达在案，谅邀鉴誊。

兹有本校文学院教育系教授谢循初先生，为贵校专任教授，近向敝校提辞教职。按谢先生在校任课已有十余年之久，深得学生信仰，一旦任其辞去，实无法延揽相当良师递补其缺。用敢再为奉达，敬希贵会俞允谢先生仍在本校继续任课每周六小时。务乞惠准，俾学校与学生两获其益，则无任感祷之至。

此致复旦大学校务委员会

私立光华大学校务委员会主席廖〇〇

一九四九年九月卅日

附录A：复旦大学的复函

敬复者：

兹准贵校（卅八）光秘字第八二二号函请同意谢循初先生兼课六小时，当经转请核示去讫。兹奉上海市人民政府高等教育处函示，谢先生兼课钟点应予减少，或在复旦改为兼任等因，奉此，相应函复，即希查照为荷！

此致私立光华大学

国立复旦大学启

一九四九、十、十五

附录B：谢循初先生兼课每周改为四小时致复旦大学的函

敬复者：

顷准贵校一九四九年十月十五日（卅八）第〇七六号大函以谢循初先生兼课问题业经上海市人民政府高等教育处核示，兼课钟点应予减少或在贵校改为兼任转嘱查照等由，自应遵照办理。现谢先生在本校兼课钟点已予减少，每周改为四小时，以符贵校对于专任教授兼课之规定。

准函前由，相应复请查照惠予同意为荷！

此致国立复旦大学

私立光华大学启

一九四九年十月十九日

聘请吕思勉为图书馆馆长的函

敬启者：

兹聘请台端兼任本校图书馆馆长，敬祈俯允担任为荷！

此致吕思勉先生

校长廖〇〇

一九四九年十月十三日

聘请王志稼担任理学院院长的函

径启者：

兹聘请台端为本校理学院院长，相应函达，至祈俯允担任为荷！

此致王志稼先生

校长廖世〇

一九四九年九月十六日

请复旦大学允准王志稼在本校专任的函

敬启者：

本校生物系为系主任王志稼先生一手创设，三年以来，苦心擘划（画），成绩斐然。然最近本会开会师生一致公推王志稼先生为理学院院长，足征推崇与爱戴之盛！又教授耿淡如、应成一、胡继纯三先生，先后在校任课，或十余年，或四五年，连续讲教时久，学生信仰益深。以上诸先生均因贵校延揽为专任教授，业经提出辞职，旋经本会会议议决一致坚决挽留。敬希贵校体会私立学校延聘人才之困难，惠允王先生改为兼任，仍在本校为专任。如万不获已，则只稍须双方兼顾，两面专任，并允耿、应、胡三教授，仍在本校继续任教，每周各担任六小时课务。素谂人民政府期望私立学校与国立学校有同样之长足进步，故规定有特殊需要之师资，得由有关学校互相协商。相应专函奉达，务恳查照惠允所请，不胜感荷！

此致国立复旦大学校务委员会

私立光华大学校务委员会主席廖〇〇

一九四九年九月廿八

关于请上海市高教处核准王志稼为兼任教授的函

查本校原任生物系主任王志稼先生本学期拟请仍准在校专任各缘由，前经于本年十一月三日以光秘字第八五二号函陈在卷。

兹因王先生已就复旦专任教务，本校决自十一月份起改聘担任兼任教授，每周讲授植物形态学二小时，经济植物学二小时。原有系主任职务，另聘该系教授周蔚成先生代理。相应专函奉达，敬祈察照惠准兼任，至为感荷！

此致上海市人民政府高等教育处

校长廖〇〇

一九四九年十一月十五日

附录：致谢王志稼等不受车马费的函

志稼、荫溥、绍虞、未风先生大鉴：

敬启者。校中历次校委会议，承荷先生于讲教百忙之中，出席参加，既累车步之劳，复耗交通之费，深所感篆！

原拟于学期终了之际，酬奉区区，又为出席议会诸先生，一致逊却。益佩高见，谨申谢悃，尚新朗照。

专此，祇颂筹祺。

弟廖〇〇拜启

一九五〇年二月一日

蒋维乔请假并请吕思勉代理文学院院长的函

茂如先生鉴：

敬启者。鄙人年老力衰，拟作短期之休息，自二月起请假三个月，文学院院长请吕诚之先生代理，中文系主任请钟钟山先生代理。除分函吕、钟二先生外，专此函陈，至希俯允是荷。

专颂台安。

蒋维乔启

一月二十日

附录：光华大学的复函

竹庄先生道右：

一月廿日惠示祇悉，尊意业经提请第七次校务委员会议议决，在先生三个月休息期间，照请吕诚之先生代理文学院院长，钟钟山先生代理中文系主任，仍恳颐养之余，照常到校赐助一一。

专此奉达，敬颂筹祺。

廖〇〇谨启

一九五〇年一月卅日

聘请刘佛年担任教授的函

佛年先生大鉴:

敬启者。敝校下学期教育系将开设“教育哲学”一学程，每周三小时。素仰先生研究精深，拟请惠允担任讲授，余托朱有瓛先生趋前面洽。

专此，祇颂筹祺。

廖〇〇敬启

一九五〇年二月六日

向上海市高教处报送拟聘政治课教授名单的报告

顷奉大处本年二月六日高大政字第三八三号公函以饬将下学期聘请政治课教授先行报核等由，自应遵办。

兹将学校下学期拟聘政治教授名单开奉，敬希察核示遵！

此致上海市人民政府高等教育处

附名单一份

校长廖〇〇

一九五〇年二月八日

私立光华大学一九四九年度第二学期拟聘政治课教授名单

学程	学分	教授
中国革命问题甲	3	叶以群（续聘）
中国革命问题乙	3	叶以群
中国革命问题丙	3	叶以群
中国革命问题丁	3	姚舜钦（续聘）
中国革命问题戊	3	姚舜钦
社会发展史上	3	姚舜钦
政治经济学上甲	3	陈彪如（复旦大学教授）
政治经济学上乙	3	李湘（新聘）
政治经济学下甲	3	杨荫溥（续聘）
政治经济学下乙	3	张一凡（续聘）

陈彪如略历：北平清华大学法学士、美国哈佛大学政经系毕业得硕士学位，曾任国立暨南大学教授兼系主任、复旦大学教授

李湘略历：上海光华大学法学士、美国纽约大学经济系硕士，曾任光华大学经济系教授

附录：上海市高教处的批复

二月八日光（五〇）字第三十五号来函暨附政治课教员名单悉，准聘叶以群先生担任“中国革命问题”两班，杨荫溥先生担任“政治经济学”三小时，姚舜钦先生暂担任“中国革命问题”两班，自传存核。

陈彪如、张一凡二先生先行上课，俟补送自传后再行审核。

李湘先生容审核后另文批复，所遗“中国革命问题”两班介绍李崇厚先生担任。

即希查照为荷！

此致光华大学

处长唐守愚

一九五〇年三月十五日

聘请朱有瓛为教育系主任的函

敬启者：

兹聘请台端兼任本校文学院教育系主任，自一九五〇年二月一日起至本年七月卅一日止，特函奉达，至希查照惠允担任为荷。

此致朱有瓛先生

校长廖世〇

一九五〇年二月十五日

关于核准于瑞熹担任政治经济学教授的报告

案奉大处本年三月十六日高大政字第〇二〇七〇号公函尾开，“至未修‘新经济学’或‘政治经济学’之应届毕业生应另外开班，以四学分计算，由政治教授精简该课内

容，于半年内修毕”等由，自应遵照另开上项精简之政治经济学四学分。

兹拟聘请于瑞熹先生担任该课教授，按于先生日本东京帝大经济系毕业又继续研究二年，相应专案报请察核迅示祗遵！

此致上海市人民政府高等教育处

校长廖〇〇

一九五〇年三月廿二日

附录：上海市高教处的复函

三月廿二日光（五〇）字第八七函悉。准聘于瑞熹先生担任你校应届毕业生“政治经济学”教授，但须补送自传一份备核，相应函复，即希查照为荷！

此致光华大学

处长唐守愚

一九五〇年三月廿五日

请吕思勉物色中文系主任的函

诚之先生大鉴：

敬启者。关于中文系系主任职务，经与赵善诒先生洽谈，据赵先生表示，可允担任，惟渠已接受附中国文科主任之聘，芝联先生又坚不同意渠在大学任职，此议只得作罢。该系系主任遗职，可否请先生兼代，由赵先生协助，或另行物色人选之处？仍候卓裁见复。

专此奉达，敬颂暑祺。

廖〇〇敬启

一九五〇年八月四日

关于保送教授参加华东人民革命大学研究院学习的函

接准贵会八月五日台函，以嘱保送教授参加华东人民革命大学研究院学习进修等由，兹保送本校副教授李湘、专任教授王文瀚两先生参加，相应检附李先生等简历两份，函请查照洽办为荷！

此致上海教育工作者工会市委员会

附件如文

校长廖○○

一九五○年八月九日

王文瀚　四十二岁　江苏宝应　中央大学毕业　专任教授

经济地理并兼附中课务

经济地理甲乙各三小时

一九四九年

李湘　男　安徽合肥　卅五岁

学历：光华大学毕业，纽约大学经济学硕士，光华大学副教授

担任课程：

上学期担任课程九小时

政治经济学，计划经济，财政学

本学期担任课程九小时

政治经济学，中国经济史，财政学

上海教育工会通知李湘、王文瀚前来办理手续的代电

光华大学鉴：

你校教员李湘、王文瀚二同志经推选前来要求参加华东人民革命大学政治研究院学习，已由本委员会保送到华东军政委员会教育部，顷得该部核复，尚与条件相合，即可参加体格检查。即希查照并通知其本人于本月十二日（星期六）下午三时以前，亲至南京西路一二八八号（西康路口）本委员会组织部办理有关手续（需照片二张），以便参加体格检查。

上海教育工作者工会市委员会真①

① 真，即十一日，即1950年8月11日。

郭绍虞请辞担任课务的函

茂如先生大鉴：

顷接聘约，至感厚意。□□以校事过烦，精神不能兼顾，曾于上期结束后与教务处谈过，请姚先生转达，想邀鉴及。

兹特奉还聘书，并请谅解下情，准予暂时离校，不胜感荷。

耑此，敬颂道安。

弟绍虞谨启

八月十五日

聘请姚舜钦代理教务长的函

敬启者：

自一九五〇年秋学期起，本校教务长职务，敬请先生代理，相应函达，即希查照为荷！

此致姚舜钦先生

校长廖〇〇

一九五〇年八月廿八日

聘请周予同等担任特约讲席的函

本校教育系为充实教学内容，提高钻研水平起见，自本学期起，特设教育学术讲座，邀请专家，轮流作专题讲演。先生著述宏丰，士林景仰，拟请担任特约讲席，敬祈俞允，无任企荷！

此致周予同、谢循初、萧孝嵘、刘佛年、许杰先生

校长廖〇〇

一九五〇年九月六日

聘请耿淡如兼任政治系主任的函

敬启者：

兹聘请台端兼任本校文学院政治系主任（任期一九五〇年八月至一九五一年七月止），相应函达，务祈惠允担任为荷！

此致耿淡如先生

校长廖世承

一九五〇年九月九日

关于吕思勉担任文学院院长事复蒋维乔函

竹庄先生道右：

迩奉惠示，敬悉一一。

此间文学院院长职务在上学期原请诚之先生代理。本学期起，谨当遵命办理，仍望先生随时赐予教益，实深盼祷。

专复不一，敬颂道绥。

廖〇〇谨启

一九五〇年十一月一日

附录：蒋维乔的复函

茂如先生鉴：

近在高教会中得时时把晤，深为欣维（慰）。

据闻光华文学院院长，诚之兄仍是代理名义，在呈报教育部是否仍用贱名，果尔则名实不符，殊非所宜；且此次高等私校立案规定校（院）长必须专任，于诚明立案颇有障碍。

为此恳请卓裁，迅将诚之兄实任，是所盼祷，至希赐复为荷，专颂台安。

蒋维乔启

十月卅日

聘请赵国华担任机械工程教授的函

敬启者：

本校“机械工程”一课，原任教授刘正炯先生中途辞职，拟请台端自十一月份起担任讲授，附奉聘书一件，至希察收惠允担任。再十月份以前之教薪，业经致送刘先生收领。尊任教薪，自十一月份起致奉，补课钟点费，当另增奉，戋戋之数，聊表谢忱，并祈鉴谅为荷！

此致赵国华先生

附奉聘书一件

全衔校长室启

一九五〇年十一月一日

关于请徐中玉担任文艺学的函

敬启者：

本校本学期经聘徐中玉先生文艺学三小时，每周授课时间，仅周六来校一次，连续讲授三小时，相应函达，即请查照为荷！

此致沪江大学校务委员会

光华大学

一九五一年三月廿九日

呈请华东教育部核准参加土改教师的报告

一、本校教师参加土改者，计有代理教务长姚舜钦，商学院教授李志远，助教王光烈、祖鑫林，暨兼课教授夏炎、张一凡、程其襄、胡文淑等。

二、在出发参加土改期间，除教务长职务，推请商学院院长薛迪符暂代外，其余所缺课务，均拟俟参加土改工作完毕返校后，再行补授。

三、理合备文呈报，敬祈察核！

谨呈华东军政委员会教育部

全衔校长廖

一九五一年三月卅日

附录：华东教育部的批复

私立光华大学：

一、一九五一年三月三十日光（五一）一四八号呈悉。

二、准予备查，覆希知照！

部长吴有训

一九五一年四月十日

华东教育部关于华东区各高等学校下学期增添助教名额的通知

华东区各公私立高等学校：

（一）兹为有计划地继续培养高等教育师资并适应今后经济、国防等建设事业之迫切需要起见，在国家财政经济许可之前提下，各校得就本身实际情况与可能条件酌增若干助教名额作为培养师资之用。望即依照下列原则拟具适当名额，于四月十日前报部备核，以便本部研究处理：

1. 个别系科原有助教人数确属不敷目前教学工作上之需要者，得考虑增补之。

2. 与国家经济、国防建设有密切关系之重点院系（如理、工、医等）具有一定培养师资之条件者，可酌量增加名额。

3. 各校政治助教之配备，由本部统一考虑决定之。

（二）关于上项增添助教人选之来源暨应行具备之条件等项，容再另行通知。各校在本部未有统一布置前，任何人不得先行自相延洽，以免引起某些不必要之影响。

（三）希即知照办理为要！

部长吴有训

一九五一年三月二十二日

附录：关于向华东教育部呈送各院系拟聘助教名额的报告

兹遵照钧部三月廿二日教秘人字第〇二二六二号通知之规定，将本校下学期拟添聘助教名额开列如下：

一、文学院教育系拟添聘助教一人，帮助教学实习及搜集资料。

二、商学院工管系、经济系、国际贸易系拟合设经济研究室，如下学期经济条件许可，拟强聘助教二人，一主持统计工作，一搜集及整理资料。

三、理学院土木系拟增聘助教一人，襄助测量实习工作；又数理系拟增聘助教一人。

理合备文呈报，敬祈察核！

谨呈华东军政委员会教育部

全衔校长廖〇〇

一九五一年四月六日

呈请华东教育部核准应届毕业生留校任政治助教的报告

一、本校自本学期设置政治教学委员会统一领导政治教学实施以来，在政治课的教学、政治讲座的举行暨小组讨论、时事测验，以及各种爱国运动，均有具体成绩表现。兹为在现有的基础上更好的（地）开展政治教学的工作起见，迭经本校政治教学委员会多次开会讨论，一致认为必需自下学期起，添聘政治助教至少二人。

二、为了这一具体需要，经慎重考虑并已征得同意，拟将本届应届毕业同学罗昌淑（工管系）、唐馥梅（教育系）二人留校担任政治助教工作。因该生等对同学情况熟悉，易于开展工作。

三、是否有当，理合专案备文呈请察核示遵！

谨呈华东军政委员会教育部

全衔校长廖〇〇

一九五一年六月廿五日

附录：华东教育部的批复

光华大学：

一、六月廿五日光（五一）字第三三四号呈悉。

二、关于你校为应政治教学需要，提名增聘助教两名问题，已予登记，俟统一分配工作时予以考虑。

三、复希知照！

部长吴有训

一九五一年七月六日

关于姚舜钦代行校长的布告

敬启者：

廖校长奉中央教育部邀约于八月廿三日起至九月中旬止去京出席师范教育会议，在离校期间，所有校务托由教务长代行，相应转达，敬希查照为荷！

此致姚教务长

校长室启

一九五一年八月廿二日

附录：关于赴京期间由姚舜钦代行校务请华东教育部备查的报告

奉中央人民政府教育部八月十一日来函，以自八月廿七日至九月十日举行第一次全国初等教育会议及师范教育会议，特邀于八月廿四、五两日去京报到等因，在〇〇离校期间，校务托由代教务长姚舜钦先生代行，理合备文呈报，敬祈查照！

谨呈华东军政委员会教育部

全衔校长廖〇〇

一九五一年八月二十二日

何杰才教授因身体原因无法参加学习的函

谨启者：

本月四日接奉尊处转到华东教育部通知，拟调鄙人等参加革大政治研究院学习，诵悉之余，深以得此进修机会为幸。何奈鄙人在暑中患香港脚甚剧，迄今步履维艰。入秋后复患湿温，尚在医治之中。故对于目前参加学习，心虽向往，病体实所不许。一俟康健完全恢复，鄙人当自动申请补行学习，在未能恢复康健之前不得不暂停教育工作，以资休养，至希尊处复陈华东教育部为荷！

此复光华大学校长室

何杰才谨启

九、五

附录A：向华东教育部转呈何杰才因病无法参加学习的报告

案奉钧部九月三日教人（三）字第八三七三号通知，以嘱考虑伍纯武、何杰才先生参加革大政治研究院学习事，除伍先生之体格检查表及自传另案呈报外，何杰才先生处业经书面通知，兹由姚教务长前往访问与之洽谈。兹接何先生九月五日来函谓：“本月四日云云……为荷”等语，理合据情备文转呈，敬祈察核！

谨呈华东军政委员会教育部

全衔校长廖〇〇赴北京开会，教务长姚〇〇代行

一九五一年九月七日

附录B：华东教育部的复函

私立光华大学：

一、九月七日光（五一）字第四六四号呈悉。

二、你校何杰才先生，请求缓去政研院学习一节，如系健康不佳，可将体格检查表报来再议。如能坚持学习，应体会我部有计划培养师资之意图，仍以参加此次学习为宜。

三、即希知照！

部长吴有训

一九五一年九月十三日

附录C：向华东教育部呈送何杰才教授体格检查表的报告

一、关于本校政治系兼任教授何杰才因病未能前往参加革大政治研究院学习，请求俟康健完全恢复后申请补行学习一节，呈奉钧部九月十三日教人（三）字第八七三二号批复，略以“如系健康不佳，可将体格检查表报来再议。如能坚持学习，应体会我部有计划培养师资之意图，仍以参加此次学习为宜”等因，本校遵即通知何教授。

二、顷据何先生缴来体格检查表乙份，并称：“1. 华东教育部九月十三日教人（三）字第八七三二号批复于月之十六日转到；2. 翌日（十七日）即至同济医院登记体格检查，因登记人多，延至今日（九月廿三日）始得轮及检查；3. 兹将体格检查表附上；4. 鄙人素患失眠与手颤二病，为光华政治系同学所周知，医生谓失眠与手颤乃老年人神经衰弱之症，为普通体格检查所不及；5. 惟鄙人自知因失眠而精神常感痿顿，身体常感疲乏，不适于纪律化之学习生活；因手颤而不能书写，不能作学习笔记，更有碍于学习工作。”按何先生前曾向校声称患有失眠症，去秋胡继纯先生赴北京革大政治研究院学习，请何先生代课，因体弱辞不接受。至手颤不便书写，确为政治系同学所周知。

应否准其请假，俟健康恢复后补行参加学习之处，理合检呈体格检查表，备文呈请察核指示祇遵！

谨呈华东军政委员会教育部

附呈之件如文

私立光华大学校长廖世〇

一九五一年九月廿七日

第七辑 总务后勤与图书管理

一、总务

光华大学与德发建筑公司建设校门的合同

本合同于中华民国十五年 月 日，由光华大学（以下简称“业主”）与德发建筑公司（以下简称“德发”）协议订立。

兹因德发愿意遵守工程师所制绘图样、章程及说明书，承揽建造坐落上海西区法华乡大西路计造校门一座，计造价国币银元一千元整，所有人工物料均包括在内。其造法则遵照凯泰建筑公司工程师所出总样及本工程所出修正大样为准，期限自本工程动工之日起算，以四礼拜完全竣工，风雨无阻，并得业主及工程师完全满意为止。其他双方应负责任及一切手续悉照前订合同办理。

本合同一式三纸，由业主、德发及工程师各执一纸存照。

张寿镛

德发建筑公司书柬 卓敬三

工程师 杨锡镠

光华大学与光华消费合作社的合同

立合同：光华大学、光华消费合作社

今为承、出租合作社房屋，经双方议定条款如左：

租期以五年为限，自国历二十一年八月一日起至二十六年七月三十一日止。

每年租金言明一千一百元正，以十个月计算，每月一百十元整，按月付清，不得拖欠。

本合同一式二纸，各执其一。自订立合同之日起即发生效力，彼此不得中途废约。

满期之后，倘经双方同意，当可续定新约。

经双方议定增定条款如左

光华消费合作社房屋修理须由合作社担任

中华民国二十一年七月二十七日

立定合同者

合作社　钟声骏

张寿镛

光华大学与光华理发店签订借用房屋的合同①

立合同：光华大学、光华理发店，以下简称甲、乙方。

今为乙方借用甲方宿舍房屋，经双方议定条款如左：

租期以五年为限，自国历二十一年八月一日起至二十六年七月三十一日止。

每年由乙方津贴甲方水电费洋廿元正，分二期于每年年底付清，不得拖欠。

乙方除营业理发外，不得兼营他业。

本合同一式二纸，各执其一，自订立合同之日起即发生效力，彼此不得中途废约。

满期之后，倘经双方同意，当可续定新约。

乙方房屋修理，须由甲方担任。

中华民国二十一年八月一日

立合同者

张寿镛

光华理发部 樊明福

光华大学成都分部建筑物题名记

光华大学成都分部正式校舍之克建筑成功，始于川省政府刘故主席拨给库款赞助，川绅张仲铭、富安、寿龄昆季捐赠田地五十亩，作为校址，继之詠霓校长与霖甫副校长决定斯校将来永久留川计划，皆为成功之本。迨赠请川省人士接办，改为成华大学之时，校址已经扩充至一百五十余亩，建有房屋六百余间。霖甫副校长为使诸生永不忘热心赞助人士起见，曾就各建筑物分别题名，以资纪念。

丰寿堂：此为上海本校于民国廿四年张校长寿镛六十岁时，建筑礼堂，纪念王丰镐（省三）及张寿镛（詠霓）二公者也。成都分部开办之后，特移用之，示不忘本。

甫澄堂：四川省政府故主席刘湘甫澄公，赞助本校迁川。将教室一座，题名曰“甫澄堂”，用表纪念。

富铭堂：成都分部校址，为张仲铭、富安、寿龄昆季所捐助。将教室一座，题名曰“富铭堂”，用表纪念。

富荣堂：四川自流井地方，既有岩盐井，又有天然瓦斯，用以煎盐，为川省第一盐区。其地属富顺县及荣县合辖，故向称“富荣两场”，承捐校舍建筑经费。将办公厅一

① 《有关借用光华理发店宿舍房屋的合同》，华东师范大学档案馆。

座，题曰“富荣堂”，用表纪念。

祥熙堂：行政院孔副院长祥熙，曾于本校拨助建筑经费。将教室一座，题曰“祥熙堂”，用表纪念。

寿长堂：上海本校毕业校友陆寿长，字上之，江苏嘉定县籍，原为上海本校之教师，民国二十年春，奉张校长之命，来至成都办理总务。现有校舍及校景布置，皆由陆君设计。将膳厅一座，题曰“寿长堂”，用表纪念。

冠能堂：冠能公为谢霖甫、仁甫、雨辰昆季之尊人。冠能公逝世后，谢氏昆季以所受赙仪，建筑礼堂，题曰“冠能堂”，用表纪念。

季琴图书馆：为康心如、心之、心远昆季所捐建，以题斯名，纪念其先人季琴公。

康斋：纪念康宝志（字心之）先生之赞助。

鸣斋：纪念邓汉祥（字鸣阶）先生之赞助。

绩斋：纪念甘绩镛（字典夔）先生之赞助。

治斋：纪念王缵绪（字治易）先生之赞助。

灏斋：纪念翁文灏（字詠霓）先生之赞助。

可亭：纪念徐堪（字可亭）先生之赞助。

六三别墅：纪念民国十四年六月三日之立校节。

三一路：纪念民国二十七年三月一日成都分部之成立。

绍孚路：纪念陈绍孚先生之赞助。

金融路：纪念各银行之赞助。

文六路：纪念屈映光（字文六）先生之赞助。

剑霜路：纪念缪秋杰（字剑霜）先生之赞助。

蜀华路：纪念软蜀华实业公司对于成都分部校舍义务设计。

肇海路：成都分部校址，于仲铭先生捐地外，另行收购地亩扩充，承吴肇海先生接洽成功，故纪念之。

关于委派蔡莲荪前往市土地局办理土地执业证的函

敬启者：

查敝校基地前经贵局派员测量完竣，兹拟换取土地执业证，现由蔡莲荪生趋前面洽，幸赐指教，无任感荷。

此致上海土地局

光华大学校长张寿镛启

中华民国廿五年五月廿二日发

关于出售中山路校舍毁余木料、火砖、火瓦的合同

立合同：光华大学、荣昌木行（以下简称“甲、乙方”）

今乙方愿出代价法币一万四千元承买甲方坐落中山路校内大中学宿舍口字形房三十六、三十七教室，及东西两院、丰寿堂、化学实验室、新旧教职员宿舍、理工馆、疗养院、童子军团部、膳堂、浴室、附中合作社、科学馆、健身房全部木料、火砖、火瓦，经双方同意订定条件如左：

一、本约规定卖买双方以上述全部木料火砖大瓦为限。

二、乙方运件应领派司，委托甲方代办，并由乙方负担费用，暂定以法币四千元为标准，不在买价范围以内。

三、本约签订之日，乙方当付甲方保证金法币四千元正，不另制收据。

四、甲方代领派司以一个月为期，到期如尚未领出，得通知乙方展缓之。倘甲方认为无法领取派司时，即将乙方预缴之保证金如数退还，但不计利息。

五、派司在限期内或展缓之日领到后，乙方应将全部货款及代领派司费用如数付清（预缴之保证金可以抵充货款一部分），不得托词拖延或图解除承买责任，否则甲方得将乙方预缴之保证金全部没收。

六、派司有效日期以三个月为限。

七、乙方如遵守搬运规则，致发生任何意外事件或吊销派司时，甲方不负任何责任，倘情形严重，涉及甲方立场，应由乙方觅妥之保证人负无限责任。

八、甲方现有之理工馆及疗养院房屋两所，如届满派司有效期限，仍被驻军占用时，当由甲方找还乙方法币二千元，嗣后听凭甲方自由处置。

九、甲方所有全部房屋现存之各种铁器不在卖买范围以内，倘派司核准铁器亦能搬运时，乙方有优先购买权，但须另缴货价法币三千元正。

十、乙方觅定之保证人须负本约履行之全部责任，并放弃先诉及抗辩之权。

十一、本合同一式二纸，甲乙双方各执一纸为凭。

立合同：光华大学代表　　蔡莲荪

荣昌木行代表　　陈宝初

乙方保证人 源昌木号（印）

证明律师　　李容瑾

中华民国二十七年六月廿二日订

荣昌木行因材料损失请求减少收购费用的函

敬启者：

查小号荣昌向贵校订购中山路旧址焚毁校舍全部材料（包括水木石瓦等），内有完整房屋二所，计价二千元，是时驻有日兵。经双方议定暂时保留，并于合同内订明迨八月廿七日手续完备开始动工拆卸。

讵时仅四日，突有日人至工作地，不问理由，将该搬运证收去。敝行一筹莫展，惟恳贵校鼎力设法。乃自搬运证吊销，迄今二月有余，逐日消耗为数至巨。

迨至本月三日，贵校通知敝行，所谓重领派司业经舒齐。敝行翌晨偕同贵校李申吉先生，并雇工前往工作，及至目的地观察情形，则大异昨昔。盖所前拣落地上砖头三十余万块，完全被窃；而所谓完整房屋二所，亦一无存在；其他口字形新房子十之七八亦被搬去，科学馆亦去之大半，被窃之巨，实所罕见。

敝行小本经济，受此巨亏，属无可办理，不得已恳请贵校补救。所有完整房子二所，既经被窃，则应缴货价实难交付，所应请将敝行前次所立保证据一纸即予发还取销；至其余损失，应请恳设法补救，藉维血本。奉相应将经过情形函达贵校，至祈察照，俯准为荷。

此致光华大学并贵执事先生

十一月十一日

荣昌木号

附录：光华大学的复函

敬启者：

来函已悉，查阅历次签订合同规定，贵行原无例外要求之可言。兹为体念商艰计，业由本校派员调查。据复，旧校内前存砖料确有相当损失，来函请求将前定之完整房屋二所于可折时应付法币二千元赐予免缴一节，经本校一再考虑，姑准将该二屋保留应缴货价二千元取消，作为救济贵行所受损失之代价。惟该二屋须得该地驻军通知后方得拆卸，以免枝节，其所有前存保证收据准即注销，留校存查。准函前由，相应复请查照为荷。

此致荣昌木行

光华大学启

中华民国廿七年十一月廿五日

庶务组关于实验室用煤气费由大中学平均负担的报告

查煤气全系实验室所用，当属实验开支，似应由大中学平均负担之，可否？尚恳裁夺。

此呈校长张

庶务组谨呈

三十年四月十六日

附录：庶务组的答复

奉交庶务组关于煤气费用签呈一件，奉批“此项开支应否分担，即签注，以便再行核定”等因，遵查此项开支曾于去岁暑期前，奉张副主任核定“附中实验所用煤气无多，而预算收入又复为数有限，未便按月各半分担，每学期仅能于二百元范围内酌付若干”，本学期经济设计委员会第二次常会决议“共同开支不再支付”各在案。此项开支既属共同性质，应否增加预算以便酌付，抑于原列水电开支项下支付之处，仍祈核示。

潘子端 毛仲磐

三十年四月十七日

壬午补习社借用教室及校具的函

敬启者：

敝社为使贵附中同学得继续修学起见，拟就贵附中原址开班补习，事关学生学业，谅荷赞同。兹拟商借贵校中学部教室及应用校具，如桌凳、教室用具、办公室用具、实验室用具及打字机等等，以利教学，相应函达，即希查照转饬准予借用。不胜感纫。

此致光华大学

壬午补习社启

三十年十二月卅日

附录：校长室的复函

径复者：

接准台函，祇悉所请借用本校教室校具等应予照准，仍希将借用各物开送清单，以便存查。惟本校开学时应随时收回自用。相应函复，即请查照办理为荷。

此致壬午补习社

光华大学校长室启

中华民国卅一年一月年二日

关于呈教育部训令上海教育局等以便接收欧阳路校舍的请示

案查本校请拨校舍一案，兹奉行政院翁副院长手谕，略开“光华大学房屋事，兹接朱部长骝先函告‘欧阳路二二一号拨交光华应用，二二二号准由光华借用一年’，同样办法并已由教育部训令沪市教育局办理”等因，本校当即派员与市教育局接洽，据谓“尚未奉到部令”，因以接洽无结果。在本校亦以尚未接奉钧部明令，以致接收诸感困难。惟本校对于下学期校务进行亟待规划，所需校舍至为迫切。盖校舍一日不解决，复校工作即无法展开。用特呈恳钧部迅赐训令沪市教育局遵照办理，并通知苏浙皖区敌伪产业处理局，并乞指令本校，俾可便于接收。

谨呈教育部部长朱

私立光华大学代理校长朱言钧

中华民国卅五年五月四日

（复字第一七三号）

附录：教育部的代电

私立光华大学：

复字第一七三号呈悉，所请业经令饬上海市教育局遵办，并函苏浙皖区敌伪产业处理局协助接收，仰即径洽。

教育部

中华民国卅五年六月十日

（高字第〇三三五三）

军政部军医署关于移交校舍致翁文灏的代电

上海光华大学校董会翁董事长勋鉴：

案查贵校前请将上海欧阳路二二一、二二二号第五临时医院（前日本女子商业学校）院址拨交贵校使用一案，前经与行政院敌伪产业处理局洽定予以照办，并经本署以卯艳医沪代电军政部奉准在案。兹查该院日军病俘于本月十六日即可腾空结束，所有该院院址自应移交贵校接收。除分电第一绥靖区司令部卫生处马处长查照外，特电查照为荷。

军医署署长林可胜巳寒署医沪

中华民国卅五年六月十四日

（卅五署医沪第字一一四一号）

教育部关于转知联合勤务总司令部已移交校舍的代电

私立光华大学：

前据该校呈转请联合勤务总司令部迁让前日本第二女校校舍一案，兹准该部九月二十日（卅五）署医铨（一）字第一五五五一〇号公函称，“查该房舍（即日军第一七五兵站医院）业于日俘患者遣送完毕时先后交与暨南、光华两大学接收矣”等由，准此。除分行外，合行令仰知照。

教育部印

中华民国卅五年十月十九日

（高字第二六二七一号）

关于在校舍加筑篱笆呈请上海市工务局备案的函

查欧阳路二二一号及二二二号本校校舍前空地拟即加筑篱笆，以免被人侵占，相应函达，即希赐予备案并批复为祷！

此致上海市工务局营造处

私立光华大学校长朱经〇

中华民国卅五年七月廿二日

（复字第三三四号）

附录：上海市工务局的复函

接准贵校复字第三三四号公函，为欧阳路二二一号及二二二号校舍前空地拟架筑篱笆请予备案等由，查架筑篱笆接章应向本局领取执照后方可动工，相应函复，即希查照办理为荷。

此致光华大学

上海市工务局

中华民国卅五年八月七日

（市工卅五字第七三六七号）

恳请翁文灏为丰寿堂题额的函

詠霓董事长勋鉴：

敬启者。本校迁移修葺将次竣工，兹为纪念王前校董省三暨张前校长詠霓起见，仍将大礼堂命名为“丰寿堂”。兹特奉上黄纸一张，敬恳我公题字，以便制匾悬挂而资景仰。

耑此，祇颂勋绥！

弟朱经〇谨启

中华民国卅五年十月十一日

附录：翁文灏的复函

经农吾兄大鉴：

前奉赐函，嘱为光华大学丰寿堂题额，兹已照为书就，敬以送上察收。

此校于劫灭之余克告光复，既慰张王二公当初创建之殷，成为多数学人殷勤进修之地。甚赖长才主办率导，俾全校师生奋励修学，以贡献于国家前途之前进。

专函奉达，企望良殷，并颂时绥！

弟翁文灏敬上

十月二十三日

呈请上海市公用局在欧阳路装置路灯的函

查本校于本学期起迁入欧阳路二二一、二二二号上课，当时鉴于该路并无路灯，非特晚间交通有感不便，且治安方面亦颇有关系，曾经函请贵局设法装置路灯在案。乃时隔数日，未蒙照办，用再函请贵局迅赐装置，以利交通而维治安为荷！

此致上海市公用局

校长朱〇〇

中华民国三十五年十月廿一日

（复字第五二九号）

附录：上海市公用局的复函

接准贵校十月廿一日复字第五二九号公函祇悉。查欧阳路一带路灯早经本局装置，并饬闸北水电公司敷设灯线在案。惟该公司以材料缺乏，延未照办，致未放光。除再饬该公司于最近期内挂放灯线以便放光外，相应函复，即希查照为荷。

此致光华大学

局长赵曾珏

中华民国卅五年十一月二日

（市公卅五电字第一二二五九号）

呈请工务局修理欧阳路及四达路的函

查欧阳路及四达路均已年久失修，路面破损，崎岖不平，尤以天雨时洼地积水更属难行；倘有机动车经过，则泥浆四溅，行人却步。本校于本学期迁入欧阳路二二一、二号上课，大中学两部员生共有二千余人，走读者每日必须经由四达路转入本校，关系较切。用特函请贵科即烦饬工修理，以利交通，至纫公谊。

此致上海市工务局道路科

校长朱〇〇

中华民国卅五年十月廿一日

（复字第五三〇号）

附录：上海市工务局的复函

案准贵校本年十月二十一日复字第五三〇号公函，为函请修理欧阳路及四达路以利交通等由，准。即转函第五区工务管理处核办去后。兹准复称，“查欧阳路及四达路煤屑路面，计面积1 430平方公尺，约需款一二八七万元。该路仅为光华大学交通之道，非本区内重要者，可暂缓修理。若该校自愿出资兴修，本处自可代为办理。请先洽光华大学，俟决定后再编详细预算送核”等情，相应复请查照为荷。

此致光华大学

上海市工务局道路处启
中华民国卅五年十一月廿二日
（路字发文第二四一八号）

呈请上海市地政局丈量大西路校地的函

径启者：

敝校原校址上海大西路中山路口所有基地兹遵章声请登记，业已托由中国银行信托部代办登记手续，只以原有册证在战时稍有遗失，尚待整理。兹将土地98亩4分2厘2毫之有关证件先行检送鉴察，其余拟请贵局实施丈量，俾补行登记，以资完备。顷以登记期限已近，用特函恳，务希俯准照办，实为德便！

此致上海市政府地政局局长

光华大学校长朱经农敬启
三十五年十月廿六日

呈请行政院善后救济总署上海分署赐拨修路材料及面粉的函

敬启者：

本校奉教育部令准迁入欧阳路二二一、二二二号校舍上课，但该处地段崎岖不平，天晴则风沙扑面，遇雨则泥泞难行，并有数处污池积水，若机动车经过，行人辄被溅及。兹拟请市工务局于四达路及欧阳路至其美路之数段路面加以修理，敬恳贵署赐拨修路材料及面粉（作为工人工资）等，除另函市工务局请予照办并计算所需工料与贵署函商外，用特专函奉恳，敬祈照拨，以便即日修理为祷。

此致行政院善后救济总署上海分署署长

光华大学校长朱经〇
中华民国卅五年十一月廿日
（复字第六三二号）

附录A：呈请行政院善后救济总署上海分署拨款修理校舍及整顿操场的函

敬启者：

本校复校伊始，诸待整顿。惟恪于经济，不得不仰赖外界掖助。兹拟就校内原有破木屋，略加修理，作为体育办公室及教职员宿舍之用。除木料自备外，尚缺油毛毡廿卷。再本校曾充敌俘伤兵医院，致校园操场中遍积垃圾及野草，且有多处高低不平，致学生体育活动无法举行。若稍加整顿，非数千人工莫办。素稔贵署热心公益，爱护教育，用特缮具工程估计表及工程进度表各一份，送请审察，祈准予拨助，以便兴工，不胜感祷。

此致行政院善后救济总署上海分署署长

光华大学校长朱经〇
中华民国卅五年十一月廿日
（复字第六三三号）

附录B：善后救济总署上海分署的复函

接准贵校本月二十来函，以校舍地段崎岖不平，拟请工务局于四达路及欧阳路至其美路之数段路面加以修理，嘱拨助材料及面粉等由，准此。查修路工程应由工务局主办，所需材料亦应请该局估计统筹。惟关于人工方面，本署可依照工赈办法酌助面料以示协助。仍请贵校派员与工务局径洽，以资便捷。除另函工务局外，相应函复，即希查照为荷。

此致光华大学

善后救济总署上海分署启
十一月廿七日
（沪总字第一二二五号）

呈请上海市地政局准予补发土地执业证的函

径启者：

查敝校所有法字第一三二四五号土地执业证壹张，座落法华区五图辰字圩二号四十三丘土地八亩五分捌厘四毫，于沪战时转辗迁移致被遗失。除登报声明外，用特填具换状声请书，并检同中央日报三张、保证书一张，一并随函附奉，务希贵局准予补给新状，以便执业为荷！

此致上海市地政局

光华大学校长朱经〇谨启

中华民国卅六年一月十五日

善后救济总署上海分署工赈股关于递交工程简明报告的函

敬启者：

贵校遭敌破坏，请求工赈补助事项，业经如命办理，行见旧观顿复，焕然一新，欣慰之感，彼此所同。惟本署奉行工赈办法，按诸手续，尚须分期呈报备核，故盼贵校对工程进度，能常以简明报告见示，并祈将破坏情形及施工时、完工后之各种形态，拍成照片，借供查考。如蒙赐，可即请从速掷寄黄浦路十七号三百卅四室本署工赈股交本人收为感。事关手续，殊非得已，请乞谅察是幸！

敬颂教祺。

此致光华大学校长

兼工赈股股长张登瀛敬启

中华民国卅六、一、七

附录：光华大学的复函

径复者：

接准大函，祗悉一是，嘱将前准敝校工赈补助关于工程进度以简明报告见示等由，自当照办。惟因近来时常天雨，操场浸湿，未克工作；且以敝校现值春节休假，各部人员多有回籍者，则于工作上自更无联络咨商。以此之故，拟特下学期开学后再行开工，并将工程进度随时报告。至前领油毛毡及代工面粉，当妥为保存校中。知荷锦注，先此奉复。

此致张登瀛先生

光华大学校长朱经〇

中华民国卅六年一月廿日

（复字第八〇四号）

呈请善后救济总署上海分署续拨面粉的函

径启者：

前请准贵署补助工赈整顿校园，自兴工以来，现已将操场填平，垃圾清除，惟尚有数处工程，如移去土堆、填平水塘水池及清除野草、日敌埋尸之处等，尚未进行。兹拟申请继续拨助代工面粉六拾包，俾全部工程得以完竣，无任盼祷！

此致善后救济总署上海分署

光华大学校长朱经〇

中华民国卅六年三月廿六日

附：善后救济总署上海分署的复函

接准三月廿六日贵校大函，备悉一是，所请续拨工赈面粉之处，本署勉予特别通融，酌拨联总粉肆拾袋，以资完成未了工程。相应函复，即希查照来署洽领为荷！

此致光华大学校

善后救济总署上海分署启

四、十八

（发文沪赈卅六字第四六四号）

苏公隽建议设法申请附中校舍的函

经农、茂如先生均鉴：

光华附中屋宇前经商定租借一年，瞬将届满。鄙意亟应设法申请拨用，以图久远。

政局变幻无常，目前翁詠公、朱骝公方面均尚有接近之人，不难商洽。若不趁此时机，将来或竟（竟）无法办理，乃惄焉忧之，尚祈裁夺。

又大西路地皮弃置不用，亦殊可惜。曷不设法出租，亦生财之道也。

匆上，顺颂道安。

苏公隽拜启

四、十六

附录：关于附中校舍问题给苏公隽的复函

公隽先生大鉴：

顷奉华翰，欣悉一一。附中校舍租借一年诚非久计，尊见极为允当。世承前日晋京，曾与教部中等教育司曹司长商谈，已获谅解。骝公处拟恳公起先生从旁进言，再由校中补呈公文，尊意以为何如？

专此奉复，即颂道安。

朱〇〇、廖〇〇拜启

中华民国卅六年四月廿一日

呈请上海市地政局局长祝平赐洽张祖培并惠予便利的函

兆觉[①]局长吾兄台鉴：

兹托者，敝校中山路校址前在沪战时以地处衔冲要，致校舍全部被毁，所有土地产证业去年委托中国银行信托部送请贵局办理土地登记在案。最近迭奉贵局补正手续通知单，嘱邀同出卖人各带身份证来前候询等由，查敝校校产购置已久，其中一部分系由校董私人捐助者，而原权利人大都早已去世，更以原经管人员几经更易，并以敝校在沪战时数度迁移，以致旧有契据单串或有缺少不全情形。兹特由敝校张总务长祖培来前面陈，务希赐洽并转知审查室移转组及方单组主管人员在可能范围内惠予便利，如有必要，当取具妥保，以证实在。

专函奉渎，尚祈惠予协助，无任感荷！

祇颂台祺！

朱经农

三十六年四月二十三日

---

① 祝平，江苏江阴人，原名肇阶，字兆觉，时任上海市地政局局长。

恳请徐公起转呈教育部有关函件的函

公起先生道鉴：

奉读惠笺，祗悉一是。敝校附中校舍事，诸承关切，铭感何如！此事得吾公协助，一言九鼎，定可预卜其成。兹遵嘱备就詠公与经农致部座函两件，一并随函附上，至希惠予转陈，无任感祷。

专此奉恳，顺颂道安。

弟朱〇〇、廖〇〇拜启

中华民国卅六年四月卅日

翁文灏请朱家骅协助解决附中校舍的函

骝先吾兄部长勋鉴：

光华校舍事曩承鼎助，弥切钦迟。抗战期中，上海各大学所蒙损失，确以光大为最也，当在洞鉴之中。现以附中校舍发生重大困难，仍乞吾惠予协助，俾莘莘学子免辍弦歌。

特函奉恳，即颂勋安。

弟翁〇〇拜启

中华民国卅六年四月卅日

邀请翁文灏主持德生堂落成典礼的函

詠霓先生道席：

本校宿舍德生堂业已落成，敬请我公主持落成典礼。何日旌麾莅沪，祈先赐示，以便筹备为祷。

耑肃，敬颂道安。

弟朱经〇拜启

中华民国卅六年十一月十八日

附录：翁文灏的复函

经农校长我兄大鉴：

接奉函示，光华宿舍德生堂已获落成，所有典礼弟恐不及到沪参加，敬乞主办为荷。

此颂时绥。

弟翁文灏敬上

十一月廿一日

呈请行政院准予续借欧阳路校舍的报告

案查本校原有上海大西路校舍，于八一三战役被国军驻作据点以抗敌军；及国军西移，致遭敌军全部焚毁，乃租借证券大楼开学。抗战胜利后，曾遵教育部令填报损失并呈奉拨给欧阳路敌产校舍为现校舍；嗣又奉批价饬承购置节，经先后分别呈复各在案。窃本校于抗战中独遭惨重损失而弦诵始终未辍，复校以来，虽勉负艰巨，苦心经营，究以挹注困窘，仅能维持现状。以言恢复原有校舍，固非短时期力量所能及。若承购现有校舍，以估价过昂更无法筹措此一巨款。爰经再四商讨，惟有俟将来筹得充分基金后将大西路原校舍逐渐恢复。惟在未恢复以前，拟请将现有校舍继续借予使用，一俟原校舍恢复，当即奉还政府。为此渎呈，伏乞俯赐核准示遵，实为教育幸甚！

谨呈行政院院长张

私立光华大学董事长翁〇〇

校长朱〇〇

中华民国卅七年三月十六日

（光秘卅七字第一八四号）

附录A：呈请翁文灏面递呈文并促尽早批示的函

詠霓先生道席：

关于本校校舍事，已经校友沈昌焕兄（现任蒋主席随从秘书）面与张院长岳军先生商洽，允予继续使用。爰以校董会名义具呈行政院。兹特奉上，敬祈面递张院长，并促迅赐批示为祷！

耑肃，祗颂道绥！

附呈文乙件

弟朱经〇拜启
中华民国卅七年三月十六日
（光秘卅七字第一八五号）

附录B：行政院的批复

具呈人私立光华大学：

卅七年三月十六日光秘卅七字第一八四号呈，为本校原有校舍未恢复以前请将现校舍继续借予使用由，呈悉。准将上海欧阳路二二一号及二二二号两处敌产校舍，交该校继续保管使用，应仍按规定缴付使用费。除分行苏浙皖区处理敌伪产业审议委员会外，仰即遵照！

此批！

国民政府行政院印
中华民国卅七年四月七日
［（卅七）七外字第一六四五六号］

呈请行政院将校舍使用费核减至最低限度的报告

案奉钧院本年四月（卅七）七外字第一六四五号批复，准将上海欧阳路二二一号及二二二号两处敌产校舍交本校继续保管使用，应仍按规定缴付使用费，仰即遵照等因，奉此，自应遵办。惟兹接苏浙皖敌伪产业清理处通知，为本校现校舍使用费自卅四年九月一日起至本年三月卅一日，共应缴付国币肆亿捌千叁百柒拾壹万陆千元正，嘱即清缴等由。窃本校因抗战期间损失惨重，复校以来虽勉力设法维持，究以经济支绌，遇事辄感困难，对上开数目自更无力负担，而亦无法筹措。为此恳请钧院俯念本校情形特殊，准将使用费核减至最低限度，俾得量力缴付，实不啻受公家之补助也。伏乞批示祇遵为祷。

谨呈行政院院长张

光华大学董事长翁文〇
校长朱经〇
中华民国卅七年五月三日
（光秘卅七字第二八九号）

中央信托局苏浙皖区敌伪产业清理处关于缴房屋使用费的通知

奉行政院（卅七）七外字第一六四五六号代电开，“据私立光华大学本年三月十六日呈，以该校原有校舍被敌军焚毁，短期内难以恢复，若承购现有校舍，以估价过昂，无法筹款，拟请在原有校舍未恢复以前，将现有校舍继续租用，请核准示遵等情。查该校使用上海欧阳路二二一及二二二号两处敌产房屋原已核准交该校缴现承购，兹既据称估价过巨，无法筹款，准予撤销原议，仍交该校继续保管使用，并应按规定缴纳使用费，除批复外，仰即遵照洽办”等因，自应遵办。查本市欧阳路二二一、二二二号敌产房屋使用费，自卅四年九月一日起至本年三月卅一日，共应缴付使用费计国币肆亿捌仟叁百柒拾壹万陆仟元正，相应检附使用费通知单一纸，即希查照，迅即派员径向广东路八十六号本局房屋地产处清缴为荷。

此致光华大学

中央信托局苏浙皖区敌伪产业清理处
中华民国三十七年四月廿八日
［（卅七）沪理地字第三四一六〇号］

附录 A：光华大学的复函

接准本年四月廿八日（卅七）沪理地字第三四一六〇号通知，检送本市欧阳路二二一、二二二号敌产房屋使用费通知单，请查照迅即请缴等由，准此。本应照办，惟本校原有校舍因抗战期间国军进驻，日军围攻，损失惨重，乃至片瓦无存。复校以来，虽勉力设法维持，究以经济支绌，遇事辄感困难，对贵处所开使用费数目过巨，实感无力负担，除呈请行政院准予减外，相应函复，即希查照为荷。

此致中央信托局苏浙皖区敌伪产业清理处

校长朱经〇
中华民国卅七年五月三日
（光秘卅七字第二八九号）

附录 B：中央信托局苏浙皖区敌伪产业清理处的复函

准贵校光秘（卅七）字第二八九号函，以本市欧阳路二二一、二二二号敌产房屋使用费，以经济支出绌遇事辄感困难，实无力负担，嘱查照等由，经电准行政院秘书处（卅七）七外字第三四一六六号代电开，“关于光华大学请核减敌产房屋使用费一节，查中央机关在沪使用敌伪房屋，其使用费前经本院核定，未便折减。本案光华大学住用敌产房屋使用费，似亦未便特予核减。经陈奉谕‘如拟照办’等因，相应电复查照”等由，相应检附使用费通知单一纸，复希查照，惠即扫数径向广东路八十六号本局房屋地产处清缴，以凭转报为荷。

此致光华大学

中央信托局苏浙皖区敌伪产业清理处

中华民国三十七年八月廿二日

[（卅七）沪理字第四一七九五号]

附使用费通知单一纸：

中央信托局房屋地产处通知单

光华大学：

查贵校使用欧阳路二二一、二二二号敌产房屋应缴付使用费如下：

起迄月份							每月使用费额	合计	附注
年	月	日	至	年	月	日			
34	9	1		35	12	31	3 100 750	49 612 000	
36	1	1		36	8	31	6 201 500	49 612 000	
36	9	1		36	12	31	18 604 500	74 418 000	
37	1	1		37	7	1	103 358 000	723 506 000	
								897 148 000	

注意：

1. 本通知单使用费额系依照本局苏浙皖区敌伪产业清理处核定标准计算。

2. 住户接到本通知单后应于规定限期内携带最后使用费收据（未缴付使用费者应携带最后房票）前来广东路八十六号本处经租科付清帐款。

3. 本通知单应缴款项限卅七年八月三十日以前付清，逾期未付者概照付款月份使用费额计收。

4. 本通知单如有错误慨（概）以本处账册为凭。

中央信托局房屋地产处

陈大慰

呈请行政院核准以最低价格承购欧阳路校舍的报告

案查本校奉令复校时奉教育部拨给欧阳路敌产校舍为现校舍，嗣又奉批价饬承购置节，经先后分别呈复，并于本年三月复缕陈本校经费困难，呈奉钧院四月（卅七）七外字第一六四五六号批复，准将现校舍交本校继续保管使用，仍应按规定缴付使用费等因，旋又接准苏浙皖区敌伪产业清理处通知，自卅四年九月一日起至本年三月卅一日止共应缴付使用费国币肆亿捌千叁百柒拾壹万陆千元整，嘱即清缴等由。当以所开数目甚巨，无力负担，呈恳钧院核减至最低限度，俾得量力缴付，各在案。惟乞今尚未奉复示，而使用费亦未能照付，自应亟谋解决。爰经本校校董会会议议决，应请求钧院俯念本校情形特殊，准现校舍全部核定最低价格，设法筹款承购等因记录在卷，除以前所有详情均经胪陈有案邀免赘叙外，理合备文呈请钧院鉴核，伏乞准予所请，并批示祇遵为祷！

谨呈行政院院长翁

全衔校长朱〇〇

中华民国卅七年七月廿三日

（光秘卅七字第四三二号）

附录：行政院的批复

具呈人私立光华大学校长朱经农：

卅七年七月廿三日光秘（卅七）字第四三二号呈，为本校欧阳路校舍经校董会议议决请求核定地最低价格筹款承购请核示由，呈悉。

上海欧阳路敌产校舍，准予仍交该校按时值估价缴现承购。除饬苏浙皖区处理敌伪产业审议委员会核办外，仰径洽办为要！

此批。

行政院印

中华民国卅七年七月卅一日

［（卅七）七外三四七〇〇号］

呈请翁文灏召开校董会商讨出售大西路校产的函

詠霓吾公董事长有道：

日昨星联兄返沪报告吾公对本校承购欧阳路敌产一节表示赞同，并承指示申请分期缴款手续，当遵旨办理。惟出售大西路校产一案似应请在沪校董讨论通过，拟于本星期日十七日召开校董会。届时吾公如不能莅沪主持，可否请函请钱新之先生代表。如何之处，尚祈尊裁并请赐复是幸。

专此，敬请勋安。

弟朱经〇手叩上

中华民国卅七十月十四日

翁文灏邀请校董参与的通知

敬启者：

本会定于本月十七日（星期日）午后三时半假座北京西路一四〇〇弄觉园十一号张宅开会，届时务请拨冗惠莅，无任企祷。

此致〇校董〇〇先生

光华大学校董会董事长翁文〇谨启

中华民国卅七年十月十四日

关于校董会出售大西路校地会议记录致翁文灏的函

詠霓吾兄董事长有道：

昨日校董会开会讨论出售大西路校产之一部，购入欧阳路敌产事，结果圆满。除请奚玉书校董面陈一切外，兹寄上会议记录一份及授权书一纸，请签章后掷下为祷。

专此，敬请勋安！

弟朱经农拜上

中华民国卅七年十月十八日

附录：有关经售校地的授权书

兹授权本校校董赵晋卿、朱经农、奚玉书、张星联四先生负责经售本校大西路基地之一部，并由朱经农校董兼校长代表本校签订合同。

特此授权！

光华大学校董事长翁〇〇

呈请行政院同意承购校舍先缴估价款半数的报告

查本校欧阳路校舍，前经校董会议议决请求核定最低价格筹款承购，经已专案呈请钧院核定在卷。兹准中央信托局苏浙皖区敌伪产业清理处本年十月廿六日（卅七）沪理地字第四五五七六号公函，以奉钧院本年七月卅一日七外字第三四七〇〇号电令，准予仍按时值估价由校缴现承购等因，提经处理敌伪产业审议委员会第二六五次会议决议，准照所估价金让售，所有价款计欧阳路二二一号房屋基地估价金元五十八万四千三百七十元，二二二号房屋地基估价金元三十三万三千五百八十七元，两共金元九十一万七千九百五十七元，限于文到两星期内缴清承购，转嘱查照办理等由，自应照办。

惟因私立学校经费来源有限，一次筹措巨额价款，实属力所难胜。兹准前由，除拟依限于两星期内先行缴纳价款半数外，其余半数拟于六个月内分期缴清。

理合备文，呈请察核赐准，并转饬中央信托局苏浙皖区敌伪产业清理处知照，以示体恤，实感公便！

谨呈行政院院长翁

（全衔）校长朱〇〇

中华民国卅七年十月廿九日

［光秘（卅七）字第五六六号］

向中央信托局苏浙皖区敌伪产业清理处告知承购校舍缴款办法的函

案准贵处今年十月廿六日（卅七）沪理地字第四五五七六号公函以本市欧阳路二二一及二二二号敌产校舍及基地准照所估价金让售，所有价款计二二一号房屋基地估价金元伍拾捌万肆仟叁佰柒拾元、二二二号房屋地基估价金元叁拾叁万叁仟伍佰捌拾柒元，限于文到两星期内缴清承购，嘱查照办理等由，自应照办。惟因私立学校经费来源有限，一次筹措巨额价款，实属力所难胜。现拟依限于两星期内先行缴纳价款半数，其余半数拟于六个月内分期缴清。除呈请行政院察核赐准外，相应函复，即请查照为荷！

此致中央信托局苏浙皖区敌伪产业清理处

校长朱○○

中华民国卅七年十月廿九日

（光秘卅七字第五六七号）

中央信托局苏浙皖区敌伪产业清理处告知承购欧阳路校舍估价及办法的公函

案奉行政院本年七月卅一日七外字第三四七○○号代电开，“据私立光华大学校长朱经农呈，为本校欧阳路校舍经校董会议议决请求核定最低价格筹款承购请鉴核等情，查该校使用上海欧阳路敌产校舍前经本院核准，交该校缴现承购有案，兹据前情，准予仍按时值估价，交该校缴现承购，除批复外，特电仰办具报”等因，自应遵办。

兹将贵校使用本市欧阳路二二一及二二二号敌产校舍及基地按现值重行估价，提经本区处理敌伪产业审议委员会第二六五次会议决议，“准照所估价金让售该校，价款限文到两星期内缴清，惟附中部分有土地二亩五分余，尚有产权纠纷，应在估价内暂为剔除”等语记录在卷，除将有产权纠纷部分二亩四分七厘四毫（即新市亩分计二亩五分○二毫）剔除外，计欧阳路二二一号四、三、一层钢骨水泥及砖木结构学校房屋四幢，附游泳池一座，连同敌产基地二十三亩一分九厘七毫（另有民地不在其内），估价金圆伍拾捌万肆仟叁佰柒拾元，欧阳路二二二号三、二、一层砖木结构学校房屋四幢，连同基地二十七亩一分四厘二毫，估价金圆叁拾叁万叁仟伍佰捌拾柒元，相应函请查照，于文到两星期内备价径向本局房屋地产处缴款承购，幸勿逾限为荷！

此致

私立光华大学校

中央信托局苏浙皖区敌伪产业清理处

中华民国三十七年十月二十六日

［（卅七）沪理地字第四五五七六号］

附录：向中央信托局请示承购校舍手续的函

径启者：

日前承贵局陈局长面告敝校暨附中使用欧阳路二二一及二二二号敌产房屋奉行政院七外字第三四七〇〇号代电核令准按时值估价由该校承购等因，经分别估价为金圆584 370及333 587元，行政院令规定九月底缴清等语，兹经敝校翁董事长面谕决定承购，请即将承购手续示知为祷！

此致中央信托局

光华大学校长朱经农启

中华民国卅七年十月十三日

向上海市地政局报送大西路地价税缴款书处理办法的函

查本校大西路原址所有地价税缴款书经查尚缺少十三件，所缺缴款书部分应缴税款已否缴纳无法查明。如已按年缴迄（讫），拟请分别补发证单；如未清缴，应如何办理补救手续，亦请函示。

相应开具缺少地价税款书清单一份，备函送请查照惠复为荷！

此致上海市地政局

附清单一份

校长朱经农

中华民国卅七年十一月四日

（光秘卅七字第五七六号）

附录：上海市地政局的复函

案准贵校本年十一月四日光秘（卅七）字第五七六号函，为抄送本校大西路原址地价税缴款书缺少清单嘱查照见复等由，附清单乙份，准此。

查贵校附送清单所列各丘土地，卅五、六两年度地价税除内中两丘以税额未满二百元应予免征外，其余各丘均经完纳。兹抄附各丘土地完税情形清单乙份，随函送达，即希查照为荷！

此致光华大学

附清单乙份

局长

中华民国卅七年十二月八日

［（卅七）沪地陆发字第三五九一一公函］

敦促成泰营造厂尽快供应材料的函

径启者：

查本校前为建造图书馆曾请贵厂估价包工并于上年九月廿三日签订合同，嗣因贵厂拒包工程，乃改由欧迪公司承包，至合同中所订之材料则仍由贵厂供给。惟贵厂迄未依照规定将应送材料如期如数送到，至今缺少数量甚多，刻下需用材料孔急，尤以红瓦刻不容缓。屡次催送，贵厂皆答以尚未运到诿推责任，以致工程停顿，损失极巨。相应将应送、已送及缺少数列表函达，即希查照，克日将各种未送材料送齐以符规定，否则此项损失自应由贵厂负责认偿。

此致成泰营造厂

光华大学校长朱经农

中华民国卅七年二月三日

呈请上海市工务局疏通欧阳路水沟的函

径启者：

本校全部阴沟近已疏浚，惟因欧阳路大沟渠不通，以致内部沟水仍不能向外流出，相应函达，即希查照惠予派工前来修理，至纫公谊。

此致上海市工务局

光华大学启

中华民国卅七年三月十日

（光秘卅七字第一七四号）

附录：上海市工务局的复函

前准三月十日光秘字第一七四号函请疏通欧阳路阴沟一案，业经本局第五区工务管理处于三月二十日办理完竣，相应复请查照为荷。

此致光华大学

上海市工务局沟渠工程处

中华民国卅七年四月十七日

（工渠施卅七第一二七七号）

呈请上海市警察局禁止居民挖掘大西路泥土的函

径启者：

本校胜利复员后，因大西路原址毁于炮火，乃迁寓欧阳路现址，大西路旧址由本校派员看守。兹据看守人报称，该处基地近为附近居民结伙发抽（掘）三和土，劝阻无效云云。用特派总务处张长赓先生趋前面恳贵局转饬该管区分局派出所严予禁止，以免侵害所有人之权益为祷。

此致上海市警察局

光华大学校长

中华民国卅七年九月廿五日

呈请俞叔平局长转饬北四川路分局对添建宿舍提供便利的函

叔平吾兄局长勋右：

敬启者。敝校本期开学学生人数激增，势非扩充校舍不能安定学业，拟即添建男女学生宿舍各一幢。兹为争取时间，以应实际需要起见，除一面兴工，一面赶办请领执照手续外，特烦察照，惠予转饬北四川路分局予以便利进行，实所感幸。

耑此奉恳，敬颂勋绥。

弟朱〇〇、廖〇〇拜启

中华民国卅七年十月廿六日

成立消费合作社光华大学分社的通告

本社昨经第一次筹备会议议决成立，故招股事宜，亟待展开，希当选筹备委员暨各教职员踊跃认股，共策群力，而谋大众福利。

附本社第一次筹备会会议记录壹份

筹备主任廖世承

中华民国三十六年三月十九日

附：上海市专科以上学校教职员生消费合作社光华大学分社筹备处第一次筹备会议纪录

时间：中华民国三十六年三月十八日上午十时

地点：本校三楼会议室

主席：廖副校长世承

纪录：沈曾圻

出席者：廖世承、容启兆、陈青士、胡祖荫、沈延国、张祖培、姚舜钦、徐竟、沈曾圻、严洪开、谢冠英、郭华山、李大伟、徐昌鲁、倪绍琮、方正、朱子开、诸蘅、黄如意、施际平、沈秉元、张铸华、唐天麟、王有棼（沈曾圻代）、张启曾（吴镜清代）

甲、主席报告（略）。

乙、筹备工作及筹备经过情形报告（略——唐天麟同学）。

丙、设立合作分社修正章则解释（略——胡祖荫先生）。

丁、讨论事项。

1. 合作社是否需要独立存在，抑或附属于总社案（主席交议）

议决：决定附属于总社。

2. 本校分社应如何征集资金案（主席交议）

议决：除由校方付出提倡股金（保证金）法币肆佰万元外，同学方面由各筹备委员及各学会负责人负责征集，最低标准可征得法币贰百万元，缴集教职员股款由筹备委员负责。所有股款限于本月底前（三月三十一日前）统集汇缴本校会计室。

3. 业务人员应如何选定案（主席交议）

议决：经理由校方推举先生一位担任之，另请总社方面遴派实际主持业务工作者一人，主持本社所有有关业务方面事情，其他事务会计等职由同学分任之。

4. 本社筹备处应如何推选筹备委员常务委员案（唐天麟同学提）

议决：推举廖副校长为筹备主任，沈延国先生、胡祖荫先生、沈曾圻同学、唐天麟同学为筹备委员，本日出席之教职员及同学为筹备会当然委员。

戊、散会。

关于校舍被占致上海电信局等部门的函

径启者：

本年一月十日起，本校大中两部校舍，已被国防部联勤总部陆军第一训练处官兵及装甲部队占用，所有使用电话、水电消耗次数无法控制，除由本校径与接洽外，相应专函奉达，即希查照为荷！

此致上海电信局、闸北水电公司

私立光华大学启

一九四九年二月二日

附录：上海电信局的复函

接准贵校光秘（卅八）字第六四八号函，以大中两部校舍为军队占用，电话使用次数无法控制，嘱查照等由。准查用户电话在未变更户名以前，所有逐月应缴话费，仍旧由原用户负责缴付，相应函复，即希查照为荷！

此致光华大学

交通部上海电信局

一九四九年二月五日

呈请闸北水电公司重新核算应缴水电费的函

径启者：

本校为欠水电费事曾荷派员催缴，转由本校派员前来贵公司洽商办法，因未获有结果，深用怅歉。

兹为迅求合理解决起见，除卅七年十二月份水电费如数照缴外，至于卅八年一月份适在寒假期中，本校实际耗用水电数量当与卅七年一月份数量相同，其超出部分显为驻校各军事单位所耗用，而不应由本校负担者。可否即请按照本校卅七年一月份耗用水电度数乘以本年一月份水电价格作为本校卅八年一月份水电费应缴数额，以昭公允之处。

仍请查照惠复，以便照缴为荷！

此致上海闸北水电公司

私立光华大学

一九四九年三月五日

呈请上海市地政局局长沈振家勘丈校基的函

振家局长吾兄惠鉴：

前此餐聚，畅谈为快。

启者。敝校欧阳路校产承购有日，惟因未经丈量，以致无法请领所有权状。兹为确保学校产权起见，可否烦请吾兄提早派员来校勘丈？如荷见允，同深感篆。

专此不一，祇颂公祺。

廖○○敬启

一九四九年三月廿八日

附录：市地政局沈振家的复函

茂师道鉴：

顷奉手谕，以光华大学欧阳路校基尚未丈量，承谕派员来校勘丈。经饬科查明原契已附有地形图，可毋庸勘丈，刻已在绘制图稿，一俟完俊（竣），即可饬签。

知关垂注，谨此奉闻。

敬请道安。

受业沈振家

谨启四月一日

中央银行商请所购中山路校区的校门拆迁或转让的函

查本行所购贵校中山路基地，即将建筑宿舍。该基地上，尚有平房一幢、茅房一间、校门一座，除茅屋住户已由本行派员接洽迁让外，其平房及校门应请从速拆迁，如校门不欲拆迁，可否转让本行应用。

特此函达，即希查照，见复为荷。

此致光华大学

中央银行秘书处副处长张锐

一九四九年四月七日

附录：光华大学的复函

接准贵行本年四月八日秘字第一五〇五号函，以所购中山路基地上平房及校门可否转让嘱复（咐）等由。查前项基地上校门及平房，均可转让。惟平房内住户亦请贵行自行处理。

兹准前由，相应复请查照办理为荷！

此致中央银行

私立光华大学启

一九四九年四月

本学期之设施①

本校为争取国家主权，于“五卅惨案”时成立，迄今已二十有四年矣。淞沪战事发生，大西路校舍悉为敌人炮火所毁，乃在市区租屋，暂维弦诵。其间所历困苦，难以言状。胜利后，几经交涉，得迁入欧阳路新校址；前年又添建清永图书馆及德生堂，去冬复备价向敌产管理处购进新屋及基地；于是规模粗具，渐有复兴之象矣。缅怀前校长张公詠霓暨诸校董之辛苦经营，以及历届同仁之努力匡襄，使本校仍得有今日之进展，饮水思源，感慨系之。

胜利之初，校政由朱经农先生主持。去冬朱先生奉派出国，辞校长职，校董会乃聘世承代理校务。自维薄德，鲜有建树，值此扰攘之秋，更不敢多所更张，亦惟萧规曹随，使一切设施，得顺利进行而已。

本学期之设施，可得而言者，约有数事：

一、谋同仁生活之安定：在此米珠薪桂之时，物价不断上涨，早晚之间，市价可变易数次，私校教职员收入有限，实有饔飧不继之虞。学校惟有在可能范围内，紧缩开支，保持币值，以增加员工之薪津，俾同仁待遇不致去标准过远。

二、教课力求认真：时局扰攘，生活压迫，各校教授学生之情绪，均不能安定。因之研究学术之空气，似不如以前浓厚，即日常课业有时亦多怠忽。本校为未雨绸缪计，开学时曾发通函，恳请各教授注意此点，如因事缺课，亦请设法补授，务使教者心安，学者气顺，教育之效能，不致因环境而受影响。

① 原载于《光华通讯》1949年4月复字第4期。

三、师生情意（谊）务期沟通：聚千百人于一堂，旨趣不同，见解迥异，隔阂自所难免。加以师生之间，平素接触甚少，学生稍有不快，即蕴积于心，久而久之，遂一发而不可收拾。历来学潮之发生，溯其原因，大抵然也。本校素以“师生合作”为揭橥，今后更当本此宗旨，务使下情得以上达，学校困难，亦能使全体学生理会，彼此了解，彼此体谅，为整个团体谋幸福。

四、提高办事精神：我国政府之“无能”，为世所诟病。所以然者何，办事精神低落也。或存五日京兆之心，或抱隔岸观火之念，遇事推诿，泄沓成风。然此风不革，各机关莫由得救。以学校为喻，苟人人在本位努力，以全校福利为前提，增进效率为己任，则纲举目张，学校必有崭新之气象，一草一木，均有精神。世承不敏，愿与同仁共勉焉。

五、添建校舍，充实设备：物质与精神，相为表里。有辉煌之校舍，而后有振奋之精神。本校校舍不特未达辉煌之境界，抑且不敷应用。本学期拟添建大学男生宿舍一所，完成附中女生宿舍，并捐款兴建校友堂。至各系科设备及图书，亦拟分别充实。

语云：“言之匪艰，行之惟艰。”愿我们同仁同学念本校创业之艰难，守成之不易，毋怠毋荒，念兹在兹，使我光华，望实俱孚，日进无疆，以无负社会人士之期望也。

上海市私立专科以上学校联合会填写有关调查表以便向教部请求优发各项补助的函

敬启者：

本会第十九次例会，于四月十一日下午三时假清华同学会举行，曾议决向教部请求优发私立专科以上学校补助费、教授研究费、职员进修费及工友津贴，记录在卷。兹特制奉调查表一份，至祈贵校惠予填写，于二日内卷送本市茂名北路四十号光夏商业专科学校王校长裕凯汇办为荷！

此致廖校长茂如

上海市私立专科以上学校联谊会启

大夏大学代发

四月十二日

附录：关于递交学校调查表致大夏大学王裕凯的函

裕凯吾兄校长惠鉴：

顷奉上海市专科以上学校联谊会函嘱填写调查表，以便向教部请求优发私立专科以上学校补助费、教授研究费、职员进修费及工友津贴等，兹遵照填就，备函奉上，敬希鉴察，惠予汇案办理，渎神之处，同深感荷。

专此。敬颂教绥。

附调查表乙纸

弟廖世〇拜启

一九四九年四月十六日

附：上海市私立专科以上学校调查表（三十七年度第二学期）

姓名	私立光华大学
本学期学生人数	1 490 人（内男生 1 151 人，女生 339 人）
本学期专任教员人数	57 人
本学期专任职员人数	47 人
本学期兼任教员人数	71 人
本学期兼任职员人数	465 人
本学期住宿教职员人数	25 人
本学期各院系总共开设学程数	272 门
本学期每周各院系总共开设开课时数	768 小时
本学期每月教职员薪金总额	G. Y. 4 500 000
本学期校工、校警人数	校工 39 人，校警 3 人
本学期每月校工、校警工资总数	G. Y. 247 350
学校行政方面有无特殊开支？	1. 本校供给全体职员及校工膳食，职员每人每月合白米六斗，校工每人每月合白米五斗 2. 本校住宿职员之水电全部由学校供给 3. 本学期开学之初，校舍为三单位军队驻扎，所耗水电数额至巨，损坏校具及设备更不计其数，修缮费一时尚无法估计
本学期学生交费情形	386 人 600 石
备注	

（一）教职员工人数以本年二月份人数为标准；

（二）教职员工薪工总数以本年二月份为标准，不加倍数；

（三）行政特殊开支，包括供给住宿教职员之水电柴火以及免费供膳等等。

致华北煤业公司代为寄存白煤、木料的感谢函

径启者：

本校奉令疏散，兹有自用白煤 21.75 吨（壹百柒拾贰大箩）暨木料叁百贰拾贰根，暂行寄存贵公司堆栈内储藏，承荷划免栈租，益征贵公司维助大学教育之热忱，实深铭感。

相应函达，敬烦查照见复为荷！

此致华北煤业公司潘经理

全衔代理校长廖○○

三十八年五月三日

呈请上海军管会搬运留放本校器材、军火的函

径启者：

本校校舍内前由国民党联勤总部堆放大批汽车、材料、机油及军火弹药等，已报告当地保甲长及贵军驻校部队。务请贵会迅即派员查点，设法搬运，俾本校得早日复课。

相应函达，至祈鉴察是为至荷！

此致人民解放军上海军事管理会

代理校长廖世承

一九四九年五月廿八日

呈请上海市军管会前来搬运铁条的函

径启者：

查本校在上海解放前曾由前国民党后勤部堆置大批陈旧器材于操场四周，在解放后已由贵会后勤接管会第五处接管，并经陆续运出。但至今仍有铁条十数捆，堆置原处，经向接管会第五处原址（北海宁路六十四号）报告。惟该处现已迁移，深恐时日经久，

原有铁条损坏或散失，且有碍本校体育活动之进行，拟请惠予派员前来移运。

相应奉达，敬希察照办理并见复为荷！

此致上海市军管会

私立光华大学启

一九五〇年五月廿四日

呈请上海市工务局派员疏通校区下水道的函

查本校附近欧阳路一带因地下道淤塞，一遇天雨污水四溢，校内走道亦被侵（浸）泞，以致学生进出履步极感困难。按本校环近学校林立（有中正、华华、江淮等校），居民亦复众多，地区下水道之疏通似急不容缓。

相应耑函奉达，至希查照惠予派员察勘，并设法疏通，实纫感荷！

此致上海市工务局

代理校长廖〇〇

一九四九年六月廿九日

附录：上海市工务局的复函

前准贵校六月廿九日光秘（卅八）字第七七〇号函请疏通欧阳路一带阴沟一案，当经转函本局第五区工务管理处查明核办，去后据复，“该处阴沟因地形低洼且沟管直径及坡度较小，雨量过巨时退水较缓，致易积水，现已派工用摇车积极疏导，以收实效”等语前来，相应函复，即希查照为荷！

此致光华大学

上海市工务局沟渠工程处启

卅八、七、廿六

华东人民革命大学第三部关于与廖世承晤谈的函

廖代校长：

前晚我们由苏州移来贵校，因忙于整顿内部及去总校联系，今日始得抽出时间，希与阁下晤谈，藉祈指教。请指定时间、地点，以便接谈，可否，祈函复。

此致

敬礼

华东人民革命大学三部主任万钧

副主任林冬白

副主任邓正戈

一九四九年七月九日

附录：光华大学的复函

敬复者：

奉七月十九日大函拜悉一是，承约晤谈，竭诚欢迎。世承拟于八月一日上午九时在敝校校长室恭候公驾，藉聆教益，专此奉复，至祈鉴察为荷！

此致华东人民革命大学万主任、林副主任、邓副主任

私立光华大学代校长廖〇〇

一九四九年七月卅日

华东人民革命大学暑期借用校舍开学的函

敬启者：

兹为便于我校开学上课，特向贵校借用全部课室及宿舍，兹先介绍吕股长等先来校居住，到希面洽并给予各种协助为盼！

此致光华大学

华东人民革命大学办事处启

七，十四

附录：光华大学的复函

径复者：

七月十四日大函敬悉，嘱借课室及宿舍一节，自应照办。查本校在暑假期间，照实际情形，借住人数最多不能超过五百人，其地点可借住第二宿舍五间，第三宿舍二大间，底层教室一〇四、一〇五号两间，二楼教室四间。至图书馆，因须自用，无法拨借，相应复请查照为荷！

此致华东人民革命大学

私立光华大学启

一九四九年七月十五日

国立北洋大学关于借用校址举办招生的函

一、本校暑期招生拟于平津沪汉分设考区，并规定七月二十八至三十一日报名，八月八、九两日考试；

二、关于上海招考区拟借用本校地点举办，特函奉商，敬希惠允见复为荷！

此致光华大学

函复本校校址已借给华东人民革命大学

国立北洋大学校务委员会席刘锡瑛

一九四九年六月廿七日

附录：光华大学的复函

接准贵校本年六月廿七日校秘字第一六〇号大函，以暑期在沪招生拟借用本校地点举办，嘱查照惠允见复等由，查本校校址业经华东人民革命大学借用，前嘱歉难照办，相应复请查照为荷！

此致国立北洋大学

代理校长廖〇〇

一九四九年七月十九日

呈请上海市财政局核减房捐的函

径启者：

接奉贵局（五）字第一六一三二号通知以本校五六两月份应缴纳房捐，计金额肆拾叁万玖千叁百伍拾陆元，自应依限照缴。惟查本校系私立文化教育机关，经费素极不足，房捐数字过大，实感不胜负担。除遵将五六两月份房捐，先行照数缴纳外，用特函请台察惠准，赐予核减，并见复为感。

此致上海市人民政府财政局

代理校长廖〇〇

一九四九年七月廿二日

附录：上海市人民政府财政局的通知

一、该校呈壹件为请免征五六月份房捐。

二、查本市各私立学校五六月份房捐免征问题，业经本局与市政教育处会同决定，凡各学校申请免征房捐案件，须先向市政教育处登记审核合格后，再转函本局办理。

三、兹查该校未向市政教育处依限填报办理登记，所请减免房捐无从核办，所有五六月份捐款，希即照缴。

右通知私立光华大学

上海市人民政府财政局局长顾准

副局长朱如宫

一九四九年九月廿号

关于迁出借用校舍致华东人民革命大学的函

敬启者：

本校大中两部将于九月初中旬先后开学上课，所有校舍必须于开学前从事修整。贵部借用本校校舍承先于八月底前迁让，相应函达，至祈察照。惠赐于九月初前迁让完毕，俾便布置，至纫感荷。

此致华东人民革命大学第三部万主任、林副主任、邓副主任

代理校长廖〇〇

一九四九年八月十七日

附录A：华东人民革命大学的复函

敬复者：

本部借用贵校校舍历经数旬，诸多烦扰，荷蒙照顾，无任感荷。

贵校开学在即，理应早日迁出。惟敝部属于华东人民革命大学之一部份，一切行政管理教务工作，均听从校本部指示，敝部本身无权处理。除将来函转达敝校本部外，望祈直接与舒校长、刘副校长商洽，俾便早日解决，免使贵校开学受到影响。

此致光华大学廖代理校长

华东人民革命大学第三部主任万钧

副主任林冬白

副主任邓止戈

一九四九年八月十九日

附录B：致华东人民革命大学的函

敬启者：

本校校舍前经贵校第三部借用，当接洽借用之初，承允于本校开学之前迁让。兹因本校大中两部即将于九月初中旬开学上课，所有校舍屋间亟待修整布置，相应专函奉达，敬希察照惠商第三部迅将迁让，至纫感荷！

此致华东人民革命大学舒校长、刘副校长

校长廖○○

一九四九年九月五日

呈请上海市军管会文管会开具相关证明以便地价税减半的函

接准上海市地政局卅八年下期地价税缴款书暨地价税纳税须知，按上项地税须知第三条（丙）项“私有土地供学校、医院本身使用，经主管机关审核，认为办理确有成绩者减半征税”之规定，自应遵照办理。

查本校为争取国家主权，于“五卅惨案”时建立，在反帝文化侵略之意义上确有其光荣之历史。设办至今已有二十四年，先后毕业学生数逾万人，其间对于教师之慎重延聘，课业之认真考核，以及图书之添购，设备之充实，似已竭其应有之努力。

兹准前由，相应函陈本校设办之梗概。敬希察核，并将证明，俾可获得地价减半，征税之待遇。至纫盛荷！

此致上海市军管会文管会高等教育处

代理校长廖〇〇

一九四九年八月十一日

呈请上海市地政局核减地价税的函

接奉贵局卅八年下期地价税缴款书，以通知本校所有法华区五图辰圩二号及十三号各丘应缴地价税暨上期欠税数额等由，查本校在大西路（法华区）原有空地计壹百零壹亩肆分柒厘肆毫肆，内有肆拾亩业于卅七年十月售与伪中央银行承受，应请在原有亩数内予以剔除，相应检还原数地价税缴款书全份，函请查收核办为荷！

此致上海市地政局

附还原发卅八年下期地价税缴款书全份

代理校长廖〇〇

一九四九年八月十五日

上海市军管会文管会关于光华大学地价税照章核减的函

准私立光华大学函为该校拟请依照地价税征收暂行办法第三条丙项规定减半纳税，并谓该校设办已经二十四年，先后毕业学生数万人，在“五卅”反帝斗争中具有光荣历史，设备教学方面亦有相当成绩等由，查所述各节尚均属实，相应函请查照，依章予以减收为荷。

此致地政局

上海市军管会文管会高等教育处

一九四九年八月十七日

再次呈请上海市地政局核减地价税的函

接奉贵局卅八年下期地价税缴款书暨地价税纳税须知，按上项地价税须知第三条（丙项）“私有土地供学校医院本身使用，经主管机关审核，认为办理确有成绩者减半征税”之规定，自应遵照办理。

兹经本校函准上海市军管会文管会高等教育处核发证明文件到校，相应检同原发证明文件一件，函请查照惠赐依章减半征税并烦见复为荷！

此致上海市地政局

附送上海市军管会文管会高等教育处证明文件一件

代理校长廖〇〇

一九四九年八月廿日

呈请上海市地政局核免及减征法华区地价税的函

查本校欧阳路校产地价税前为申请减半征税，经于本年八月廿日以光秘（卅八）字第七九四号函，连同上海市军管会文管会高等教育处发给之高秘文字第〇〇二七号证明书件送请贵局惠赐核减在卷。

兹奉发下本校所有法华区校产土地地价税缴款书，除将其中业经售出之土地地价税缴款书径转上海市人民银行请照缴付外，其余本校部份卅八年下期地价税，拟请并案惠赐减半征税。

又卅八年上期及历年欠税，并请照奉予以全部核免，相应抄附本校法华区校产土地负担部份清单一份，函请查照惠允，分别办理，并见复为荷。

此致上海市地政局

附清单一份

校长廖〇〇

一九四九年八月卅一日

附录A：土地税减免申请书及申请表

土地税减免申请书

查本校所有坐落引翔区土地（见后附表）系作校舍用，拟请按照规定予以核减卅八年地价税。兹附上主管机关证明文件计壹件，送请查核办理为荷！

此致上海市地政局

申请人：光华大学校长廖世承

住址：欧阳路二四一号

附注：主管机关证明文件壹件于本月廿二日附于呈钧局呈文中（请查钧局二三七二号投文收据）

土地税减免申请表

业主姓名	地籍					面积（亩）	地价税	使用情形	备注
光华大学	区	图	圩	号	丘		税额		
光华大学	引翔		藏	9	12	3.345	43 900 元	校舍	
光华大学	引翔		藏	8	11	0.567	7 400 元	校舍	
光华大学	引翔		藏	8	29	0.881	11 600 元	校舍	
光华大学	引翔		藏	8	35	0.031	900 元	校舍	
光华大学	引翔		藏	8	23	0.908	11 900 元	校舍	
光华大学	引翔		藏	8	24	1.556	20 400 元	校舍	
光华大学	引翔		藏	8	26	0.392	5 100 元	校舍	
光华大学	引翔		藏	8	27	0.528	6 900 元	校舍	
光华大学	引翔		藏	8	28	0.527	6 900 元	校舍	
光华大学	引翔		藏	8	3	5.291	69 400 元	校舍	
光华大学	引翔		藏	8	9	2.537	33 300 元	校舍	
光华大学	引翔		藏	8	16	0.739	9 700 元	校舍	
光华大学	引翔		藏	8	22	1.530	20 100 元	校舍	
光华大学	引翔		藏	9	4	1.427	18 700 元	校舍	
光华大学	引翔		藏	9	6	1.338	17 600 元	校舍	
光华大学	引翔		藏	9	7	1.456	19 100 元	校舍	
光华大学	引翔		藏	9	22	2.511	33 000 元	校舍	
光华大学	引翔		藏	9	24	1.752	23 000 元	校舍	
光华大学	引翔		藏	9	16 甲	0.147	1 900 元	校舍	
光华大学	引翔		藏	11	16	23.372	306 500 元	校舍	

附录 B：上海市地政局关于核准减半征税的通知

查该户前请减免所有引翔区八图藏圩九、十一号等各丘面积共五〇亩八分三厘五毫一九四九年下期地价税一案，经本局派员查明，该丘土地使用情形核与规定相符，应准减半征税。

如全部税款原已完清，可持凭原缴款收据，连同本通知及所附新缴款书，径赴乍浦路六十六号本局闸北引翔区地价税核算处办理退缴税款手续。

如尚未清缴，应即持凭本通知及所附新缴款书于文到三日内向上开地点投缴，并将原缴款书一并交还注销为要。

附发新缴款书贰拾份

右通知业主光华大学

上海市人民政府地政局局长汪维恒

副局长谢祝珂

一九四九年十一月一日

呈请上海市财政局减免房捐的函[1]

径启者：

兹遵照上海市人民政府公布《秋季房捐征收办法》第九条丙项之规定，除函请高等教育处赐予证明径转贵局外，相应函达，敬祈察照惠准减免半数。

再本校前所缴纳之五六两月份房捐，并请比照退还半数，至为感荷！

此致上海市人民政府财政局

私立光华大学启

一九四九年十月十二日

附录A：呈请高等教育处转函财政局核准减免房捐的函

查本校本年下期地价税，申请减半缴纳一案，前承贵处于一九四九年八月十七日发给高秘文字第〇〇二七号证明函件，当经函转地政局，业荷核准减半缴税，实深感篆。

兹因本校各月房捐系由财政局核征，爰特依照房捐征收办法第九条丙项之规定，拟请贵处赐予同样性质之证明文件，并烦径转财政局，俾可获得房捐减免之待遇。

再本校本年五六两月房捐已照全部缴纳，亦请转函比照退还半数。

除分函财政局外，相应奉达，敬祈察核惠准办理，至纫感荷！

此致上海市人民政府高等教育处

校长廖〇〇

一九四九年十月十二日

---

① 《请准减免半数房捐的函》，华东师范大学档案馆。

附录B：上海市人民政府财政局的复函

一、贵校十月十二日光秘字第八三〇号函壹件，以秋季房捐除函请高等教育处证明外，请准减免；并前缴五六月份房捐，请退还半数捐款。

二、经查五六月份房捐准予减免半数，希将原缴款收据送局，以凭退款。

三、又秋季房捐准予免征三分之二，希即检送原缴书到局，以凭修正。

此致光华大学

上海市人民政府财政局启

一九四九年十一月廿三日

呈请上海市地政局派员勘丈大西路校产地基的函

查本校大西路地产（土地区图号码附后），虽经丈量，尚未树立界石。兹因开辟光华农场，地基范围亟须确定。拟请贵局派员，会同本校，前往勘丈，以便界立基石。相应专函奉达，请烦查照惠准办理为荷。

此致上海市人民政府地政局

校长廖〇〇

一九四九年十月廿五日

附：私立光华大学校产清单

大西路部份：陆拾壹亩肆分柒厘贰毫

法华区五图辰字圩：

号	丘	市亩	原证号数	新状号数
2	431	28.192	田单	
2	37	1.029	土地证法 3 273	12 512
2	49	1.563	土地证法 2 681	12 514
2	51	0.433	土地证法 8 144	12 515
2	53	0.625	土地证法 7 715	12 516
2	45	0.485	土地证法 2 278	12 513
2	44	1.328	土地证法 3 048 土地证法 3 049	49

号	丘	市亩	原证号数	新状号数
2	96	1.008	土地证法　2 467	12 521
2	43	15.954	土地证法　13 244	7 836
2	43 甲	8.685	失　证　13 245	10 986
2	48	0.941	图　稿　6 687	9 656
2	50	0.756	图　稿　6 689	9 657
13	15	0.473	图　稿　8 034	12 834

呈请上海市北新泾区等劝导大西路擅自耕种居民迁让的函

径启者：

敝校大西路原有校地自校舍毁于战火后，历年荒废，地价税则每年照缴。兹为挹注漏卮，并积极增加生产，配合政府政策，达成繁荣经济之目的起见，特会同校友发起在该校地组织“光华农场”，刻已准备就绪，急待着手办理。惟有若干附近居民未经商得敝校同意，自动开辟兴种。过去敝校以本身既一时无法利用，遂未加以阻止，亦未向其收租。此次开办农场之议决定后，即分别通知请于一月后迁让。惟时逾三月，“光华农场”又急待开办，该居民等故意拖移迄未迁去。为特函达，至祈惠予协助敝农场负责人李宗道君及本校派驻管地人警士张桂生，分别劝导该擅自耕种之居民等立即迁出，以利敝校生产事业之进行为荷。

此致北新泾区接管委员会、上海市公安局北新泾分局

（全衔）光华大学启

一九四九年十月廿八日

呈请上海市工务局派工修理四达路的函

查本市各区路面，近已积极修建，并已由市区修展至郊区。贵局对路政建设之新猷，同深佩仰！

本校附近欧阳路山阴路间之四达路，因路面久失修补，损坏不堪。平时车辆行人已感不便，一遇天雨，则更觉泥泞难行。本校师生往返，尤深受其苦。

特函奉达，请烦查照，惠予迅派工人修理，以利交通，至为感荷！

此致上海市人民政府工务局

校长廖〇〇

一九四九年十一月十四日

附录：上海市人民政府工务局的复函

一、准贵校十一月十四日光秘字第八六一号函嘱迅修欧阳路山阴路间四达路路面以利交通等由。

二、经勘得该段道路除欧阳路及山阴路两端各有一部分沟管外，中间大部并无沟管。本局现因限于经费，一时尚难全部埋设，以致不能改建较高级之路面；同时对于路面养护，亦增加困难。

三、为配合本局工程计划与经费情形，该段路面，拟于明年初酌加修补。

四、相应函达，至希查照为荷！

此致光华大学

一九四九年十二月九日

呈请闸北水电公司派员履勘水表的函

径启者：

接准贵公司十二月份账单，查第六六六号水表用数量与上月相同。而本校近来使用格外节约，且寒冬时季用量较少，何以仍有如此数字，殊为疑惑。据查该呈水表设置于水中，恐有表坏漏水影响，务请贵公司迅即派员会同本校事务组履勘校正，以免遭受水表不准确之巨大损失。

特为奉函，至希察照为荷。

此致闸北水电公司

私立光华大学校长室启

一九四九年十二月廿九日

闸北水电公司关于尽速修理消防龙头的函

一、查贵校内部消防龙头大多损坏，应请速即修理以防火警时无法使用。

二、贵校全部消防龙头封印损坏，应请缴付补封费后再行补封，并希以后妥善保管，勿再私拆。如再私拆，应按窃水章则补偿水费，幸祈注意。

三、专此布达，即希查照办理并见复为荷！

此致光华大学

商办闸北水电股份公司业务科启

一九五〇年一月十三日

附录：光华大学的复函

径复者：

本年一月十三日业字第二五八九号大函祇悉。承示修理校内损坏之消防龙头一节，至为感激。惟因学期瞬将结束，限于经费，拟在下学期开学时提前修理，并拟俟修理完毕后再行缴付补封费以便补封。

相应奉复，敬希查照为荷！

此致商办闸北水电公司业务科

私立光华大学校长室启

一九五〇年一月十七日

上海市地政局关于核准减半征税的通知

查该户前请减免，所有法华区共 12 丘土地（见清单），共面积三十三亩二分八厘〇毫一九四九年下期地价税一案，经本局派员查明，该丘土地使用情形，核与规定相符，应准减半征税。即希持凭本通知及所附新缴款书，于文到三日内，径赴大西路七三〇号本局法华区地价税核算处缴税，并将原缴款书一并交还注销为要。

附发新缴款书十二份

又核准减免地价税土地清单乙纸（缺）

右通知业主光华大学

上海市人民政府地政局局长汪维恒

副局长谢祝珂

一九四九年十一月十九日

呈请上海市地政局将法华区减半征税的函

径启者：

本校大西路（法华区）十二丘土地面积卅三亩二分八厘一九四九年下期地价税，已准贵局一九四九年十一月十九日市地四发字第三三八〇号通知，准照减半征税在卷。

惟查上开法华区尚有五图辰圩二号四三丘一部份地皮前经售与伪中央银行，最近由校派员趋前来接洽，承蒙贵局将该项地皮临时划分，并将一九四九年下期地价税分别掣发税单两张。本校负担税款部份已于一月卅日照数全部缴付，相应专函奉达，敬希查照惠准，援例照章予以减半付税，并烦见复为荷！

此致上海市人民政府地政局。

私立光华大学启

一九五〇年一月卅一日

附录：上海市地政局的复函

一九五〇年一月卅一日光（五〇）字第三〇号大函诵悉。

查一九四九年下期地价税申请减免案件，业经本局公告于上年十月三十一日截止在案。且该地系属荒地，并非贵校本身自用，所请减半一节，未便照办。

相应复请，查照为荷！

此致光华大学

上海市人民政府地政局启

二月十三日

华东人民革命大学借用校舍招生考试的函

敝校第二期招生工作，业已开始进行，为准备举行新生考试，拟请借用贵校校址作为考试教室，现着万钧同志前往洽商，请予接见并望允诺给予协助为荷！

此致光华大学

华东人民革命大学校长舒同

副校长温仰春

二月十日

附录：光华大学的复函

顷准贵校二月十日大函，以借用敝校教室举行二期招生考试等由，自应照允借用，相应复请查照为荷。

此致华东人民革命大学

校长廖〇〇

一九五〇年二月十四日

向交通大学借用材料、电工、水力试验的函

查本校因现有设备不敷应用，所有材料、电工、水力三项试验在本学期经费竭蹶无法添置之具体情况下拟向贵校借用，仍恳体会私校之困难，惠赐允准并烦见复为荷！

此致国立交通大学吴校长

校长廖〇〇

一九五〇年二月廿五日

附录：国立交通大学的复函

顷接贵校本年二月廿五日光（五〇）字第四四号公函敬悉一一："查本校学生人数较前增多，所有各项学生实验设备尚感不敷应用，承嘱借用本校材料、电工、水力试验一事，歉难应命。"

特函奉复，敬希谅察为荷。

此致私立光华大学

国立交通大学主任委员吴有训、副主任委员陈石英

一九五〇年三月三日

呈请上海市高教处等再次核免春季房捐的函

查本校本年春季房捐，为数计有五八八四二五〇元。虽经于三月廿一日照缴清讫，惟以本校本学期学生人数，较前减少甚多，且在校寄宿学生，多属家境清寒，宿费照上

学期数额，实无法提高。在开学之始，基于学校实际收入之十分竭蹶，教职工薪照七折发放，而预算赤字，仍有数万单位之巨，凡此均为本校实际之情形。贵处（局）对于私校经费困难，轸注至切。相应专案函请察核（照），准予转函财政局，将已缴之春季房捐，再赐免减退还，未缴之夏季房捐，亦照核减，至为感荷！

此致上海市人民政府高等教育处、财政局

校长廖〇〇

一九五〇年三月廿五日

附录 A：上海市财政局复函

你校三月二十五日来函，嘱再减免本年春季房捐一节。经核你校春季房捐，业经按照高教处函送大学减免房捐清册所列减免三分之二在案，所请再减一节，格于规定，未便照办，即希查照为荷。

此致私立光华大学

上海市人民政府财政局局长顾准

副局长朱如宫

一九五〇年四月八日

附录 B：上海市高等教育处的复函

三月二十五日光（五〇）字八九号公函悉。现值政府财政困难，各季房捐，仍应照缴，减轻政府负担。所请转商减免并退还已缴春季房捐一节，应毋庸议。

相应函复，查照为荷！

此致私立光华大学

上海市人民政府高等教育处处长唐守愚

一九五〇年三月三十一日

呈请上海市地政局减半征收地价税的函

查本校欧阳路校产一九四九年下期地价税，前经检同证明书件，于一九四九年八月廿日以光秘（卅八）字第七九四号函请核减，旋奉贵局一九四九年十一月一日市地四发字第二三一一号通知应准减半征税各在卷。关于本校一九五〇年上期地价税，拟请援照前案，准予减半缴纳。

相应函达，敬希查照，并见复为荷！

此致上海市人民政府地政局

校长廖〇〇

一九五〇年五月十一日

关于请王子扬捐赠土木工程仪器的函

子扬先生道右：

敬启者。日前大驾莅校参观，并承指导，无任幸感。

先生倡导工程事业，钦仰遐迩。在敝校土木系师生，为教学与实习，亟须与业务部门切取联系之际，有赖先进提携奖掖之处，正复繁多。惟以敝校目前情况，土木、化学两系器材设备，甚感缺乏，于前途发展，影响至大。惠蒙俞允资助，益佩高深。兹特缮奉土木系需添仪器清单及化学系需添仪器药品清单各一份，敬祈察夺。如荷慨赐多方劝助，俾获早日添置，则拜感高风，不仅承一人额手已也。

专此奉恳，祗颂筹祺。

廖〇〇敬启

一九五〇年七月卅一日

附录：王子扬的复函

兹启者：

前允捐赠贵校仪器，计经纬仪叁架、水平仪贰架、求积仪壹架。刻先饬人送上经纬仪二架，其牌号为：（一）美国货 Gurley No. 221715，（二）日本货 Tamaya No. 271，即祈检收。其余仪器正在洽购中，一俟办妥，即当续函专达。

此致光华大学

王子扬敬启

关于请王守恒捐赠化学实验仪器的函

守恒先生大鉴：

许久不晤，慕念时殷。比维暑中佳适，为祝以颂。母校情形，一般尚称稳定。在校师生，在学习与改造之中，均能团结进步，堪以奉慰。

兹者学期结束，下期计划，正在进行。惟以土木、化学两系器材设备，向感缺乏，影响教学进行，自属巨大。为光华之巩固与发展起见，应须及早添置。关于土木系需添之设备，已荷王子扬先生允予资助，其余化学系仪器药品，在学校经费极度困难之现状下，实已无法添补。

先生对母校之进展，关注深切，如蒙慨赐援助，俾便充实，则拜嘉之感，当不仅承一人已也。

专此奉恳，祗颂筹祺。

廖〇〇敬启

一九五〇年七月卅一日

呈请二八九团机炮三连归还大西路借地的函

径启者：

本校为利用大西路原有基地增加生产起见，拟于一九五一年一月前，向贵连先行收回借种之种地五亩，俾资进行。相应函达，敬希查照，惠予准备划还为荷！

此致二八九团机炮三连

私立光华大学启

一九五〇年八月十七日

关于呈请上海市教育局批准附设光华小学的函

查本校教育系为充实教学内容，增进学习效率，使在理论与实际结合之基础上逐步提高起见，拟自本年秋学期起，附设“光华小学”。兹将附小设办目的暨其有关之具体情况，分别胪述如次：

一、设办目的

1. 结合理论与实际，以贯彻教育系新课程标准，侧重教学实习之精神；

2. 抢救校区内失学儿童，实践基层教育向工农子弟开门（减免费额，特予放宽至百分之五十左右）；

3. 学费收入除陆续添置设备外，抽出一部分作为清寒学生救济金（大多数任课教师均为教育系高年级学生，在实习教授指导下进行教学，并给予学分，故无薪给，因之教薪数目甚少）。

二、校舍设备

1. 利用新建房屋之半幢，辟为教室及各工作室（已由小学校董会绘呈校舍平面图）；

2. 教学设备大部分由大学部拨给。

三、课程及教导——遵照局颁法令办理。

四、基金——由附小校董会筹募基金壹千伍百单位。

以上各项，相应备函报请查照惠予批准！

再附小基金，经已筹募之数，计有一五〇〇单位，较诸规定，当为低少。惟以基金之预筹，原为学校安全及意外之保障，本校附小设办性质，较有不同，一切意外，本校应行为之负责。所有基金存款数字，并请准照核减，俾教学设备，得以充实，无任感荷！

此致上海市人民政府教育局

校长廖〇〇

一九五〇年八月廿八日

呈请上海市税务局减免秋季房捐的函

径启者：

本校秋季房捐，业准贵局通知，应缴捐额计为人民币壹千壹百柒拾陆万捌千五百元。惟查本校夏季房捐，前经减免三分之二，秋季房捐之额，拟请照例减免。相应专函奉达，敬希查照惠准，并见复为荷！

此致上海市人民政府税务局

私立光华大学启

一九五〇年九月廿七日

附录：华东教育部关于税务局的复函

光华大学：

关于你校减免房捐问题，业经我部提出减免比例，函请上海市税务局核酌，兹接覆同意并已转知该局各区分局在案，希你校径往办理为要！

一九五〇年十月十八日

呈请上海市地政局将大西路土地改征农业税的函

（一）查本校大西路土地，原经照地产税缴纳，惟因上项土地，早经于上学期辟为农场，现正种植薄荷，供生物系学生实习，以及师生员工劳动生产之用。按该项土地使用情形，拟依照新解放区农业税暂行条例，改征农业税。

（二）如上项请求不能邀准，拟请根据一九四九年十一月一日市地四发字第二三一一号通知，减半缴纳地价税。

（三）相应专函奉达，敬希查核见复为荷！

此致上海市人民政府地政局

私立光华大学启

一九五〇年十月十四日

光华农场筹备委员会关于请学校合作经营农场的函

茂如校长先生钧鉴：

敬陈者。光中同学会为团结同学、利用同学的技术经验与经济，于一九四九年十月在大西路母校基地创办光华农场，原拟以培植果树、苗木为主，而以栽种蔬菜作为维持目前开支。

本年一月，本场已有产品运销各学校医院团体。当时物价普涨，尤以食米上涨三倍而蔬菜仅涨一二成，蚀损日甚，除尽力撙节开支外，并改变种植计划，不种蔬菜，专种薄荷。复以流动资金无法维持至薄荷收割期，乃商得母校同意，于本年五月起，由校方出资维持。由于精打细算的经营，首期薄荷收入，除付还校方垫款外，尚余款折合中白粳廿七石。预估第二期收入（十月底）除去开支外，亦可余卅余石，故本年度做到保本或者稍有盈余。

为准备明年度扩充种植面积，已于本年八月廿四日，召开股东大会，商讨结果一致认决商请母校合作经营，以资充实力量，俾农场前途更易发扬光大。

查本农场为母校同学会合作事业之首举，创业匪易。目前经济已见好转，基础粗具，敬祈钧长对于合作办法赐予俯允，无任盼祷，耑函敬请教安。

光华农场筹备委员会谨启

一九五〇年十月十九日

附录：光华大学的复函

一、十月十九日来函已悉。

二、农场开支，在自给自足之原则下，希能自行设法维持。

三、每年地价税，应请列入农场预算。

四、因有垫款关系，每月场内收支情形，请缮造报告表，分送大中两部备查。

以上各项，相应复请查照办理为荷！

此致光华农场筹备委员会

私立光华大学启

一九五〇年十月卅一日

关于呈请上海市税务局援例减半征收地产税的函

接准贵局交来本校欧阳路现校址一九五〇年下期地产税缴款书贰拾份，应缴税款计为壹千贰百捌拾万叁千玖百元正，嘱于本月十五日前缴付等由，查本校地产税额，早经前上海市军管会文管会高等教育处，颁发减半征收之证明函件转送地政局，复准地政局一九四九年十一月一日以市地四发字第二三一一号通知，准减半征税各在卷。本校本年上期地产税，亦照应缴税款之半数缴纳。

兹特遵照上海市人民政府税字第卅二号布告第五条之规定，抄具前上海市军管会文管会高等教育处致地政局之原证明函件一份，备函送请查照，准予援例照减半征税为荷！

此致上海市人民政府税务局

附抄件一份（略）

校长廖〇〇

一九五〇年十一月二日

附录：上海市税务局的复函

一、一九五〇年十一月二日光（五〇）字三九七号函件收悉。

二、所嘱减免北四川路区 24 号 3、9、11、16、22、23、24、26、27、28、29、35 丘及 25 号 4、6、7、12、22、24 丘，27 号 16、16 甲丘等土地本年下期地产税一节，同意照顾特殊困难减免百分之五十。

三、希即持凭本函及原缴款书暨附表前来外滩六号本局地方税处地产税科更正税款缴纳。

四、相应复请查照为荷！

附核定通知单乙份

上海市税务局兼局长顾准

一九五〇年十二月四日

呈请新泾税务分局将大西路校产改征农业税的函

一、本校大西路本年上期地产税，已于限期前如数缴清。

二、惟查上项基地，早经作为实习农场之用，请照该项土地实际使用情形，改征农业税。

三、复查上次土地经奉市地政局一九四九年十一月一日市地四发字第二三一一号通知，准予减半缴税在卷，在征农业税时，并请特别赐予照顾。

四、相应函达，敬希查照办理并见复为荷！

此致新泾税务分局

私立光华大学启

一九五〇年十一月二十日

附录：新泾税务分局关于申请核减地产税的复函

（一）一九五〇年十一月廿日光（五〇）字四一四号函悉。

（二）据申请将你校大西路之土地改征农业税一节，查该地区系为地产税区，完全征收地产税，所请难以照准。

（三）兹经将你校所有大西路之土地，根据实际情况核减三分之二以示照顾。

（四）关于公安四十团三营机炮连借用之土地，亦经派员了解准予免征。

（五）上项即希查照，并即携带图章来局办理退款手续为荷。

上海市人民政府税务局新泾区分局局长曹安祥

一九五〇年十一月卅日

关于领取教育器材致华东教育部仓库支会的报告

兹遵照华东军政委员会教育部十二月十四日秘清字第〇〇八五六一号通知，推派本校事务组主任毛寿恒先生携同函据，趋前洽领中央配拨本校的教育器材，敬希查照，惠准径发为荷！

此致华东教育部仓库支会

附领据一纸

校长廖〇〇

一九五〇年十二月十九日

附录：华东军政委员会教育部关于领取配拨教育器材的通知

光华大学：

查关于中央配拨你校教育器材等件，现经我部仓库支会准备竣事。希你校迅即备具正式函据，派员至本市长宁路八六五号本部仓库支会洽领。

此项配拨器材，系奉中央人民政府教育部令指定作为补助你校一九五〇年度教育费，并希知照。

华东军政委员会教育部部长吴有训

一九五〇年十月十四日

呈请新泾区税务分局将借用之地免税的函

一、接准贵局送来本校大西路一九五〇年下期地产税缴款书，计应缴税款伍百零壹万陆千叁百柒拾伍元，在元月十日前缴付等由。

二、按前开地区内四十三丘乙土地上，经由工务局借用四亩（附抄工务局证明函一件），解放军耕种六亩（上期种九亩证明书已在上期附缴）。以上十亩，既非本校耕用，所有税额，应请全数豁免。

三、除以上十亩外，其余亩数，并请援照上期例，准予减免三分之二。

四、相应函达，即请查照办理并见复为荷！

此致新泾区税务局

附件如文

私立光华大学启

一九五〇年十二月廿九日

附录：新泾税务分局的复函

一、一九五〇年十二月廿九日函悉。

二、据申请减免解放军及工务局借用部份土地之地产税，希取得详细证明文件后，送局办理（须证明何时起何时止）。

三、一九五〇年上期该地普减三分之二，下期地产税已照上期普遍减低，不能再予减免。

四、即希查照办理为荷。

上海市人民政府税务局新泾区分局局长曹安祥

一九五一年一月二日

向上海工业专科学校借用材料试验设备的函

径启者：

兹因本校土木系设备比较缺乏，本学期应开之材料试验一课，有关材料试验之设备，拟向贵校商请借用。除由本校土木系主任祝永年先生曾一度与贵校黄蕴元先生面洽外，特函奉恳，敬祈察准并惠复为荷！

此致上海工专

私立光华大学启

一九五一年二月十九日

附录：上海市立工业专科学校的复函

接准贵校二月十九日光（五一）字七六号大函，拟向本校借用材料试验设备等由，兹经提交实验室管理委员会研究决议，“各处向本校借用新设备原则上自可予以考虑，但本校方在整理新设备，条件尚未完备，自己尚未开始试验，借用具体办法尚待研究，本学期尚暂难出借试用”在卷，相应函达，即祈查照为荷！

此致光华大学

上海市立工业专科学校

三月十五日

同意华东工业部上海电机厂承受大西路土地的函

查本校大西路旧校舍，自经抗日战争全部焚毁之后，所余土地，因限于学校经济，未能充分利用。解放后，为应学生试验实习之需要，经于一九四九年八月间辟建光华农场。一九五〇年冬季，本校计划增设农业专修科，拟利用原有场地，改为农事试验场，所有设办计划业于本年一月四日呈报华东教育部核示。最近中央教育部视察团莅校，承提意见，认为在目前教育的需要情况下，大学系科应基于重点发展之原则进行，充实设备，多延揽专任教授，不宜多所添设，以免分散力量，故本校添设农专科之拟议又须重新考虑。复以本校本学期学生人数，较上学期减少二百余人，经费来源短少，预算益感不敷。

贵厂因迁建需要，愿承受本校大西路旧校址土地，在协助国家工业建设，奠定现代化基础的总利益之下，本校自愿同意考虑。惟在土改进行期中，须请先与上海土改委员会洽商，经其指示后，再为会商进行。相应专函奉达，敬希查照并烦惠复为荷！

此致华东工业部上海电机厂

全衔主席校董秉志

校长廖〇〇

一九五一年三月二十二日

华东教育部关于上报向外购置教育仪器情况的通知

光华大学：

中央教育部为统一代各高等学校向国外购置教学仪器，拟于最近期内派员赴国外采购。希在你校本年度教学费及临时费（私校则在预算许可范围内）预算范围内，需向外购置仪器之总价额，于三月三十日前报部。并望依据下列二项原则开列仪器种类数量清单，限四月六日前报来我部。

一、确实在国内购买不到，而必须向国外购置者。

二、确为当前教学上所必需者。

华东军政委员会教育部部长吴有训

一九五一年三月廿六日

抄致有关业务部门及所属各校

附录：光华大学的复函

案奉钧部三月廿六日教秘财字第二四一九号通知，饬将本校向外购置仪器总价额及其种类数量依限呈报等因，查本校购置教学仪器，本学期预算内，无可设法，兹奉前因，理合备文呈复，敬祈察核！

谨呈华东军政委员会教育部

（全衔）校长廖〇〇

一九五一年四月六日

华东教育部关于填报一九五一年下半年水泥需用数量表的通知

华东区公私立各大专院校：

接华东军政委员会工业部函，“奉中央财委会通知，一九五一年下半年，全国水泥实行统一分配，并饬将所有申请分配布置生产组织订货等一切手续，均于五月底前办竣。并奉华东财委通知，指定本部负责审核本区内各级行政机构及企业单位五一年下半年度水泥需要量，汇总转报等因。兹附送五一年度下半年水泥需用数量表一式三份，即请查照连同贵属单位需量一并于四月卅日前汇填送下”等由。

兹抄发五一年度下半年水泥需用数量表一份，希即按你院校需要情况迅即照填需用数量，以便本部及时汇填转送。除厦门、福州两地因路远可展期至五月上旬外，其他各地如届期未报者，即认为并不需要。在五一年度下半年期间，不得再行申请分配，并希知照为要。

附发一九五一年下半年水泥需用数量表一份

华东军政委员会教育部部长吴有训

一九五一年四月十九日

附录：光华大学呈华东教育部的报告

兹遵照钧部四月十九日教秘字第四〇〇三号通知之规定，将本校一九五一年下半年水泥需用数量表一式三份，备文呈报，敬祈察核准予分别存转！

谨呈华东军政委员会教育部

附呈之件如文

全衔校长廖〇〇

一九五一年四月廿六日

光华大学一九五一年度下半年水泥需用数量表

编号　　单位：公吨

月份	使用地点	包装	需用数量				备注
			生产用	大修用	基本建设用	各种	
7	屋顶	纸包	—	小修用	—	伍纸包	
8	墙壁	纸包	—	小修用	—	贰纸包	
9	马路	纸包	—	小修用	—	叁纸包	
10			—				
11		—					
12	—						
总　计						拾纸包	

申请单位签章

填表注意事项

（1）按月需要量请填明包装（纸包、麻包、布包）。

（2）本表务请于四月卅日前填送，以便列入分配计划，俾（避）免需要时发生困难。

（3）本表所例（列）数字呈表中央核定后即作为供应根据。

（4）本表须填一式三份。

商请清华大学借用毛主席亲题校名底稿的函

径启者：

本校师生员工佩挂之校徽亟持重新铸制，当经会议决定，拟向贵校借用毛主席亲题之“清华大学”原底稿纸，或将贵校现用之校徽寄借一枚，以资仿制（其余毛主席亲题之“光”字已向他方搜集）。一俟仿铸完毕，当即挂号璧还。

相应奉恳，敬祈察准并复为荷！

此致国立清华大学

全衔校长室启

一九五一年五月九日

附录：清华大学的复函

敬复者：

五月九日发光（五一）字第二一二号函，敬悉。毛主席为本校所题“清华大学”字样底稿及照此字样所制校徽，均不便寄出借用。相应函复，尚希谅察为荷！

此致私立光华大学

清华大学启

一九五一年五月十四日

呈请上海市税务局地产税援例减半缴纳的函

一、贵局交来本校一九五一年上期地产税缴款书贰拾份，应缴税款计为壹仟壹百叁拾捌万零陆百伍拾元，业经奉悉。

二、本校本学期因学生人数减少，经济情况比较上学期更为困难。按本校上学期（即一九五〇年下期）地产税前准贵局一九五〇年十二月四日地产字第一七五三号公函，同意减免百分之五十在卷，本年上期地产税，拟请援例准予减半缴纳，以示照顾。

三、相应函达，敬希查照办理，并惠复为荷！

此致上海市人民政府税务局

校长廖〇〇

一九五一年五月廿一日

附录：上海市人民政府税务局的复函

一、本年五月廿一日光（五一）字第二三八号函收悉。

二、经征询华东教育部意见，以你校办理成绩良好，且经济确实困难，所有应缴本年上期地产税，特准全免以资照顾。

三、特此函复查照为荷。

上海市人民政府税务局北四川区分局局长张增瑗

一九五一年六月十二日

呈请上海市地政局免缴公产租赁地租的函

一、你处六月十八日地字第〇四九一六六八号缴款书内载“公产租赁地租”，应缴费额壹百零玖万肆千贰百元敬悉。

二、经查本校欧阳路现校址围墙内，确有公地七丘，计贰亩叁分陆厘五毫。惟本校本年上期地产税业经准予全免，上项公产租赁地租，亦请免予缴纳。

三、相应抄附上海市人民政府税务局北四川区分局，本年六月十二日川地字节第七二〇号原函一件，备函送请查照惠准全免，并见复为荷！

此致上海市人民政府地政局第二办事处

附件如文

私立光华大学启

一九五一年六月廿七日

华东纺织管理局关于使用大西路校地等补偿问题的函

一、华东纺织工学院使用你校旧址及附近土地（新泾区辰子圩一、二、三、四号）已于七月二日准华东教育部六一五八号函复同意，并经上海市人民政府七月三十日以二七〇六号函核准备在案。

二、现以兴建校舍工作正在积极进行，大批建筑材料陆续运到，我局为争取时间完成任务，在市府核定使用土地范围内开始运用。至关你校原有青苗及农场草屋作价补偿问题，俟市府工作委员会决定补偿价格后，再行洽办。

相应函达，至希查照为荷。

此致光华大学校董会

抄致上海市人民政府地政局

中央人民政府纺织工业部华东纺织管理局启

一九五一年八月一日

上海纺织工学院使用校基致华东教育部的函

守愚、体兰部长先生：

关于我校在大西路旧址及附近土地使用问题，先后经与各方接洽，谨胪陈其经过情况于次：

一、前在本年二月九、十两日，市协商委员会举行扩大会议商讨郊区土改条例，承于小组讨论中曾及时提出光华全部校舍当年为日寇焚毁，现在旧校址有六十余亩土地，早经改为农事试验场。希望在土改进行时，特别予以照顾。彼时地政局汪局长亦在座，并有工商界代表为大夏新村申述意见。后由潘副市长总结发言，声明将来对个别特殊问题，可予特别考虑。

二、本年三、四月间，上海电机厂曾一度拟使用我校旧址土地，在洽谈时，承亦经提出请予特别照顾的希望。旋因该厂厂址改设闵行，原议作罢。

三、七月间，复有华东纺织工学院戴维清先生来校口头接洽使用校地问题，当经答复：(1) 须向校董会征求意见，并报呈教部请示。(2) 光华缺乏宿舍，困难殊多，改师大后，困难依然存在，在新址内建造宿舍，势属必需，希望能予照顾。(3) 农事试验场原有之农作物及房屋，须有适当处理。以上意见，除由承报经校董会核议请示办理外，并经两次出席师大筹备会议时提出报告，业经会议允予考虑。

四、近据光华农场主任告，纺织工学院亦同时使用毗连我校旧址的人民银行农场，对人民银行以拨房屋一所作为照顾。事如实在，则照顾光华已有先例，可以援引。

五、日前华东纺织受理局俞同志又复持函来校接洽，经以实际情况答复：(1) 尚未奉到教部及市府通知，校董会对此须向有关当局请示。(2) 政府核定使用土地，我校自应遵行，惟以师大宿舍缺乏。教部经费困难，宿舍建筑费十余亿，能由业务部门特别照顾，确属需要，希望接受。

此案究应如何适当处理，特抄奉纺织受理局来件，请予核示，俾有遵循。

谨致敬礼

廖〇〇谨启

一九五一年八月三日

华东纺织管理局使用大西路土地之补偿问题致华东教育部的公函

（一）八月十一日教高行字第七六六九号函敬悉。

（二）纺织工学院使用新泾区辰字圩一、二号各块土地，计一百八十三亩余（包括光华旧址在内）。业经上海市人民政府抄送八月四日（五一）府办秘三字第二八〇一号致地政局指示，决定就中山路路东一八三亩范围内按照我局实际需用亩分征用，并指定地政局会同新泾区政府及其他有关单位协助处理一切土地征用补偿事宜等由过局。

（三）关于征用土地及青苗建筑物等之补偿问题，并已由上开各单位主动进行成立工作组，处理一切补偿事宜。光华大学被征用之土地青苗建筑物等补偿，亦属该组主要处理对象之一，现正切实展开工作，深入研究，以便进行处理。

（四）廖校长提请由业务部门特别照顾一点，如属光华与大夏合并后之师大，因业务发展，需用土地，政府必就使用需要，予以适当照顾。我局系企业管理机构，负有政府财政任务，一切费用之支付，均编有预算，呈经中央核定。纺织工学院之经费，早经核定预算，在此严格执行预算，完成财政任务之际，不可能再有预算以外之支出。因此对光华之要求照顾，亦只能在青苗建筑物补偿范围内经工作组估定后予以履行。至关于人民银行农场亦按照上述青苗建筑物范围内经工作组估定后作为补偿。又关于拨换房屋一所作为照顾一节，查无此事，恐系传闻失实，并此声明。

相应函复，至希查照为荷。

中央人民政府纺织工业部华东纺织管理局局长刘少文

副局长陈易、张方佐

一九五一年八月十五日

大西路农作物等偿价问题请华东教育部核转纺织局迅予办理的报告

按查本校大西路校基之土地，因利用生产，曾办设光华农场。旋于本年夏间华东纺织管理局为建筑纺织工学院将该处基地全部征用，本校已将经过情况胪陈钧部在案。现该处已经筹建校舍，对于前经洽谈土地上之农作物等偿价问题，迄无具体办法通知到校。兹为使该项问题早日解决起见，呈送估价单乙纸，拟恳钧部赐予核转华东纺织管理局，俾偿价事务得迅速处理。

是否有当，理合备文呈请，敬祈察核！

谨呈华东军政委员会教育部

附呈之件如文

全衔校长廖世○

一九五一年九月廿五日

光华大学农事试验场农产品收入及建筑物估价单（1951年7月）

（1）农作物

作物名称	亩数	每亩高产量	每亩估计产量	单位价格	收入
改良棉	6	皮棉96斤 棉梗6担	50斤 5担	10 000 20 000	3 000 000 600 000
台湾黄麻	16	麻皮600斤 麻梗15担	300斤 10担	3 000 20 000	14 400 000 3 200 000
印度洋麻	4	麻皮700斤 麻梗16担	400斤 10担	4 000 20 000	6 400 000 800 000
留兰香	5	油6斤 根12担	4斤 10担	100 000 100 000	4 000 000 5 000 000
薄荷	4	油20斤 根12担	12斤 10担	80 000 40 000	3 840 000 1 600 000
黄豆	2	该地由本校工友耕种			

（2）农舍四间连围篱　　5 000 000

以上总计　　47 840 000

（3）楼牌、（4）桥（系本校所建筹）另行估价。

华东教育部关于大西路校基等偿价问题转请华东纺织管理局迅予办理的公函

一、接私立光华大学九月廿五日光（五一）字第四九八号呈略称，“我校利用生产，曾在大西路校基之土地，设办光华农场。旋于本年夏间华东纺织管理局筹办华东纺织工学院，征用该地建筑校舍。现该地校舍已经筹建，该局对于前经洽谈土地上之农作物等偿价问题，迄无具体办法通知。兹为使该项问题早日解决起见，呈送估价单一纸，拟请核转”等情。

二、查该校大西路校基土地，华东纺织工学院既已征用建筑校舍，原有该地之农作物等偿价问题，自应早予解决，兹检附该校估价单送请查照办理为荷。

华东军政委员会教育部部长孟宪承

一九五一年十月十日

抄致光华大学

华东教育部关于上报华东纺织工学院偿付作物价款处理情况的通知

一、前据你校九月廿五日光（五一）字第四九八号呈为关于华东纺织工学院征用你校本市大西路校基土地建筑校舍农作物偿价问题，附你校原送估价单转函华东纺织管理局查办在案。

二、兹管理局东纺（五一）办字第一〇七五七号函，复以据华东纺织工学院报称，“已经地政局、区人民政府等机关所组征地工作委员会规定，无论机关学校及一般农民均按同一标准办理，其偿价次序，亦先尽一般农民办理。光华农场部分，包括农舍围篱等，现已全部洽商解决，应付偿款共人民币三千二百余万元，业于十月廿七日由该校总务长张祖培领去”等情。

三、你校是否同意此项偿价？价款三千二百余万元，你校是否已照领？并作何处理？希即具报为要。

华东军政委员会教育部部长孟宪承

一九五一年十一月十五日

华东教育部同意土木系合并处理意见致同济大学的通知

你校八月十三日济管呈字第七一三号来文已悉，所有关于三校土木系合并中之学制、课程、师资及设备等问题之处理，我部均同意来文意见。三系正式合并日期由你校等决定，决定后希即报部。

部长吴有训

一九五一年八月廿二日

同济大学请迅将土木系仪器移交的公函

查三校土木系合并案内关于你校应行移交我校之土木系仪器，迭经奉洽，但迄今尚未实行交接。

我校九月二十日正式上课，该项仪器，需要至为殷切。为特函达查照，务希即行移交我校接收，以免延误学生实习，是所至荷！

此致光华大学

同济大学校务委员会主任委员夏坚白

一九五一年九月十七日

抄致光华大学、大夏大学

华东教育部关于立即办理土木系仪器移交手续的通知

顷接同济大学呈字第七八四号呈文内开，“关于大夏大学、光华大学应行移交我校接管之两校土木系仪器，经多次面洽以及电话商催，虽允即交而迄今并未实行交与我校接收。我校九月二十日正式上课，土木系学生人数众多，该项仪器如再延宕不交，势将影响学生实习”等情。查该校上课在即，你校所应移交之仪器希迅即办理移交手续，免致贻误学习。

部长吴有训

一九五一年九月廿二日

抄致同济大学

商请同济大学等来校讨论分配土木系仪器的函

径启者：

九月十八日函敬悉，关于本校土木系仪器移交一节，定于本月廿八日（星期五）上午十时函约交通专科与贵校各推派代表二人惠临欧阳路本校三楼校长室，商讨分配办法。届时务希准时莅临。特函奉达，即请察照为荷。

此致同济大学

光华大学校长室启

一九五一年九月廿六日

附录：同济大学的复函

一、接九月廿六日光（五一）字第四九九号函已悉。

二、查你校原土木系之仪器，请依照华东教育部决定之原则，全部随系转交我校接收。至交通专科学校请分一部份，可由该校径与我校洽商解决。

三、特此复请查照办理。

此致光华大学

同济大学启

一九五一年九月廿七日

呈请关于华东教育部核示土木系仪器移交问题的报告

案奉钧部九月廿二日教高（一）字第一〇〇七二号通知，嘱将土木系仪器迅即办理移交手续等因，本校遵即分函同济、交通专科两校，请于九月廿八日派员来校会商分配接收办法，旋于九月廿七日接准同济大学复函称“查你校原土木系之仪器，请依照华东教育部决定之原则，全部随系移交我校接收。至交通专科学校请分一部份，可由该校径与我校洽商解决，特此复请查照办理”等情。翌日交通专科学校派员来校洽谈，对于同济大学所提意见表示未能赞同。关于分配问题，因此一时无法解决。现本校职工留校保管人数极少，长此延搁，深感责任重大。究应如何处理之处，理合将洽谈经过，备文呈报，敬祈察核指示祇遵！

谨呈华东军政委员会教育部

私立光华大学校长廖世〇

一九五一年九月廿九日

附录：华东教育部的批复

九月廿九日光（五一）字第五〇七号呈已悉。关于你校土木系仪器移交问题，我部认为所有土木系仪器可先移交至同济大学，其具体分配则可由同济大学、光华大学及华东交通专科学校协商处理。

协同之原则为：土木专修科设立前所有的设备属于同济大学，设立后购置的设备由同济大学、华东交通专科学校适当分配。在分配中同济大学应酌情照顾华东交通专科学校。

特此函复，希即知照。

部长孟宪承

一九五一年十月五日

抄致同济大学、华东交通专科学校

商请同济大学派员来校洽谈接收土木系仪器手续的函

关于我校土木系仪器移交问题，经呈奉华东教育部指示，所有土木系仪器可先移交你校，其具体分配则可由你校与我校及华东交专协商处理等因，兹请你校派员于本月十一日（星期四）上午九时来我校洽谈移交手续及日期，函请察照为荷。

此致同济大学

光华大学校长室

一九五一年十月八日

华东交通专科学校关于测量及路工试验仪器移交问题的函

关于贵校测量及路工试验仪器移交问题，经于十月六日由华东教育部沈副部长与华东交通部孟副部长面洽决定，暂不移交任何方面，以待继续洽商分配办法。相应函达，即希查照为荷。

此致光华大学

华东交通专科学校

公历一九五一年十月九日

关于转入学生水电费支付问题致华东教育部的函

查本校商学院各系同学转入上海财经学院后，因该院新宿舍尚未完工，均暂寄宿本校，计男生七十七人，女生卅三人，共壹百拾人，分居两宿舍。惟在寄宿期间之水电、燃料等费用，是否由该院负担，应如何支付之处，理合备文呈请钧部察核，仰候示遵。

谨呈华东军政委员会教育部

私立光华大学校长廖世〇

一九五一年九月廿七日

附录：华东教育部的批复

私立光华大学：

九月二十七日光（五一）字第五〇二号呈悉。你校商学院各系学生一百一十人转入上海财经学院后，其本学期宿费如你校未收，则在你校寄宿期间之水电、燃料等费应由上海财经学院负担，即希知照！

华东军政委员会教育部部长孟宪承

一九五一年十月五日

呈请上海电信局等将水电煤转入华东师范大学户名的函

一、本校本学期与大夏大学等合并，建立为华东师范大学。所有本校大学部已迁并在中山北路三六六三号前大夏大学原址开学。

二、本校原有欧阳路二二一、二二二号校舍暂作华东师范大学附属中学之用。

三、所有光华户名装置之〇二——六〇七九一及六〇〇八〇、六一五七一、六〇四一三（公用电话）、电灯、自来水、煤气，拟请即日更改为华东师范大学户名。（〇二——六〇〇八〇、六〇七九一，华东师范大学；〇二——六一五七一、六〇四一三，华东师范大学附属中学）

四、兹特遵章奉函，敬希察照办理为荷。

此致上海电信局、闸北水电公司、上海煤气公司

私立光华大学启

一九五一年十一月二十日

附录：英商上海煤气股份有限公司的复函

本月廿日光（五一）字第五四五号大函嘱将欧阳路二二一号内煤气设备过入“华东师范大学”名下使用等由，自应照办。兹附上过户申请书（蓝色）、使用煤气契约（白色）各三纸，请分别转交华东师范大学签章，退还本公司办理过户手续。

再该址煤气帐号一五六八五A号现尚欠本月份煤气帐款计￥二五〇五三元，又账号一五六八五B号尚欠本月份帐款计￥二四一五三元，务请一并惠付，以清帐目为荷。

此致私立光华大学

附件如文

英商煤气股份有限公司启

一九五一年十一月廿二日

向华东教育部呈送华东纺织工学院偿付校基农作物偿价款的报告

一、案奉钧部十一月十五日教秘财字第一一九六五号通知开，略以“关于华东纺织工学院偿付你校农作物价款作如何处理，希即具报”等因。

二、华东纺织工学院偿付本校农场青苗及农舍等费，曾经呈请钧部转函并经本校前总务长张祖培与该院征地工作委员会往返协商，结果以一次给价计人民币叁千贰百零陆万柒千贰百元。该项偿价业已照领，送存人民银行本校公库户内。

三、查本校农事试验场最初系由附中校友集股设立，当时支出资金约时值白米壹百五拾担之代价，复因经费不足，陆续由校董会垫付人民币约贰千四百万元。

四、本校对于该项偿款处理意见：

该农事试验最初虽系由校友集股，但各校友散居四处，对于该项股金恐无意再作追还之想，而校董会之垫款只无需归还。本校准备将纺织工学院偿价情形及移转办法通告各校友同意并拟将该款全部移转师范大学作为机动用费。

五、是否可行，理合备文具报，敬祈鉴核示遵！

谨呈华东军政委员会教育部

私立光华大学校长廖世〇

一九五一年十一月二十二日

附录 A：华东教育部的批复

光华大学：

一、十一月廿二日光（五一）字第五四七号呈悉。

二、关于华东纺织工学院偿付你校农场作物价款之处理问题，同意你校意见，将该款全部移作华东师范大学作为机动用费。但华东师大使用该款时，应报部备核。

三、复希知照。

抄致华东师范大学

华东军政委员会教育部部长孟宪承

一九五一年十一月卅日

附录 B：光华大学致华东师范大学的函

我校中山西路老校基土地于今夏由华东纺织工学院征用建筑该院校舍。我校原在该处设有农场，经数度洽谈，该院偿还我农场作物等价叁千贰百零陆万柒千贰百元，又零星用具作价伍拾万元。我校业已结束，此项偿款拟移作你校作为机动用费。经呈奉华东教育部一九五一年十一月卅日教秘财字第〇一二四四九号批复“关于华东纺织工学院偿付你校农场作物偿款之处理问题，同意你校意见，将该款全部移作华东师范大学作为机动用费。但华东师大使用该款时，应报部备核”等因，我校即将该两款计叁千贰百五拾陆万柒千贰百元签奉人民银行支票贰纸送请察收，用特函达，至希查照见复为荷。

此致华东师范大学

私立光华大学

一九五一年十二月五日

附录 C：华东师范大学筹备委员会的复函

一、你校本年十二月五日光（五一）字率五五五号暨人民银行支票贰纸计人民币叁千贰百伍拾陆万柒千贰百元收悉。

二、关于你校移交农场作物价款，除遵照教育部教秘财字第一二四四九号批复抄件处理外，用特复请查照。

此致光华大学

华东师范大学筹备委员会启

十二月七日

二、图书

一九二五年李基鸿致函离校学生善后委员会捐款捐书[①]

1925年6月24日，学生家长李基鸿致离校学生善后委员会书[②]，愿捐洋1千元，作本校图书基金。又捐家藏经史子集丛书，为校图书馆基本图书。

1925年11月15日，光华大学图书馆开幕。

本校见闻录[③]

图书馆。图书馆里的藏书，大多是经史子集等中国的古书，其他如英文、科学、杂志、哲学、心理等书也是很多，不过比较的少些罢了。当这图书馆初开的时候，我走进去一看，差不多十人中八九人，是看的外国书。不多几个月以后，我偶尔走进图书馆看时，不禁大大的（地）稀奇，想来平均十人中倒有八九正在看什么《老子》、《庄子》、《荀子》和《文心雕龙》。我看了之后也就走了出来。

私立光华大学图书馆[④]

馆址：大西路，兆丰花园西首。

电话：龙华三十二号

学校概略：光华大学，为“五卅惨案”后约翰大学家长鉴于子弟离校，捐资兴办

① 光华大学大事系年录［Z］//光华大学十周纪念册．上海：光华大学，1935：21.

② 光华大学大事系年录［Z］//光华大学十周纪念册．上海：光华大学，1935：21.

③ 华渭．本校见闻录［Z］//光华年刊（丙寅）．上海：光华大学，1926：202-203.

④ 上海各图书馆概览［M］．［出版地不详：出版者不详］，1934：85-86．上海档案馆藏档案号Y9-1-96。

者。十八年五月立案[①]。现设文学院、理学院、商学院，计十三学系，共有学生六百八十余人。董事长张寿镛。

沿革及成立年月：图书馆，创设于民国十四年九月，即学校初立之时。

组织：设主任一人，图书委员会五人。

馆舍建筑：图书馆尚无独立之建筑，现占西院之一部，计有阅览室二间，办公室一间，藏书室一间，储藏室一间，教师研究室一间。

藏书：中文，已装订三千一百十五，未装订一万一千五百八十四，共一万四千六百九十九册。西文，五千五百零二册。杂志，中文一百二十一种。西文，七十二种（附表）。新闻纸，十种。总计书籍二万零二百零二册，杂志报章二百零三种。

职员：共四人。

馆长：唐书第。

经费来源：由每学期收生图书费洋五元，购书费所收图书费，专充购书之用，每年约计洋一万元，薪俸每年三千余元。

分类：用杜威十进分类法。

校务会议推定图书委员会委员

廿三年九月十二日下午二时在校长室

出席：张詠霓、朱公谨、容启兆、薛迪靖、廖茂如、钱子泉、胡其炳

主席：张詠霓

记录：陈学儒

讨论事项：

推定图书、体育委员会案。已经推容启兆、钱子泉、朱公谨、薛迪靖、唐书第、吕诚之先生为图书委员会委员。

---

① 一说本校之立案在1929年6月11日，参见《私立光华大学章程》第14页。

十年来之图书馆[①]

本图书馆，在民国十四年秋与本校同时成立。最初在霞飞路临时校舍时，仅有小规模之图书阅览室一间，书籍数十册，书架二三具。按当时学校行政之组织，图书室隶属庶务处，而事务之掌管则由各职员及同学轮流分任之，盖草创之际，略具雏形而已。旋得李基鸿先生，将家藏古书四千余册，概赠本馆。复承各教职员，及同学之踊跃捐助。不一年，书籍已有六千余册，本馆于是始有基础矣。

民十五夏，本校迁入大西路新址。本馆在西院三楼大教室一间。时学校当局，对于图书馆之扩充渐加注意。乃聘定主任，规定经费。图书馆在学校行政之组织上，亦离庶务处，而自成学校行政之一部。唐曰竹于斯时来校服务，即着手理订章程，编制表册，仿效欧美制度，编目分类，并依新法管理之。书籍亦许借出，藏书逐渐增加，规模遂以粗具。

民国十六年，张欣海氏掌校务。张氏以图书馆乃学问之导源，知识之符库，在大学教育中实占重要地位。故经营之，筹划之，扩充之，不遗余力。如捐募画籍，归并附中图书馆，增收图书费，选购中外名著，并另筹的款，收购张君劢及郭虞裳二先生之藏书。复议书籍倍增，原有之图书室，不敷度藏之用，于是迁至同院二楼，据课室二间，一作书库，作一阅览室，而以中间之走廊为办事处。更以事务日烦，另请孙德善先生为佐理，并请同学赵英达等，先后为助理员，是为本馆馆务发展上突飞猛进时期。本馆之得有今日者，张氏实有力焉，兹将历年来之进展情状。略述于后：

十七年夏，以藏书日多，前此之地址，又不敷用。爰将办事处迁入书库，而以走廊充作阅报室，并辟三楼之暗室一间，作为储藏室。十八年春，又合并邻室二间，一作阅览室，一作办公室。十九年夏，改辟三楼之侧室一大间，为储藏室。并为便利起见，由书库通以扶梯。廿二年夏，又并邻室一间，作为参考室。现在计有阅览室二间，办公室一间，书库一间，参考阅览室一间，储藏室一间，阅报室（即走廊）一间。阅览室可容百人，书库及储藏室，各能置书万卷，共占面积约三百九十平方米。历年馆舍面积，另建统计表。

本馆购书经费，以每学期所收学生之图书费充之。初大中学图书费，除每年拨交附中图书馆洋贰千元外，全数拨作本馆购书之用，每年计洋万元左右。自廿一年起，学校对于图书费，另行规定，只限以大学图书费，拨充本馆应用，五千元左右，因之年来购书之费，实有不敷支配之处。精确数目，见统计表。

---

① 光华大学十周纪念册［Z］. 上海：光华大学，1935：79-86.

本馆历年来选购书籍，先由教授学生，日常必须参考者入手，至于古刻珍本，暂无余力搜罗。现馆藏图书，共计二万五千余册。计线装中文书一万三千余册，西式装订之中西图书一万一千余册。历年图书增加，统计见附表。

本馆图书，除购置者外，承各方捐助者，为数亦多。其著者有下列诸项：

李基鸿先生捐中文书四千余册。

张校长捐《四部丛刊》一部

民十六年级捐《大英百科全书》一部。

民十七年级捐《牛津大学字典》一部。

民廿年级捐《图书集成》一部。

何东先生捐中文书六百余册。

本馆图书分类：采用杜威实行法，而加以数处之补正。目录用卡片式，有分类目录，及字典式目录二种。至于书本目录，则尚未编印。其所以暂缓付梓者，良以藏书不多，经费有限，且书本目录今日出版，明日新增之书，即无从安插。若求完备，除编印补编外，别无善策。然屡印补编，检查亦甚不便。明知此种办法，极不经济，且其结果，有不如卡片目录之便利，而易于扩充。然吾国学者，多以此种数目为不可少，故拟即行编印，以应其需。

杂志有益于专门研究者之参考，已为识者所熟知。本馆历年来向国内外订购及搜求中西杂志，曾费相当心力；且亦有相当之成绩。现在馆藏杂志共有六百余种，并皆按卷汇订，编目珍藏。计已汇订者有一千九百余册，内中文一千余册，西文约九百册。

报纸为日后之史料，可供各项参考之需。本馆自十七年起，即将本埠之《申报》、《新闻报》及《时事新闻报》三种，按月收藏，装订成册，以便参考。自廿三年一月起，增藏南京之《中央日报》及天津之《大公报》二种。

图书流通，分来馆阅览，及书籍借错两种，来馆阅览，人数每日四百余人。借出书籍每学期平均四千余册。历年借书册数见统计表。

本馆初成立时，无专任职员，及至十年后之今日，共有职员三人，职工一人，而与实际上，仍感事多人少，不敷分配，兹将历年来服务本馆者，列表如下：

姓名	到职年月	离职年月	备注
胡怀卿	十五年二月	十五年七月	
唐孟高	十五年九月		
孙德善	十七年三月	廿年一月	
苏曾诒	十七年九月	十八年七月	学生助理
顾子范	十八年三月	廿年七月	兼任
徐春霆	十八年九月	十九年七月	学生助理

赵英达	十九年九月	廿年七月	学生助理
陆上之	廿年二月	廿四年二月	
程宝山	廿一年十一月		
高昌玲	廿四年四月		

以上所述，为本馆十年来馆务之概况。此十年中，馆务逐渐发展，皆学校当局指导有方，本馆先后服务同人，协恭共济之力。然无正式之馆舍，与行政及阅览方面，均感不便，此则有冀于学校当局，应速为筹建者也。

虞洽卿等发起集资建筑光华大学图书馆①

国历六月二十九日为前江苏财政厅厅长张寿镛氏六十诞辰，顷由党政要人发起为张氏寿，兹觅得寿启全文，录载如次："中华民国建国之二十有四年六月二十九日，鄞县张公詠霓，寿登六十。先期六月三日，公所手创之光华大学，亦十年所矣。洽卿等谋所以寿公者，以为斟菊溪之酿，荐绥山之桃，截紫驼之峰，脔红虬之脯，非不侈嘉旨乐醉饱也。广厦细毡之上，修容艳姿之歌，婕娟提媆之舞，既窈窕而绰约，亦幼眇而便娟，非不媿耳目，怡心魂也。然而耗财无用之地，博旦暮斯须之娱，公之俭约所勿俞也。明珠宝玉，腾采帷闼之内，吉金乐石，流辉几席之上，宜若可以尊好古之雅，当资藏家之珍袭矣。然而黩货玩物，君子勿责，公之清德，弗可浼也。无已，则作为诗歌文辞，称述功德，垂之无涯，庶几可乎。然而公之名绩，著在万口，公之撝谦，虽有勿有。吾侪不文，义亦何取。夫寿之为言畴也，畴莫大于畴其志，公之志在国家者，既局于时与势，不获竟其施，则一尽其心力，以长育人才为己任，斯校也，作始仓卒，经营艰难，讲肄有堂，食宿有舍，拍浮有地，鞠蹴有场，庖福有所，亦苟安矣。独图书馆阙然未立，既无以广藏庋备浏览资考订，公尝以为憾，而校之垂久远，尤在有永久之基金，则筹集尤不容缓。今斯校绵历岁月，适于公周甲诞日，纪成数焉，是今兹之所以寿公，莫宜于此。且公之交游遍海内，公之惠爱在国中，当公揽揆之辰，人人欲申其颂祝之忱，不后于吾侪。此非吾侪所得而私焉，渠渠之屋，非一木之干，黄黄之裘，非一狐之腋，谨推洽聊等为主进，并谂公之知好，凡世俗所以为寿之具，一切屏窠，各以其愿力所及，出金付主进者，益施于公，则取不害廉，成人之美，则予不伤惠。它日斯馆告成，网罗群籍，缥青芸碧琳琅四壁，嘉惠髦士，基金巩固，则一切规模永永无极。至公所提倡之合作教育，亦得借以奖励，既以醵公之志，亦以绵公之泽。诵青莪之章，棫朴之

① 张寿镛氏六十诞辰虞洽卿、丘汉平等发起庆祝［N］. 申报，1935-05-24（13）.

什，于以寿公，公其无斁。再收款处指定上海汉口路交通银行、上海汉口路国信银行、上海河南路惠中银行及光华大学内光华银行四处。”

承办人公推朱公谨、张慰如、张佩绅、陈彭仙、虞仲言合并声明，发起人虞洽卿、宋子文、孔庸之、丘汉平等谨启。

光华大学图书馆被毁[①]

11月12、13日，大西路校舍被日军彻底焚毁[②]。焚毁藏书在七八千册左右[③]，总计损失约在七十万元以上。《申报》载：“大西路光华大学于十二日夜间，中炮弹起火，至昨午课室、宿舍、礼堂、图书馆、试验室等，全部着火延烧，逆料全校已成焦土。该校在被焚以前，自西逃难而来者，悉数收容于内，分住四楼以迄下层。该项难民，难免葬身火窟。迄晚五时，全校仍在燃烧中。”

光华大学成都分部一九四八年校董会会议记录

校董会议记录

时间：民国二十七年六月二十一日午后二时

地点：成都本校

出席者：邓汉祥、张寿镛、谢霖、缪剑霜（寿镛代）、胡笔江（谢霖代）、甘绩镛、张仲铭

公推张詠霓校董临时主席

记录：赵中

……

四、沪校图书仪器一部运川

沪校现仍照常上课，计尚有大学部学生五百人，中学部学生八百人，故所存图书仪器不能全部运来。现在已将一部分理化仪器及一部分图书由沪运至昆明，再行转输来蓉。

---

① 姚璋．八一三以来之光华大学［Z］//光华年刊（己卯）．上海：光华大学，1939．

② 光华大学再度延烧［N］．申报，1937-11-14（3）．

③ 今日孤岛上的图书馆事业［N］．文汇报，1938-08-17（14）．

容启兆赴上海接运沪校拨赠分校的图书[①]

十三日，教务长容启兆赴沪，接运上海本校拨给图书，并由成都分部筹款自购理学院仪器。

张寿镛请求发放运川图书、仪器免税放行护照的函[②]

白纯先生大鉴：

敬启者。月前在渝，畅承教益，钦佩无似。敝校上海原有图书、仪器，现已装成六十四箱，由沪启运赴滇，然后由滇运川，业已呈请教部，咨请大部填给云南海关免税放行护照。惟此等运件均系教育用品，在沪装运之前恐被汉奸知悉，发生枝节，故皆利用黑夜，尽其所有装入箱内。当时无法开列清单，此等实在情形，并已呈请教育部代为咨明，预计暑假不久完毕开学在即，各该物件急需应用，特再专函奉达。所有该项护照，务请赐即填发，俾得寄滇接运，不胜盼祷之至。

顺颂勋绥。

弟　张寿镛　谢霖　敬启

民国廿七年七月十四日

光华沪校所拨图书共六十四箱运抵成都分部[③]

十九日，本校自购仪器及沪校拨给之图书共六十四箱，由海防到昆明，承袁璟会计师代托四川著名之麻乡约运送行以人力挑运到蓉，共雇脚夫一百五十四名，中途有脚夫两名，滑堕万丈深崖，未能得救身死。

① 成都分校十年大事记［Z］//私立光华大学成都十年记. 成都：光华大学，1948：58.

② 此函为谢霖以张寿镛名义拟写，鲁白纯时任财政部秘书长。

③ 成都分校十年大事记［Z］//私立光华大学成都十年记. 成都：光华大学，1948：61.

光华大学图书馆概况[①]

本馆初创之时，仅据室一隅，藏书数百册。历经当局扩充，与夫热心教育文化人士之捐赠，藏书激增，馆务日进。当时馆舍占西院之一部，计阅览室二间，可容百人，书库与储藏室各一间，能置书数万卷，又参考图书室一间，办公室一间。截至廿六年八月十三日止，本馆藏书计中西文书籍约三万六千册，中西文杂志另册二万五千余册。本馆对于搜集有价之期刊，曾不遗余力，收藏之富，为沪上各校之冠，师生称便。

迨“八一三”战事爆发，虽几经本馆同人冒险抢运，大部分贵重图书得以保存，然中西文杂志另册则全部毁失。运出图书计中文一三一三五册，西文五四〇六册。其损失详情，已编有《八一三沪战损失图书目录》存馆备查。

战后本馆数经迁移，在此不安定之局势下，仍力谋扩充设备，添购新书。廿九年，附中图书归入本馆办理，一部分业已另编目录，备供借阅矣。兹将本馆最近概况略述如下：

（一）组织　本馆现隶教务处，馆务之掌理，由主任负其全责。至于进行之大计，馆务之审查与监察等责，则有图书委员会任之。

（二）设置　本馆现有阅览室一间，书库二间，储藏室一间，办公室一间。

（三）藏书统计　本馆现藏图书共二万余册，计中文线装书一一〇一五〇册，普通装订本书籍计中文四〇六六册，西文六一八四册（附中图书不计在内）。

（四）编目　本馆图书分类采用杜威十进分类法，并佐以王云五氏中外图书统一分类法，二者并用。本馆目录用卡片式，现有目录二种：（甲）分类目录，将所有图书照分类法依其性质而归之。（乙）字典式目录，集著者卡、书名卡、类别卡、分析卡等而成，西文依字母之次序排列，中文则依杜定友氏之汉字排列法。

（五）经费　战前本校大学部每学期每生收图书费五元，今则减收三元，专充购书之用。惟以金价猛涨，原版西书价格固较战前超出六倍以上，即中文书价亦均增加二三倍不等，以是新书添置之数大减。

（六）开放时间　每日上午九时至十二时，下午一时至五时，星期日停止开放。

（七）阅览概况　每日阅览人数约四百人，借出图书每星期平均四百册。

---

① 唐书第．光华大学图书馆概况［Z］//光华大学十六周纪念特刊．上海：光华大学，1941：14-15.

光华大学沪校图书扩充[1]

本校自于廿七年九月廿一日赁租汉口路证券大楼为校舍后，迄今已历一稔有半矣。当颠沛流离之际，仓卒布置固难尽如人意。然几经设计，幸获大致楚楚，此堪告慰者也。试述大事如次：

……

（二）图书馆布置及扩充：就本校藏书总数之夥，虽在旧址尚觉不敷□藏，今日更无论矣。自添租三楼后，辟出一部分，几经布置，尚能别具一格，惟阅览处所终嫌过小耳。

谢霖关于康心如兄弟捐款建筑成都分校图书馆的报告

詠老赐鉴：

敬陈者。本校图书馆兹奉康心之兄来函决定由心如、心之两兄合捐万元，题名“季琴图书馆”，纪念乃翁季琴先生。此款先由心如、心之两兄代向银行挪借，年底归还，以便动工。除正绘图候心如兄到省亲自动土外，用特函报，尚乞我公另函言谢寄蓉转去为祷。

顺颂潭祺。

附抄心之兄来函，复心如、心之兄函稿

谢霖谨肃

民国二十八年四月二十五日

照抄答复心如兄弟函

心如、心之我兄大鉴：

接奉四月二十日心之兄大函祗悉，本校图书馆承蒙两兄合捐万元，题名“季琴图书馆”，纪念老伯大人，闻之无任钦感。现正急速绘图候心如兄到蓉莅临动土，除函报詠霓校长外，特先函谢。

顺颂台祺

弟 谢霖敬启

民国二十八年四月二十五日

---

① 该篇出自《光华大学校董会议案》，该议案于民国二十九年（1940年）2月25日在觉园11号通过。

照抄康心之校董来函

霖甫先生道鉴：

两奉赐书，适弟正在病中，久稽裁答，甚罪甚罪。光华大学今日得有相当之基础，端赖先生之努力，甚钦甚佩。建造图书馆事，弟本拟约集同志十人，融资万元促其成功。嗣以于右任先生新办一中国公学附属中学（何鲁先生为校长）正募捐中，而附中建筑费尚差数万，亦正多方设法，故光大图书馆事未便立即进行，但又重承雅嘱，不敢借故延缓。兹特就商愚弟兄拟为先君留一纪念，由愚弟兄合捐万元建筑"季琴图书馆"。季琴者，先君字也。惟此捐款须俟今年年终某种事业盈余项内支付之。此刻如欲动工，可向银行暂借（家兄允介绍，弟允担保），落成之日准可缴纳。心如家兄约于月杪到省，请公就近与之面洽可也。此复。

顺颂道安。

弟 康实志顿首

四、廿

光华大学及成都分部图书设备

上海本部

……

四、现有设备：(1) 图书，图书馆藏书尚有二万零七百六十九册。(2) 仪器，实验馆仪器分物理、化学、生物、土木工程四部，皆系八一三后由原校抢移出来之物，勉强足用。

成都分校

……

四、现有设备：(1) 图书：季琴图书馆藏书计有一万一千余册。(2) 仪器：本分校建有科学馆一座，作为化学、物理、生物及土木工程等各项实验之所。实验仪器因战事关系，交通、经济两俱困难，致设备无多，仅能勉强足用。(3) 运动设备，本分部现有地广二十余亩之体育场，内设网球场、排球场、足球场。

……

迨二十九年（1940 年）秋，川校已有地皮一百五十余亩，房屋五百余间，图书仪器等项亦有相当数目。若就目下物价估计，财产价值约值一百万元。基础可谓已经大定。

呈请校董会拨付添置仪器、图书等费用的报告

敬启者：

案据各实验室主任及体育组主任等签请添置仪器图书及运动用具等，业经提请经济审核委员会讨论，当经决议“（一）大中学体育设备费酌减为捌百万元；（二）图书、设备费除附中拨付壹百万元外，再增加预算三百万元；（三）生物、物理、化学三实验室及附中仪器设备费各壹千万元，土木实验室仪器、设备费五百万元，总共五千七百万元，拟请校董会拨付，以便充实设备”等语，记录在卷，相应录案，并附奉添置清单，函请察核，并祈早日拨下，以资应用为祷！

此上翁董事长

附清单（仍祈赐还）共四十六页（略）

校长朱经农敬启

中华民国卅五年十一月五日

（复字第五八一号）

呈请北平图书馆袁同礼馆长酌拨美国捐赠图书的函

守和馆长先生道席：

敬启者。敝校原校舍于抗战时期，被敌全部焚毁，损失之惨为沪上各校冠。图书损失计有中文类约二千部，西文类九百余部；杂志合订本中文约二百种，西文约一百八十种。顷闻先生为重振我国文教起见，在美捐募大批图书，以备赠送国内各大学之图书曾受战事损失者，不胜感佩。

敝校本学期复校伊始，尚待社会贤达，多予匡助！素仰先生爱护敝校，至祈赐予扶持，将美捐图书酌拨若干，以供敝校员生之参考，是所企祷！

耑此，祇请道安。

光华大学校长朱经〇敬启

中华民国卅五年十一月十一日

（复字第六〇八号）

附录：袁同礼关于在可能范围内从优分配图书的复函

经农先生大鉴：

接奉复字六〇八号大函，敬念种切。

贵大学复校补充图书一节，极愿赞助，当陈明图书分配委员会，在可能范围内从优分配。先此奉复，诸希亮察。

顺候台祺，不一。

弟袁同礼顿首

十一、二十

教育部核发一九四六年度补助费的代电

私立光华大学：

查本年度私立专科以上学校补助费业经召开审查委员会审议分配核定该校（院）应支四百万元，款已请国库一次径拨，仰依据实际情形拟定使用计划报核教育部。

教育部印

中华民国三十五年十月廿一日

（高字第二六六四四号）

附录A：关于补助费专用于购置各系图书呈教育部的报告

案奉钧部本年十月廿一日高字第二六六四四号代电：核准本校本年度补助费四百万元，并令将实际情形拟定使用计划报核等因。奉此，查本校抗战时期于图书一项损失甚巨，拟将钧部核拨之补助费专用以购置各系图书以便教学上参考之用，仰祈鉴核，准即拨给。

是否有当，候示祇遵！

谨呈教育部部长朱

校长朱经〇

中华民国卅五年十二月卅日

（复字第七三二号）

附录B：教育部关于同意补助费用于购置各系图书仍须造册备核的令

令私立光华大学：

卅五年十二月卅日复字第七三二号呈一件，为呈复核拨之补助费拟专用以购置各系图书，希准予拨给并候示遵由，呈悉。所请将卅五年度补助费肆百万元专作购置各系图书一节，应予照准，仍须编造添置设备清册呈核。该款已催请财政部国库署径拨，并仰知照。

此令！

部长朱家骅

中华民国三十六年正月廿四日

（高字第〇三八〇一号）

呈请中央银行国库局照予支付补助费的函

窃本校接奉教育部本年一月廿四日高字第〇三八〇一号指令开，“令私立光华大学：卅五年十二月卅日复字七三二号呈一件，为呈复核拨之补助费拟专用以购置各系图书，希准予拨给并候示遵由，呈悉。所请将卅五年度补助费肆百万元专作购置各系图书一节，应予照准，仍须编造添置设备清册呈核。该款已催请财政部国库署径拨，并仰知照，此令！”等因，复于同日奉到财政部支付通知书一纸计国币四百万元。

用特备函检同该通知书及贵处所发国库总库印鉴纸一联暨领款收据三联单一纸，送请查收，开立户名，并照予拨付，至纫公谊！

此致中央银行国库局

附上：

国库总库印鉴一联，领款收据三联单；

财政部支付通知书普直字第三五一八号一纸

光华大学校长朱经〇

二月七日

（复字第八二五号）

呈请教育部鉴核补助费购置图书、设备清册的报告

案查卅五年十月奉钧部高字第二六六四四号代电，核发本校三十五年度补助费四百万元，饬拟定使用计划报核，遵。经拟定专用以购置各系图书，于上年十二月以复字七三二号呈，奉高字第〇三八〇一号指令核准，各在案。

兹将是项补助费四百万元购置图书设备造具清册，理合备文呈请鉴核备查。

谨呈教育部部长朱

计呈清册乙份

全衔校长朱经〇

中华民国三十六年十月廿四日

（复字第一四四九号）

私立光华大学

领到三十五年度补助费

购置图书、设备

中文书籍 79 种	$1 656 630
西文书籍 37 种	$2 344 246
合计	$4 000 876
校长：朱经农印　图书馆主任：郭心晖印 中华民国三十六年五月十五日	

附录：教育部指令

令私立光华大学：

卅六年十月廿四日复字第四四九号呈一件，为奉拨卅五年度补助费四百万元购置图书设备造具清册呈请鉴核由，呈件均悉，准予备查，仰即知照，件存。

此令！

部长朱家骅

中华民国三十六年十一月十五日

（高字第六一三八九号）

祝永年请求添置测量仪器并增添工程参考用书

查本系原有测量仪器最近启箱检视为数甚少，一部分且已损坏，不敷应用甚巨。经与董钟林教授洽商之下，最低限度应行添配之测量仪器及用具开列清单（见附表），拟请即予添置，俾不致影响学程之进行。

又关于工程学方面，各项图书、杂志、名著新版层出不穷，请图书馆随时添置充实，以供研究参考。并为便利学生阅览起见，最好另辟工程图书室全日开放，是否可行，一并呈请钧裁示遵。

谨呈朱校长

土木系祝永年谨签

十月廿六日

校董会同意增拨图书、设备费用的函

接准十一月二日大函附清单，关于增加各项预算：（一）大中学体育设备费增加八百万元；（二）图书设备费除附中拨付一百万元外再增加三百万元；（三）生物、物理、化学三实验室及附中仪器、设备费各壹千万元，土木实验室仪器、设备费五百万元。以上各项总共五千六百万元，已由本校常董会审核通过，俟实际需款时再行函请拨款，相应函复，即希台照为荷。

此致朱校长

三十五年十一月十一日

（财字第四号）

附录：关于请校董会财务委员会尽快拨付图书设备增拨费用的函

案奉本月十一日钧会财字第四号大示，“接准十一月二日大函附清单，关于增加各项预算：（一）大中学体育设备费增加八百万元；（二）图书、设备费除附中拟付壹百万元外再增加三百万元；（三）生物、物理、化学三实验室及附中仪器设备费各一千万元，土木实验室仪器设备费五百万元。以上各项共为五千六百万元，已由本校常董会审核通过，俟实际需款时再行函请拨款，相应函复，即希复照为荷”等情，查该款五千六百万元现急待应用，至祈准即拟付为祷。

此上校董会财务委员会主席委员钱

校长朱经农谨启

十一月二十日

（复字六三六号）

图书馆初具规模[①]

八一三之役，本校大西路校舍惨遭焚毁。旧藏图籍，幸赖前图书馆主任唐书第先生率领馆员，奋勇抢运，保全泰半。巨帙如影印宋碛砂藏经，百衲本廿四史等，微有残缺，大致尚完好。惟兵燹之余，辗转迁移，丛书部分，散失甚夥。证券大楼时代，所谓图书馆也者，局促斗室，不容发展，书籍久藏，腐蚀霉污，不论线装、精装，悉有断肢折肱之叹。复校以来，由新聘图书馆主任郭心晖女士竭力整顿，始稍稍就绪，今图书馆暂占课室三大间，种种设备，粗具规模而已。目前中西文书籍总数约两万册（接收日文书籍尚不在内）。新书杂志都八九十种，阅览室同时可容百五十人。鸦雀无声，秩序极佳。

本年度图书费之主要支出为添购各院系指定参考书，及各种辞典工具书，对于新出之文艺作品，搜罗亦不遗余力。近自燕京哈佛学社购得全套引得五十三种，及国学书籍多种，均系坊间罕睹之物。又承美国援华会捐赠教育方面新出书籍杂志，价值在美金千元左右，将陆续自美运沪，私人作大量捐赠者，有本校教授吴予达先生，拟将本学期全部薪给提交图书馆购置经济学书籍，慷慨可风。本校图书馆为适应同学需要起见，闭馆时间延长至晚十时二十分，星期假日亦开放半日。凡我校友欲来馆借阅普通书籍者，请径向郭女士处领取浅色借书证，即得享受与本校教职员同等优待。如蒙捐赠图书杂志，尤所欢迎。

① 校闻摘要：图书馆粗模具［Z］//光华大学廿二周六三纪念特刊．上海：光华大学，1947：28.

光华大学建筑图书馆工程合同

立建筑工程合同人：光华大学法定代理人朱经农、欧迪工程公司（以下简称“业主”“承包人”）。

兹因业主在坐落东区欧阳路二二一号校舍内增建图书馆壹座，包与承包人，一切依照均益建筑师所设计之图样、施工说明书及细图办理。经双方同意订之本合同，条文如左，以资遵守。

（一）工程范围：本工程在上开地点建造图书馆平屋壹座及地下瓦筒等工程，但卫生、电气等工程不包括范围之内。

（二）工程包价：本工程总计包价法币拾壹亿元整，该项包价包括完成本工程所需之工料、器具、用水、开支杂费及盈余等在内。将来无论工料涨落，双方均不得要求增减（业主已备有一部分建筑材料，经双方同意得按市价作与承包人以抵付一部分造价）。

（三）付款方法：业主应照下列分期付款方法于每期由均益建筑师签发领款证书后付给承包人。

第一期：签订合同时付全部造价70%。

第二期：墙面到顶时付12.5%。

第三期：屋面盖好、地板铺好、内外墙粉刷完成付12.5%。

第四期：全部完工竣由业主验收后付5%。

（四）开工日期：签订合同后三天，即卅七年元月三日以前必须正式开工，不得延缓。

（五）完工期限：自开工日起六十天内（雨雪冰冻天除外）将全部工程完全告竣，由业主验收。

（六）赔偿：承包人不能在规定日期内完成全部工程，承包人自愿赔偿业主因延期而所受之损失每天法币伍百万元整，此项赔偿得于包价内扣除之。

（七）保证：承包人于签订本合同时应缴请业主同意之铺保作为保证人，负担承包人将本工程在订定期限内按照图样说明书完成后交与业主。如届时不能完成或发生意外等情事，概由保证人员负完全责任，代为处理承包人之一切工程及自愿放弃先诉抗辩权。

（八）附则：本合同得由双方及保证人将所附一应文件详细阅读后同意签订，并承认一经签字，业主、承包人及保证人，或上述各人之代表，或其法律承继人皆应遵守。本合同一式贰份，业主及承包人各执壹份，另备副本贰份，存建筑师处备查。

附注：工务局建筑执照由业主自行办理。

立工程合同

业主：光华大学校长朱经农

承包人：欧迪工程公司李厚田（住址：复兴中路二六三弄七号）

保证人：兴成康木行经理曾兆康（长治路三百念号）

建筑师：均益建筑师

中华民国卅六年十二月三十日

清永图书馆落成①

去年（1947 年）六三时，大中学校校友聚餐于新雅酒楼，即席签名负责承募巨款，建造宿舍。

……

继有校董李祖永先生，为纪念其尊翁眉清公，独资捐建“清永图书馆”。该馆去冬兴土，今春（1948 年春）已落成。该馆自四月中旬开放以来，阅览室内几常无虚席，研究学术的空气益见浓厚。于此可见精神仓库的充实，嘉惠学生，殊非浅鲜。今春添建的生物实验室，已于最近竣工；向美国订购年余的生物实验仪器，亦已于斯时运到，内有最新式的切片机，颇为名贵。化学、物理、土木等系，亦均有充实设备计划。训导长兼理学院院长容启兆博士，最近出国，对于在美向华侨方面募款添置科学仪器，确具握把。

赵家璧捐赠出版物祝贺新图书馆落成的函

经农校长先生赐鉴：

本届六三校庆，欣奉母校图书馆新址落成。兹特将生所主持之晨光出版公司一年来全部出版物捐赠全套，计共二十八部三十一册，即希哂纳，并恳拨交图书馆陈列，以供

① 姚舜钦. 一年来的回顾与前瞻［J］. 光华通讯，1948（3）：2.

众览，藉申贺意。

耑此，即颂教安。

受业赵家璧鞠躬

中华民国卅七年六月五日

附录：致赵家璧的答谢函

家璧校友大鉴：

顷接惠书祗悉，荷承捐赠贵公司出版物全套，至感雅意。除交图书馆陈列外，耑此布谢，顺颂夏祺。

朱经〇启

中华民国卅七年六月七日

光华大学附中图书馆建设①

最近一年来，附中教务，在廖校长及张副校长领导下，颇多革新，兹假六三校庆之期，择要缕述如下：

……

（五）图书整编　本校在抗战时之图书损失，亦极重大；虽经每学期之大量补充，一时仍难恢复旧观。本学期于大学部图书馆主任郭心晖先生协助之下，请石熷壬先生负责整理编目。并辟二楼东部廿四号大教室为图书馆，分书库及阅览两部，明窗净几，环境幽美，诚为全校一最佳之藏修胜地。最近正在赶制书卡，不日全部图书即可正式出借。现有中外图书、杂志六千余册外，整部巨著，计有：《四库备要》、《古今图书集成》、《丛书集成》、万有文库、中学生自然研究丛书、新中学文库及中华文库等数种。

① 毛仲磐．一年来之附中教务概况［Z］//光华附中简讯．1948：2-3.

恳请陆小曼捐赠徐志摩藏书的函

敝校新建清永图书馆甫告落成，拟向收藏名家广征书籍，藉资充实内容。顷闻徐志摩先生旧藏书籍甚富，窃以徐先生过去曾任敝校教授，化雨春风，早具渊源。用特备函，并奉托校友赵家璧君趋洽，拟请将珍藏名籍捐赠敝校图书馆，不独永垂纪念，实嘉惠后学无穷也。倘荷慨允，无任感幸！

耑此奉恳，敬颂阃安。

朱经〇敬启

中华民国卅七年六月七日

呈请伦信地产公司代为照料暂存图书、仪器的函

径启者：

敝校为疏散起见，现有图书、仪器若干箱（另附清单）暂存贵公司栈房内储藏，拟请代为照料，如遇必需出清时，在接到通知后自当照办。

相应奉恳，敬希查照惠允为荷！

此致伦信地产公司

附清单一份

私立光华大学

一九四九年五月二日

关于提取图书、仪器等致上海市军管会的函

查本校前于本年四月底被迫疏散，所有大中学两部图书、仪器以及建筑材料，计图书、仪器共肆拾柒箱，水泥（纸包）捌拾捌包、（袋装）柒拾叁包，暨玻璃肆拾壹箱，经存伦信公司仓库内储藏。现本校业经复学，上项图书、仪器等件亟待应用，特派事务

主任毛寿恒趋前接洽，相应专函奉达，即请查照，惠予转饬准照提运，至纫感荷！

此致上海市军管会财经接管委员会工商处

代理校长廖〇〇

一九四九年六月十日

旅大行政公署工业厅关于寄赠资料藉资交换的函

私立光华大学：

贵校五月廿日来函已悉，关于索取本厅印行之参考资料等情，现将本厅资料已另包寄上十一种。至云拟购一节，本厅为了交流经验，愿以刊物与贵校互换参考资料，尚希不吝珍品，由邮寄下。

特此奉达，即希查收见复为荷！

此致敬礼

旅大行政公署工业厅

一九五〇年六月五日

附录：致旅大行政公署工业厅感谢函

径复者：

六月五日大函暨附件均经祗收，除珍藏以供阅览外，特致谢忱。兹寄上敝校《廿五周年纪念册》及敝校校友陈文麟著《棉纺织厂成本会计》各一本（另寄），敬启察收为荷！

此致旅大行政公署工业厅

私立光华大学启

一九五〇年七月十一日

华东教育部关于派员前来领取书籍的通知

兹有书籍一批，发给你校，书名册数见附表，供参考之用，希即派人前来领取。

附书名册数表一份

此致光华大学

华东军政委员会教育部

一九五一年一月一日

书　　名	册数
Petterssen: *Introduction to Meteorology*, 1941	1
Rayner: *Elemnetary Surveying* vol. 1, 2nd　Ed. 1943	8
Poorman: *Strength of Materials* 3rd ed. 1937	5
Riegel: *Industrial Chemistry* 4th ed. 1942	2
Conant: *The Chemistry of Organic Compounds*, 1939	5
Page: *Lessons in Electricity*, 1936	10
Moore: *Textbook of Materials Engineering* 6th ed. 1941	13
Poorman: *Applied Mechanics* 4th ed. 1940	5
Walker, *Lewis*, *Mcadams* & *Gilliland*: *Principles of Chemical Engineering* 3rd ed. 1937	5
Woodruff: *Foundations of Biology* 6th ed. 1941	9
Holman & *Robbins*: *General Botany* 4th ed. 1939	1
Messer: *An Introduction to Vertebrate Anatomy*, 1938	7

关于派员前往华东教育部领取图书的函

兹遵照钧部教高字第〇〇〇五八号通知，派员南麟岳先生持同领据前来取领配发之书籍，敬祈察核予发给！

谨呈华东军政委员会教育部

全衔校长廖〇〇

一九五一年一月十二日

商请同济大学惠让生物课程教材等的函

径启者：

我校生物系创办未久，实验器材因限于经费不能尽量置备，历承国内各大学及学术机构大力帮助，互换标本，俾克达成新中国生产建设中所需生物科学人材训练之任务。本学期应同学之要求，新设寄生虫学课程，实验所需标本，虽经多方搜集，尚未齐备。近悉你校医学院关于此类标本蒐藏丰富，倘蒙惠让若干，则于我校教学之进行，裨益极多。你校热心为人民服务，夙著声誉，特函奉恳，定蒙慨允。附上清单一纸，即祈台察，至所需费用，理应由我校补偿，务请示知。

又你校姚永政教授所纂《人体寄生虫学教学用图》，如属可能，亦恳惠赠两册，藉资借镜。

此致同济大学医学院

光华大学

一九五一年五月十五日

附录：同济大学医学院关于寄赠书籍等的复函

径复者：

五月十五日贵校光字（五一）第二二六号台函奉悉，遵嘱奉赠本院姚永政教授著《人类寄生虫学教学用图》一册，即希检收。至寄生虫标本一节，本院亦可酌赠壹部份，俟整理齐竣，当再函知。

专复，即请查照为荷！

此致光华大学

附书一册

同济大学医学院启

公历一九五一年五月十八日

华东教育部关于并出系科图书、设备应随之转移的通知

大夏大学、光华大学：

你校合并成为华东师范大学后，所有并出之系科。除教员、学生全体并出外，必要之图书、设备亦应随之转移。希即即照办理。

抄致复旦大学、上海财政经济学院

华东军政委员会教育部部长吴有训

一九五一年九月五日

一九五一年光华大学图书移交致华东师大及其他院校

序号	类别	数量	备注
1	各种数量单位不一	97 种	各种数量单位不一
2		2 665 册	
3		5 043 册	
4	其中有部分移交财经、复旦、同济等院校	6 364 册	其中有部分移交财经、复旦、同济等院校
5	同上	29 436 册	同上
6	同上	3 476 册	同上
7	同上	953 册	同上
8		50. 83 亩	
9		62. 799 亩	
10		7 941. 6 平方米	
11		仪器 1 906 件，书籍 275 本	
12	清单没有计数	估价 675 743 000	清单没有计数
13	清单没有计数	估价 4 500 000	清单没有计数
14		24 506 册	
15		441 种	
16		926 种	
17		579 册	

复旦大学关于并入院系图书移送交接日期的函

光华大学：

一、前奉华东军政委员会教育部一九五一年八月八日未列字第七五六六号及同年八月卅日教高行字第八二五九号通知略开："决定光华大学之政治、法律等系并入我校办理。"

二、查上开各系原有图书及各项设备，迄今未蒙移送我校。特函奉达，至希查照惠示交接日期，以便派员前来奉洽。

校务委员会主任委员张志让

副主任委员陈望道

一九五一年十月卅日

附录：光华大学的复函

一、十月卅日（五一）教字第〇一七六一号公函敬悉。

二、我校政治及法律两系除略有图书外，并无其他设备。兹嘱我校管理图书负责人，将政治及法律两系图书另造目录，连同图书移交你校。一俟造就，当再约交接日期。

三、特函奉复，敬希查照为荷！

此致复旦大学

校长廖世〇

一九五一年十一月一日

第八辑　经费募捐与筹措

光华大学募捐启

自约翰学生宣誓离校，谋及善后，遂有组织新校之义。而王省三君夫妇首先将私产大西路地九十余亩捐为新校址，而宣言曰一年以内不兴工作，地仍收回，盖其意欲促校舍之早成也。

然建筑校舍为一事，善后约翰离校学生又为一事。倘不先筹过渡办法，离校学生羌无所归，即使新校落成而旧雨星散，恐与初旨相背矣。于是以建筑校舍为永久之计划，以僦屋开办为一时之救济，遂定名曰“光华”。并以广意罗致海内向学之士，以狭义使约翰离校学子仍得聚集一堂，无涣散之忧。所有学科除神学一科外，暂照约翰旧章分配，并延聘中西名师，分别大学中学编制，以期完备，此则同人等区区之意也。

惟是建筑校舍，筹集基金，造端宏大，群策是资。教育本社会事业，当世贤达必乐相与有成，况值此人心坚固之秋，振我国民精神，尤在教育之一途。同人等心裕力绌，所望邦人君子表互助之同情，尽力提倡，为山基于积壤，集腋可以成裘，经之营之，得寸得尺，期成功于不日，庶学风之丕扬，厚赐所加，群利赖之。

光华大学筹备委员会启

会长 张寿镛

民国十四年八月

附录：光华大学募捐章程

（一）本大学募捐总额为五十万元，分两期募之。

第一期以本年阳历十二月底为限，第二期以十五年六月底为限。

（二）募捐分校外、校内两部，校外募捐人由校务委员会推举之。

（三）校外募捐人分为六组：（甲）承认募捐在一万元以上者；（乙）承认募捐在七千五百元以上者；（丙）承认募捐在五千元以上者；（丁）承认募捐在一千元以上者；（戊）承认募捐在五百元以上者；（己）承认募捐在三百元以上者。甲组十人（共十万元），乙组十人（七万五千元），丙组二十人（十万元），丁组三十人（三万元），戊组一百人（五万元），己组一百人（三万元），共为三十八万五千元

（四）校内募捐分为两组，一教职员，二学生。

教职员除特别者外，普通每人以担任二百元为标准（约计一万五千元）；学生之家长或学生自任募捐，除特别者外，普通每人担任一百元为标准（约计十万元）。

（五）特别捐助巨款在五万元以上者，本校为造纪念塔一座，名曰“某某塔”（捐助人之名号），悬照相于聚集所，将来并建置铜像；特别捐助巨款在一万元以上者，本校

为联合五人造一塔（名曰“五公塔”），并先立纪念碑，悬照相于聚集所；特别捐助巨款在五千元以上者，本校为立纪念碑，悬照相于聚集所。以上三项并赠大银鼎一具。捐助在一千元以上者，悬照相于聚集所，赠金牌一面；捐助在五百元以上者，赠银盾一座，捐助在一百元以上者赠银牌一面。

（六）凡捐助本校款项者均呈请政府给奖。

（七）凡捐助本校款项者无论款项多寡，题名于光华塔（专造光华塔为捐助者题名）。

（八）凡特别捐助巨款者除照五、六、七三条办理外，并得酌量延为本校董事。

（九）凡经募本校款项者与捐助款项人同等待遇（原捐助人并照第五、六、七三条办理）。

（十）凡特别捐助巨款，如造图书馆、实验室或讲堂等类，均以捐助人之名号标识之（如复旦之简公堂）。

（十一）本章程由本校校务委员会议决施行，如修改时，得随时修改之。

光华大学筹划募集建筑费①

光华大学系因“五卅案”后约翰离校学生所组织，现有学生九百余人。惟校舍系属借用，月需银三千余两，颇不经济。代理校长张詠霓现脱离政界专心办学，预计校舍筑成后，每岁所入，以可自给。而校舍基地，王省三氏已在大西路捐地，建筑之费约需十四万两。张校长连日筹划，略有头绪。浙湖巨绅施省之前日已允担任建筑费二万两，其余交通、通商、四明等银行经理盛竹书、傅筱庵、孙衡甫、陈光甫等均允各捐五百两。又总商会会长虞洽卿均允代为募款云。

附录：光华大学建筑校舍②

光华大学建筑校舍，日来由代理校长张詠霓积极筹划，预备以二十万充建筑费。日来已在投标征募建筑图样，现在已募得者已有八万余两，不日即可筹足十万两之数，即行动工。一面并已聘定虞洽卿、施省之、王省三、张詠霓四君为经济董事，以期募足余数。闻商会、各业、各帮以该大学为五卅运动之纪念物，故愿为尽力捐募。

① 光华大学消息一束［N］. 申报，1925-11-12（本埠增刊 2）.

② 光华大学建筑校舍［N］. 申报，1925-12-03（13）.

光华大学认购学校公债的公告

敬启者：

光华自开办以来，瞬已经年，一切措施，外赖社会人士及同学家长之提携，内得教职员及诸同学之协力，名誉实质日臻上乘。虽以沪地历数十寒暑之大学，亦不是过其进步之速，非敢自夸，实为历史上之所仅有，此人所共见共闻者也。

虽然世事演进无已，诚恐力追犹有所不，又安敢自划自限哉？故对于教师，务求其良善，课程必持以严格无论矣；即居处方面，亦莫不竭力讲求，以构成优美之环境、适宜之生活，庶可达到身心俱健之地步，方不失为本校教育之旨趣。

然欲克臻此，需费实多，于是原定第一步计画建筑工程及一切设备以三十万元为限度。除已劝募及仍继续劝募外，再发行公债二十万元，所有办法详情俱载之公债计画书，前已寄呈，谅邀洞察。

此项公债之计画为光华根本所关，公债收圆满之结果则学校有巩固之本基。古语云：求人不如求己。公债计画即以学校同人之所负担为建设学校之用途。一转瞬间公债还清而学产增加，在学校既受其益，而应募者对于学校既表示协助之精神，按年将本息收回，又与捐款不同；在我同学各家长，原不在权子母之利，然爱护光华具有同心。以原定每位至少百元推之，积少成多，可得十万，倘能增募由百元至数百元、千元，更所企望。自公债发行以来，我同学一方面认募千元以至数百元者已多其选，谨代表光华感谢。其有尚未认募者务恳各家长一律应募，多多益善。凡在应募百元以上者，均将大名铭泐于石，永示不忘。

先生属在家长，当甚乐观厥成。现在本校新校舍及大学宿舍均已告成，中学宿舍亦已计画将次动工，此外一切设备务期完美，种种策画（划）非财莫举，应请先生曲为协助。已承认者早日将款汇交上海商业银行，未承允认者除自购若干外，尚希应广为劝募，共同匡襄，并望示复，不胜感祷之至。

此致 先生

光华大学校长张寿镛谨启

恳请有关人士代为经募的通告

敬启者：

久耳盛名，无由觌面，敬想兴居纳祜，筹算延厘，无任欣慰。

自上年“五卅惨案”发生，上海圣约翰大学诸生相率离校，转学无所，乃谋自建大学，图教育权之收回。丰镐因先将上海大西地自置地九十余亩捐作校基，一时海内同志闻风响应，仗义疏财，接踵继起。爰是创立光华大学，以研究高深学术、造就专门人才、培养高尚人格、振刷爱国精神、裨益国家社会人群为宗旨。开办迄今未及一载，负笈担簦而至者数达千余人，所聘教授皆学行兼优之士，成绩卓越，出自望外。现已将校舍次第建筑，约计建筑工程及一切设备非三十万元不可。宝琦等心长力绌，惟有求助于邦人暨各团体，以期众擎易举。

夙仰先生宏奖教育，爱国为怀，尚祈慨赐捐助，并广为劝募，庶几积壤成山，弦诵有托，莘莘学子实利赖焉。且以南洋子弟多苦无升入大学之机会，国内虽有暨南学校，难于尽容。本校提高程度冀适合时势之要求，华侨子弟亦不下十余人，并祈广为宣传，俾我海外同胞多一求学之所，敝校尚乐为留额也。奉上捐册一本，章程一本，祈查收。诸仗鼎力，无任企盼，尚祈惠复为荷。

此颂台安

光华大学董事、校务委员
孙宝琦 虞和德 何丰林 施肇曾 王丰镐 许沅
张寿镛 赵锡恩 余日章 朱经农 陆士寅

关于尽快将劝募及捐册交到学校的通知

径启者：

本校建设忽将一年，赖各界之匡翼得以日事发展，现在校舍虽已建筑，一切设备尚在计划，经济扶助仍惟热诚志士是赖。前在筹备期内，经筹备会推定执事为本校经济干事，并奉捐册一本，每位干事除特别外担任自募或捐募五百元，现计已经捐募者陆续将捐款及捐册交来，其尚未捐募者用特专函奉达，务请速为劝募并将捐册交下，以六月三十日为截止期，以便登报宣布。

执事德高望重，学界景仰，万望惠赐扶助，无任企盼之至，并祈见复为幸。

此上先生

光华大学代理校长张寿镛谨启

募捐百元以上同学名单的通告

兹由约翰离校学生委员会募捐部长史乃康君造册报告，自十四年八月起至十五年四月三十日止，计募得建筑费洋壹万陆仟另柒拾元叁角壹分，核与本校会计处所收数目相符。具征我同学协力同心，创造斯校，洵堪风示全国。除将经募捐数在百元以上者先行公布并定期发给奖品外，其余各按募捐数目另行函告，仍望努力进行，归入下届公布。所有经募巨数各同学姓名开列于左：

一千元以上者一人：

戴行骅　一千另（零）二十元

五百元以上者七人：

丁似兰	七百元	黄仲殷（鼎勋）	六百七十元
华人龙	五百零二元	丁汉兰	五百元
叶贻尧	五百元	盛在珪、盛在琬	五百元
曹赤明	五百元		

三百元以上者九人：

江兆隆	四百五十一元	王守如	四百十元
潘荔芬	四百元	余撝吉	四百元
吴希椿	四百元	何南绍	四百元
刘镇芳	三百五十元	张桂馥	三百元
余兴準	三百元		

一百元以上者三十五人：

徐良弼	二百八十三元四角四分	孙廷华	二百六十五元八角七分
欧阳皓雯	二百五十元	胡永锡	二百三十一元
朱揖庭	二百二十六元	祝鑫	二百零二元
陈炳煌	二百元	马云鹏	一百九十六元
卢承书	一百八十七元	刑文锦	一百七十元
唐书弟	一百六十四元	林蔚华	一百五十元
阮笃成	一百四十五元	沈镇邦	一百四十元
程汉星	一百四十元	胡道鋆	一百三十五元
张学轩	一百三十一元	方嘉禾	一百二十七元
夏乃诰	一百二十五元	周宸明	一百二十五元
何浚初	一百二十五元	黄士腾	一百二十元

陈忠桑	一百七十元	金明强	一百七十元
吴金生	一百十五元	林作毅	一百十元
周孟庵	一百零七元	李贤屿	一百零二元
李祖赞	一百元	叶杞	一百元
杨市庆	一百元	胡浚	一百元
包起隆	一百元	吴稷庆	一百元
赵梓庆	一百元		

代理校长张寿镛

呈请中华教育文化基金董事会补助的函

敬启者：

前据敝校理科教育科教授会先后拟具计划，嘱转陈贵会请求补助。案查贵会分配款项之补充原则第一条补助教育事业之范围第一项为科学研究，第二项为科学应用，第三项为科学教育，包含科学之教学及教育之科学的研究。今敝校理科教育科所具计划既与上项规定相符，敬将原计划奉陈请察核焉。

循绎贵会接受请款书通则及分配款项原则各件，具见办法公允，规划周详，凡一机关一事业之应否补助，既须视具体之计划，复须凭客观之成绩与专家之审查。本无庸各自称述，独是敝校特殊情形，有不得不为贵会缕陈者。敝校创立在十四年“五卅惨案”以后，其时教会大学学生纷纷离校，教育界同志痛国难之方殷，不忍坐视青年之失学，汲汲焉以谋救济，临时僦民屋组织光华大学，输财输力，黾勉观成。一载以来，规模初立，计拓校地九十余亩，建设教室宿舍凡四座，聘专任教授二十余人，开设学程百余种，大学中学二部学生共千人。其学风之整饬、课业之精严，在国内各私立大学中尚不多见，凡此胥有教育界之公论，非敝校所敢私夸。此敝校请求补助，合于贵会分配款项原则第一条“办理已有成绩”之规定者一也。敝校创立，初非有大宗固定之基金，全赖同志之协助。自经始迄今，所得各方捐款，计有王丰镐先生所捐大西路校地，值银四十万元，募集与筹借之建筑费十五万元；吴记藿先生认捐化学实验室一所，值银二万元；林珠光先生认捐体育馆一座，值银五万元；王心夔先生认捐图书馆建筑设备费十万元。在一年极短之期间已获社会极厚之扶助，如更得贵会优予奖勗树之风声，则后此成功当未可量。此敝校请求补助合于贵会分配款项原则第二条，因补助而“可以格外努力前进或可以得他方之援助”之规定者又一也。

敬乞贵会对于敝校理科教育科所具计划详加审察，准予补助，不胜大愿。

此致中华教育文化基金董事会

计附计划书二件

光华大学校长张寿镛

副校长朱经农

附录：中华教育文化基金董事会的复函

敬启者。前由尊处寄来之请款书及调查表等俱经收到，现已将其列入请款卷内，一俟明年敝会开会时再行提出讨论可也。

此致光华大学校

中华教育文化基金董事会启

十五年十二月十日

再者，尊处调查表尚缺一件，特行附上，请照填后寄下为荷。

中华教育文化基金董事会关于补助案延期讨论的函

径启者：

本会第二次分配款项原定于本年六月间年会举行，迩者第三次年会已于六月二十九日开会，关于分配款项问题当经各董事详加讨论。佥以目下时局纷扰，交通阻梗，各处请款机关或陷停顿，或经改组，即本会派员视察亦有未克前往者。处此状况之下，若遽行分配款项，实难期其允当。各董事再三审虑，爰一致议决将本届可供支配之款项暂行保留，俟下届开会时再行讨论分配。尊处请款之件仍应存案，留待下届开会时讨论。专此函达，即希鉴察为荷。

此致光华大学

中华教育文化基金董事会启

民国十六年七月五日

附录：中华教育文化基金董事会复函

径复者：

接准本月十九日来函，略开“本校预算增加、经费益形窘迫，计本年度收支数目不敷有三万元之巨，设无他款补助，殊属难以为继。敬请贵会将本校请款情形及现下状况先行讨论并将应行分得之款早日汇拨以自挹注，不胜感荷”等语，查本会于本年六月间大会时议决将本届可供支配之款项暂行保留，俟下届开会时再行讨论，业经函达贵校查照在案。准函前因，查本会分配款项照章须由大会讨论决定，目下董事尚未机会，所嘱先行讨论一节，干事处无法照办，相应函复，诸希鉴察为荷。

此致上海光华大学

中华教育文化基金董事会启

十六年九月二十六日

张学良函复张寿镛校长无法捐款

詠霓先生教席：

顷荷来书，猥聆藻饰，就谛宏造人才，为国光宠，甚盛甚盛。

示以礼堂等处需款兴修，嘱为输助一节，只缘年来筹助教育事项用款迥已超过个人收入，心长力绌，辱命滋惭。拟俟将来经济差裕之时，再为设法襄赞也。此次入都事冗，淞滨之盛无暇一游，预荷招延弥滋歉仄矣。专此布复，诸希亮照，并颂台绥。

张学良 启

十九年十二月四日发

谢霖报告中央银行等四家银行捐款的函

詠老赐鉴：

连日阴雨，河水骤涨，中央行车，孝慈兄满欲开峨迎接，无奈一则新津渡难过，二则车夫告退，一时觅不到替人，故于昨日电请回嘉设法。今接电，知决赴渝一行，然后由渝回省，亦是办法。当又分电嘉定及星联兄弟，不知嘉定何日有船下驶，并已嘱嘉定秦孝夏君届时电告矣。至各方寄来信件，拟俟得嘉定电后再由航邮寄渝，以免遗误。我公中央行之行李已搬至敝寓，茶役及汽车夫俱已代为给赏，将来大驾回省，可径住入敝寓矣。

再接汉口浦心雅兄（汉交行经理）告知四行合捐光华三万，徐可亭兄自捐五千。因时局不定，嘱霖飞汉收款。霖觉此系笔江、可亭二公经手，笔兄现不在汉，去亦无益，且易生误会，已分致函抄稿附请台察。此项巨数与行前途关系至为重大，或请我公由渝交行密码发致笔兄一电，请其电嘱心雅兄就近代收何如？至捐款收据早已办就，寄交汉口交通银行矣。

又省银行借款事迄尚无消息，昨又函周宜甫先生请代催促，请公一访宜老何如？因有一部分捐款亦托宜老接洽也。宜老之孙，名周同善，在本校会计系读书，明年毕业，成绩甚好，晤面时可请谈及。

又上海运件现向教部转财政部请护照，惟迄无清单来。兹致鲁白纯秘书长一函，请阅洽，晤面时并请切托。

又教育部电嘱报告廿五、廿六两年度学生人数，系与核准增加补助费事有关，已函请沪校从速开寄以便汇报矣。

又杨孝慈兄转来沪电一件，兹抄奉，乞察。

及新校工程，尚未包定，因省行借款尚无消息之故。至风水问题，李铁樵兄亲去看过，指定大门须向东南（即不能正向马路，须向东南角），必定财丁两旺。财系捐款，丁为学生，皆属根本关系，自应照其主张办理。正与允丞兄商改图样，以期不露形迹，免被青年人笑为崇尚迷信。

又加聘邓晋康、王治易、潘仲三、刘自乾四公为校董事，邓、王已允，潘、刘由甘典兄担任接洽。霖意聘书俟公回蓉面送，方有效力。惟此事尚无根据，拟请给霖一字，俾据以办聘书，如何尚乞裁示。

顺颂近绥

谢霖谨肃

民国二十七年七月十四日

附录：谢霖关于四行捐款已收的函

詠老赐鉴：

敬启者。徐可亭先生代募捐款顷接浦心雅兄函示已向中央、中国、交通、中农四行各收到五千元共二万元如数汇来，至可亭先生自捐之五千元，因徐公已离汉，应在川向收等因，除先由霖函谢徐公外，特函报告，拟请我公亦函谢之，并托遇机再行为力，至伊自捐之五千元似不必提及，听候自动拨来可也。

顺颂旅祺

谢霖谨肃

民国二十七年八月五日

公债付息延本办法等通告

为公布事，本校先后发行公债，以时局关系，经校董会议定付息延本办法。兹为基金及债信兼顾起见，制定办法，除陈校董会外，合亟公布如左：

一、依照本校四月二十日常务校董会议决案，所有本校公债依照政府公债一律改为六厘，先行付息，展缓还本。

二、本校公债分旧发、续发、新发三种。（一）旧发公债，自（民国二十七年）十月十五日起一律照付六厘利息；（二）续发、新发两种，自十月十五日起先付三厘，二十八年四月十五日起再付三厘，仍补足六厘。

三、本校公债之付息委托本校光华银行经理之。

上海商业储蓄银行请求偿付公债本息的函

径启者：

查贵校前以甲种建设公债票面六万七千五百元及土地执业证等向敝行等八行订立合同借用国币六万七千五百元，其公债规定每年下半年抽签还本付息一次，即以之归还押款本息。兹查该公债第一、二两期到期本息迄未依约偿付，用以函达，务祈查照，将上述逾期本息速予见掷，并请示复为荷。

此致光华大学

上海商业储蓄银行启

中华民国廿七年十月十九日

附录：光华大学的复函

径复者：

接准大函，以敝校新发之甲种六厘建筑公债到期本息嘱为偿付等因，准此。查是项公债，原以敝校建筑费收入项下作为基金。乃自沪战爆发以还，致校舍全毁，近虽赁址上课，无如收入削减，支出增高，拨付公债基金亏绌甚巨，以致偿付发生问题。拟为顾全债信起见，特就学费收入提拨一部分作为偿付各项债息之用，在办法未定以前，不得不彼此商榷，以期兼顾。兹派蔡君莲荪前来接洽，务乞赐教并于商定后示复为荷。

此致上海商业储蓄银行

寿镛

中华民国廿七年十月廿五日

关于上海商业储蓄银行商议公债本息偿付暂定办法的函

径复者：

据敝校会计副主任蔡莲荪君口头报告，谓曾与贵行商榷敝校新发之甲种六厘建筑公债偿付办法，暂取两项决定：

一、延期还本。在此过渡时期，决将公债本金暂缓抽签，一俟时局平靖，与旧发公债同时办理还本，或尽先接洽偿付办法。

二、先付利息一期。为顾全债信起见，敝校勉力筹措，将六厘息票一律改为年息二厘（自廿七年份起开始第一期付息，即将廿六年份应付之息延至廿七年份，而廿七年份应付之息则于廿八年份照付，余者以此递推）。

以上两点，贵行保留谓须先与各行磋商，俟完全同意后即行函复敝校，以便办理开始付款手续等语。据此，查前项所议暂定办法，烦请贵行迅与各行商定后即希见复为荷。

此致上海商业储蓄银行

光华大学谨启

中华民国廿七年十一月三日

委派薛迪符前往商洽借款利息筹付办法的函

季刚[①]我兄大鉴：

许久未晤，念念。

光华于去年八一三前曾向贵行订有借款及透支，战后虽学校经济万分拮据，然为维持往昔信守起见，经勉力筹措，于本年二月间业将应付利息如数付清在案。入夏以还，因校址未定，一再搬迁，经济上之损失影响于预算者至巨，致原定应付贵行本年度半年利息无法筹付。兹拟请贵行准予将本期应付息金延至下学期开学时再行照付，特派光华会计主任薛迪符君前来面洽，至希赐教为荷。

专此。

即颂筹安

张寿镛谨启

廿七年十月卅一日

---

① 国华银行瞿季刚。

向上海商业储蓄银行缴付公债息金的函

径启者：

关于敝校所发甲种六厘公债应付本息问题，前为履行信守及兼顾实际情形起见，曾经商请贵行准予减低利息及延期还本二办法，并蒙转知各关系方面征得同意，曷胜感佩。贵行对于减息一层，允在非常时期暂照二厘支付，一俟大局完全平靖，学校经济较为稳定之时，再行会商重定利率一节，敝校当予以同意。除勉力筹措已将第一期应付利息一千三百五十元缴付贵行查收外，其应剪截之息票，务希即予掷还，以凭核销为荷。

此致上海商业储蓄银行

光华大学校长张寿镛

中华民国廿八年三月十七日

附录：上海商业储蓄银行的复函

径启者：

接奉诚字十七第一四六五号大函聆悉。关于贵校所发甲种六厘公债减息延本一事，业经各承借行勉允，在此非常时期，暂照二厘计算，一俟大局平靖，再行重订利率在案。兹承交下上项债息一千三百五十元照收无误，附奉第一期公债息票八十五张，至祈检收为荷。

此致光华大学

上海商业储蓄银行沪行启

中华民国廿八年三月廿一日

光华大学成都分部一九三八年度第二学期预算审查的意见

兹谨将本校二十七年度第二学期（即民国二十八年春季）大中学两部预算审查报告并附陈意见如后。

审查意见

甲、大学之部

一、收入之部

1. 学费每人五十五元，预计七百二十人，共三九六〇〇元（若按照实际注册人数七五四人计算可增收一八七〇元)。

2. 图书费每人三元，按七百二十人计算，共二一六〇元，同时支出图书亦列二一六〇元，两相抵销。

3. 实验费估计为二〇〇〇元，同时支出实验用品亦列二〇〇〇元，两相抵销。

4. 杂项收入，如报名费、逾期注册费等，共列一〇〇〇元，较上学期实际收入为少，应可增列二〇〇元（查上学期实收一二七一.七三元)。

5. 建筑费每人十元，按照七百二十人计算为七二〇〇元，同时提存备付公债利息亦列支出七二〇〇元，两相抵销。

以上共计收入五一九六〇元，如增列杂项收入二〇〇元，合计收入为五二一六〇元。

二、支出之部

1. 教员薪俸，依照聘书按每月应发四四八〇元（廿八年二月份即照此标准发给)，按四个半月计算应由二一〇六八元核减为二〇一六〇元（减去九〇八元)。

2. 图书二一六〇元，依照收入列支，应予通过。

3. 实验用品二〇〇〇元，依照收入列支，应予通过。

4. 奖励金二五〇元，与上学期预算额相同，应予通过。

5. 工食每月三〇〇元，按六个月计算共一八〇〇元，与实际支出尚无巨大出入，应予通过。

6. 水电六〇〇元，应照上学期实支额（四二五.一六元）核减为五〇〇元（减去一〇〇元)。

7. 保险费四〇〇元，此事稽核室未有接洽，拟暂予通过再核。

8. 职员薪奉(俸)，依照聘书每月应发一八八七.五〇元（廿八年二月份即照此标准发给)，按五个月计算应由九六一九.五〇元核减为九四三七.五〇元（减去一八二元)。

9. 邮电四五〇元、文具四〇〇元、纸张八〇〇元、印刷九〇〇元，均与上学期预算额及实支出额无巨大出入，暂予通过。

10. 体育部开支一〇〇元，查此项支出是否同时可向学生收取体育费列入收入项下，拟暂予通过再核。

11. 膳食八〇〇元。查津贴职员膳费上学期办法，系由校代办膳食，每一职员每月缴纳全膳七元，如用午膳，则缴三元五角，其不足之数由校补助。实际上学校补助每人午膳之费与全膳之费，每月每人平均达六元以上，是每一职员每月午膳费十元左右，殊失节约之旨，拟改由学校以现款补助月薪微薄之职员，每月每人五元，以示体恤，并由其自理膳食。此项预算暂予通过再核。

12. 广告费三五〇元。查广告费系大中学分摊，依照实际情形，大学部无需如此之巨，拟核减为二五〇元（减去一〇〇元)。

13. 医药费一〇〇元，确有需要，应予通过。

14. 校具七〇〇元，查本校校具究有若干，是否尚须添置，现正编造财产目录，此项预算暂予通过再核。

15. 杂项设备五〇〇元，较上学期实支为少，应予通过（按上学期实支八八二.八一元）。

16. 杂支一五五〇元，较上学期实支为少，应予通过（按上学期实支一五六八.七八元）。

17. 租金每月一千七百元，大学部分担八五〇元（廿八年一月十五日至四月十四日之租金即照此计算），按照六个月计算应由六〇〇〇元核减为五一〇〇元（减去九〇〇元）。

18. 公债利息七二〇〇元，向由建筑费提存抵付，应予通过。

19. 特别开支，除津贴川校职员每月三二〇元，计五个月一六〇〇元外，此处共列二四〇〇元，尚有八〇〇元留为校长特许之支出，应予通过。

20. 预备费二五〇元，以应付紧急需要，尚无不合，应予通过。

21. 巡捕捐，每三个月大学部应摊付三九〇.一五元（依照廿八年一月十五日至四月十四日之支出额），按六个月计算应由九六〇元核减为七八〇.三〇元（减去一七九.七〇元）。

以上共计支出六一三五七.五〇元，核减二三六九.七〇元，实支预算为五八九八七.八〇元，收支相抵，尚不敷六八二七.八〇元（如按照学生实际注册人数七五四人计算，可增收学费一八七〇元，故不敷之数仅为四九五七.八〇元）。

乙、中学之部

一、收入之部

1. 学费每人四十五元，预计八九〇人，共收入四〇〇五〇元（若按照实际注册人数九一五人计算可增收一一二五元）。

2. 实验费收入一一〇〇元，与实验用品支出相抵。

3. 杂费收入八〇〇元，较上学期实际收入为少，应可增列一五〇元（按上学期实收九六九元）。

4. 利息收入，较上学期相差无几。

5. 建筑费每人十元，按照八九〇人预算，共八九〇〇元，同时提存备付公债利息亦列八九〇〇元，两相抵销。

以上共收五一〇五〇元，如增列杂项收入一五〇元，合计收入为五一二〇〇元。

二、支出之部

1. 教员薪俸，依照聘书每月应发二八〇九.六〇元（廿八年二月份即照此标准发给），内中除一部分专任教员按六个月计算外，余均按五个月计算，合计一五八四八元，应予通过。

2. 图书二〇〇元，查大学部学生均按人缴纳图书费三元，而中学部学生未缴纳图书费，此项支出预算似未便列入，以示公平（减去二〇〇元）①。

3. 实验用品一一〇〇元，依照收入列支，应予通过。

4. 奖励金八〇〇元，应依照上学期预算核减为六〇〇元（减去二〇〇元）。

5. 工食九七八元，与实际支出情形尚无不合，应予通过。

6. 水电六〇〇元，应依照上学期实支额（三七八.六六元）核减为四〇〇元（减去二〇〇元）。

7. 保险费四〇〇元，此事稽核室未有接洽，拟暂予通过再核。

8. 职员薪俸，依照聘书每月应发一二二八元（廿八年二月份即照此标准发给），按六个月计算为七三六八元，应予通过。

9. 邮电二〇〇元、文具三〇〇元、纸张五〇〇元、印刷八〇〇元，均与上学期预算额及实支额无巨大出入，应予通过。

10. 膳食一五〇元，较上学期预算为少，应予通过（按上学期预算为二〇〇元）。

11. 广告费三五〇元，查广告费系大中学分摊，依照实际情形，中学部无需如此之巨，拟核减为二五〇元（减去一〇〇元）。

12. 医药费一〇〇元，确有需要，应予通过。

13. 校具七〇〇元，查本校校具究有若干，是否尚须添购，现正编造财产目录，此项预算暂予通过再核。

14. 杂项设备应依照上学期实支额（三一九.八六元）由四五〇元核减为三五〇元（减去一〇〇元）。

15. 杂支六〇〇元，较上学期实支额为少，应予通过（按上学期实支六三三.一二元）。

16. 租金每月分摊八五〇元，按六个月计算，应由六〇〇〇元核减为五一〇〇元（减去九〇〇元）。

17. 公债利息向由建筑费提存抵付，共八九〇〇元，应予通过。

18. 特别开支五〇〇元，依照上学期预算应予通过。

19. 巡捕捐，每三个月中学部应摊三九〇.一五元（廿八年一月十五日至四月十四日

---

① 张寿镛批示：图书本学期已允其添置五百元，此项不能减去，并须增三百元。

即依照此数支付），按六个月计算，应由九六〇元核减为七八〇.三〇元（减去一七九.七〇元）。

以上共计支出四七八〇四元，核减一八七九.七〇元，实支预算四五九二四.三〇元，收支相抵，尚余五二七五.七〇元（如按照学生实际注册人数，初中三百十三人，高中六百零二人，共九一五人计算，可增收学费一一二五元，故实际可余六四〇〇.七〇元）。

结论

一、照大学部七二〇人、中学部八九〇人预算，大学部不敷六八二七.八〇元，中学部可余五二七五.七〇元，相抵尚不敷一五五二.一〇元。

二、照大学部七五四人、中学部九一五人预算，大学部不敷四九五七.八〇元，中学部可余六四〇〇.七〇元，相抵尚余一四四二.九〇元。

附陈意见

一、查上学期各项开支追加预算者极多，致所亏之数远超当初之预算。本学期预算似较精密，不应再有超过。故此项预算一经通过，似应知照关系各部，一切支出须遵守预算范围。

二、各学院第学期拟开课程之多少实与学校支出极有关系，可否事先知照稽核室，俾编造预算有所根据。

三、大中学新聘之教职员或关于教职员减薪加俸等事，应请随时通知稽核室，以资查考。

以上各项是否有当，敬乞钧核。

谨呈校长张

稽核张悦联谨签

三月十八日[①]

附录：会计处关于稽核意见的说明

谨签呈者：

窃查本学期预算奉钧座发交职处，根据稽核室签注意见再行签注，谨将应行说明各点条陈于后，伏乞鉴核示遵。

一、职处鉴于上届预算数经核减形成削足就履之势，致实施结果反多追加，故本学

---

① 1939年。

期草拟预算时特审慎将事，经将初稿送请核阅，奉谕本节省开支为原则指示预算核减之办法，当分别遵照办理，因将各项事务开支再三削减，共计大中两部已较初稿减去四千余元。惟查上学期开学较迟，费用略省，本学期须六个月实足，应付时期既长，情况各别，以上学期实支数权衡本学期之支出预算，容有未尽允当之处，是不得不声明者也。

二、收入之部

（一）学费　查大学部学生人数，截至本月二十三日止，计共七百六十二人，惟内中选读生三人、免费生三人、工读生三人、旁听生一人、本校职员注册者八人，依照实收数核算结果，大学部实收学杂费四万另（零）六百五十九元，加上欠费四百元，共计四万壹千另（零）五十九元。照原预算，计可增壹千四百五十九元（稽核室核增数为壹千八百七十元）。

又查中学部，截至二十三止，学费缴全费者八百九十人，每人四十五元，计四万另另五十元；免费生缴杂费五元者十六人，计八十元，两共四万另壹百三十元，照原预算，计可增八十元（稽核室内核增壹千壹百二十五元恐有错误）。

（二）杂项收入　稽核室按照上学期实收数大学部增列二百元、中学部增列壹百五十元自无不可，好在此收入将来当按实际收入列报，无关进出也。

（三）体育费　大学部本学期选修体育者每名纳费两元，计可列收入预算七百元，同时支出体育费八百元（内壹百元系奉校长核准由校拨付购置球类之用，至于另七百元系作租借场地租金）。

三、支出之部

（一）教员薪俸　查大学教薪根据注册截止后所开课程计算，本学期实支数为二万另四百六十二元（稽核室核定数为二万另壹百六十元）。

（二）图书　中学图书一项已奉钧座批示本学期应列预算五百元（稽核室将原预算二百元除去）。

（三）实验用品　奉钧座谕大学部实验用品应补列预算二千元。

（四）奖励金　中学部奖励金系奖赏上学期成绩优良之学生，需实支八百元，无可减少（稽核室减二百元）。

（五）水电　查本校办公处及实验室因光线不足，日间全日开灯，根据过去支出月需三百余元，即以现列预算，大中学共壹千二百元，已属不敷。如再核减更难应付，拟请仍维持原数（稽核室核减大学壹百元、中学二百元）。

（六）职员薪俸　大学部职薪以五个月计算，应实支九千七百另（零）三元五角（稽核室核定数为九千四百三十七元五角）。

又中学部职员薪俸因开学后文书处分设文牍、编辑各一人，每月各加送十二元，以五个月计，共加壹百二十元，故预算数应改为七千四百八十八元。

（七）膳食　查学校贴膳办法，原望各职员在中午办公时间内仍能留校，不致分散，致碍公务。如改以现款津贴职员，则学校所省无几，而与原意相背，故拟请维持原办法办理。

（八）校具　大中学此项开支系由调整教室、添置课桌课椅而发生，事前庶务股并已申请采办有案。

（九）杂项设备　中学部杂项设备一项截止目前已支去四百三十元，原预算列四百五十元实无可再减（稽核室核减一百元）。

（十）租金　大中学除原租金每月一千七百元外，本学期增加七楼穿廊一大间，暂以月租壹百二十元计，共每月租金数为壹千八百二十元，以六个月计为壹万另（零）九百二十元，另加开学前预备租借常州中学校舍付去定洋壹百元，本学期大中两部租金一项应列预算壹万壹千另（零）二十元，较原预算数可减去九百八十元（稽核室共核减壹千八百元）。

（十一）巡捕捐　大中两部巡捕捐除照上学期租金数计算六个月共应付壹千五百六十元六角外，另须加本学期增加七楼穿廊之巡捕捐，计壹百十五元两角，两共壹千六百七十五元八角（稽核室核定数为壹千五百六十元六角）。

兹再根据上列各点，另编大中学总预算表一纸附请核阅。

谨呈校长张

会计主任谨签

张寿镛关于赈济委员会拨付贫苦学生就学基金的函

案准贵会二十八年二月十八日渝乙字第二四九号函开，“案准贵校二十八年二月十一日公函，以上年十二月间由贵副校长面恳孔院长拨款补助，奉谕‘可由本会酌拨’，当经呈请赐拨六万元，抄附原呈，嘱确定数目及其办法，并早日拨发等由，查此案前奉院长交下贵校请补助经费案，同前由，并接贵副校长大函，当由本会屈副委员长面商办法两项：（一）由本会拨助贵校若干万元作为贫苦大中小学学生就学基金；（二）由本会就直接办理之教养院及其他贫寒孤苦学生中选择优秀分子送往贵校在各地所设各大中小学校肄业，即就前项基金利息，大学生每年全部用费二百元，中学生一百五十元，小学生一百元为标准，分别选送，以用费总数达基金利息为度。比经签呈院长核示，尚未奉批。兹准前由，经再陈奉院长面谕‘拨发三万元’等因，自应依照前经商定办法办理，即请具复遵照前项办法办理并备具印收来会领取，相应函复，敬希查照办理见复为荷”等因，自应照办，附函送上三万元印领一纸，即请赐将该款如数拨付为荷。

此致赈济委员会

附印领一纸

校长　张寿镛

副校长　谢霖

中华民国二十八年二月二十日

谢霖关于赈济委员会拨付贫苦学生就学基金情况的函

詠老赐鉴：

谨肃者。本月十六日曾上一函，详述赈济委员会拨款情形。顷奉有电，知已鉴及。现在此款已经领到，关于此事所应陈述者即当上年十二月间请求之。初文六[①]先生即云赈济委员会所主管者专为赈济性质，不能及于其他范围，故如以教育性质请求补助，则殊出乎范围，未便接受，若以赈济为主，则可设法办理。旋经商及拨款方法，文六先生主张：（一）所拨之款作为赈委会直辖救济机关贫苦优秀青年就学基金；（二）所拨基金光华依年率一分生息，即以此款作为贫苦青年就学费用（现在实拨三万元，即应每年生息三千元）；（三）此项贫苦青年各人自己皆属毫无经济力量，凡衣、食、住、行、图书及其他必要费用皆须公家担负，文六先生定为大学每年二百元，中学一百五十元，小学一百元，其人数之多寡即以所得息款为准；（四）学宿费免收。以上四条皆系当时商议情形，就此研究，不外此种款项本校须有担负，然为与赈济会发生关系及补助本校经济起见，只得接受。简而言之，犹如借款建屋。今赈济会来函并未述及利率一分，霖觉以后尽有在一分以下商榷余地，但未宜在领款以前有所计较，故复函中笼统中以“自应照办”四字答之，以期早日领款，免有变化。此皆斯事经过情形，特以详陈，尚乞鉴察。

再文六先生意赈济会之救济并非以后方各省为限，本校既在沪蓉分设，在赈济会有时并拟送人入我沪校，借以救济南方优秀贫苦青年，故赈济会来文之中有“在各地所设各大中小学校肄业”语。此项主张，霖为此事成功起见，未能拒却，倘果有人送到沪

① 屈映光，浙江宁海人，时任重庆国民政府赈济委员会副委员长。

校，届时拟由蓉校依照大学二百、中学百五十、小学一百之标准，按所送之人数备款汇沪，以资对外表示本校统一精神。拟请我公转告同人，以便随时接洽。

专肃。

敬颂著祺

附抄复赈济委员会函稿

谢霖谨肃

民国廿八年二月廿七日

呈请教育部拨发临时建校费暨特别补助费的报告

谨呈者：

窃维国家命脉存于教育，而教育之设备尤贵完善。当兹前方抗战方殷，后方之责益重，是以学校内容之充实与夫物资之建设实为刻不容缓之事。

本校自客岁三月分设成都以还，即本斯者积极进行，经半年余之惨淡经营，始将大学部目前必需之房屋在城外建筑竣工，于今年元旦迁入上课，中学部则暂留城内，俟将来添筑校舍后再行徙移。惟此次大学部之建筑与设备虽力求简朴，黜奢去华，犹耗去十余万元，经费来源均出诸各方之捐助，不敷之数则举债为之继，其拮据之状非可言喻。至上海本校，刻仍在租界赁居上课，经济状况亦属万分艰难，殊无余力接济成都分部。目下此间中学校舍亟待兴工构筑，俾与大学毗连，以资便利。而战区学生负笈于斯者日众，非再从事扩充不能收容。寿镛心虽有余，力则其绌，焦思苦虑，计无所出。

念本校创办至今已历十有四载，毕业学生服务于社会者成绩尚属差强人意，以此颇博社会人士之信仰，故此番分设川省，阅时不过半年，大中学生增至六百余人，寿镛与全体教职员自当益加奋励，以求不负钧部殷殷之望，所苦者财力不足以济。侧闻抗战以来，公私学校徙至后方，多蒙钧部拨给临时建校费，嘉惠学府，曷胜钦佩。本校分设成都，虽非全部迁移性质，然上海部分之继续存在，实为国家保全游击区域教育，俾东南学子免受敌人奴化，耿耿此心，早在钧部洞鉴之中。寿镛用敢不揣冒昧，拟恳钧部赐予拨给临时建校费八万元，使成都分部全部校舍得早完成，为国储才之责任于焉克尽，莘莘学子齐感大德于无涯。

再查本校经常费现均仰赖学费，不足之额则设法捐募。惟在此新校舍建筑之期，所有捐到之款势须全数移作建筑之费，则经常费一项遂付缺如。曩日四川省政府对于私立大中学校向有补助，近因外省迁川学校过多，已不复从前办理，自属环境使然，本校遂亦无从沾其实惠，为此一并据实上陈，拟并恳钧部于拨临时建校费外另予特别补助费每年三万元。本校得此则根基巩固，后效可期，将来抗战胜利，尤足永久留为西南文化机关之一。

务乞钧部体念苦衷，俯准所请，不胜迫切待命之至。

谨呈教育部部长陈

私立光华大学校长张寿镛

民国二十八年一月九日

谢霖呈请教育部补助有关文稿的函

詠老赐鉴：

敬陈者。本校兹添购新校址四十一亩后，一时经费艰窘异常，除向各处设法挪借以维目前外，闻教部对于其他学校有给临时建校费者，故亦援例呈请八万元，一面并托翁部长、徐次长代为进言，且看下文如何。又教部将饬各校减收学费，爰于文尾并请支给常年补助费三万元，以为日后说话余地。兹将呈稿抄奉，敬乞察及。

肃此奉达。即颂撰祺。

附抄呈部稿

谢霖谨肃

民国廿八年一月十三日

照抄翁校董来函

霖甫先生大鉴：

前承嘱向教育部洽拨建校及补助两项经费，当经函商陈部长提前拨给。顷得来函，复以此案须俟本年度各校补助费概算奉院核准后量为支配，知关远注，用特抄附原函，敬希惠察是荷。

专此布达，顺候教祺。

附抄函一件

弟 翁文灏拜启

二月九日

抄陈部长来函

詠霓仁兄部长勋鉴：

奉示敬悉，关于光华大学请求增拨建校费八万元及补助经常费三万元一案，弟极欲设法。因廿八年度省私立专科以上学校补助费概算未奉核定，以致无法支配，现已呈院请予维持上项概算，如能奉准，自当量为支配，以副台嘱。

专此奉覆，敬颂勋祺。

弟 陈立夫　拜启

二月　日

呈请教育部再次拨发临时建校补助的报告

谨呈者：

本校前于本年一月间曾将本校在川努力建设，经费困难情形具文上陈，拟恳钧部拨给成都分部临时建校费八万元又特别补助费每年三万元一案，嗣奉钧部私肆二六字第一二五五号令开“呈悉。查二十七年度半年已补助该校一万四千元，暨成都部分建设费一万元在案，二十八年度预算奉国际最高会议议决以二十七年度预算伸算延长，无从增拨，仰即知照。此令”等因，查二十八年度预算既奉国防最高会议议决以二十七年度预算伸算延长，则本年度之沪校特别补助全年二万八千元，又蓉校特别补助全年二万元尚可拨给，逖听之下，钦感莫名。现本学期已经开学，一切设备开支在需款，拟恳钧部赐即拨发，以资应用。

惟在本校成都分部尚有困难不能不陈述者。

一为前方军事愈紧，避难来至后方青年愈多，加之成都市内已奉政府命令实行疏散人口，学校更在强迫疏散之列，以致省内学校非特不能多量收容，甚且缩少学生名额。本校新建校舍系在成都西郊市界以外，距城稍远，比较安全，各地流亡青年辗转到蓉纷纷来校请求入学，若予全数收容，则设备开支势将大量增加，殊苦无法应付；若拒而不纳，则令青年失学，必致彷徨歧途，无异断丧国力，且战区来川学生，迭奉钧部令饬，尽量收容，不得任意拒绝。今该生等据此请求，于理自属正当，然在本校方面又属迎拒皆非。报载钧部因先修班投考人数过多，现又二次招生，以为收容，当亦同样情形。

二为本校全体教职员多半来自省外，向在成都城内租屋居住，今奉命令疏散人口，自应遵照。本校远在市外，论地带确合疏散条件，论房屋则租无可租，建又无款，若不有以布置，非特关系各教职员个人及家族安危，甚至影响及于本校教学。

执此两种原因，用敢再申前情，仍恳钧部垂念本校因“五卅惨案”而成立，可为爱国运动之结晶，开办十四年来，造成学生二千六百余人效忠党国之既往成绩。暨自上海被敌占据以后，申川两地分别努力，在无可设法之中赐予拨助临时建校费八万元，则全部校舍俱可建筑完成，战区学生不难尽量收容。

再查吾国私立大学，在昔咸集上海一隅，八一三战事既起，纷纷移来后方，无不经济奇窘。侧闻复旦、大夏两校最近有因经济困难请求改为国立之说，足见凡属私立大学俱属同样艰困。夫复旦大学受党国补助，其数远在各校之上，尚且支持不易，则本校之奋斗维艰，自已早在洞鉴之中。因思复旦、大夏两校请求改为国立，与本校之请求特别补助方式固有不同，然欲维持已有历史之文化机关，造就抗建人才以供国家驱使，殊无二致。多一国立学校年支经费恒数十万元，本校大部分基础已奠，所请临时建校经费为数不过八万元，而造就人才效力党国未尝稍后于国立大学。寿镛深感钧部期望之殷，含辛茹苦，不敢稍绥，迫切陈辞，并将成都分部已有建筑及未来计画情形绘图附呈。尚乞垂察俯允，不胜待命之至。

谨呈教育部部长陈

附本校成都分部校舍平面图一份（略）

私立光华大学校长张寿镛

中华民国二十八年四月 日

杨延森代借五千元致张寿镛函

詠老赐鉴：

久违教范，时切驰念，辰维动定咸宜为颂。

日昨接奉尊电，敬悉。承嘱代借五千元拨交成都光华大学使用一节，自应遵办。惟中央银行方面无法挪借，其它银行自重庆市面被炸以来，放款亦皆停顿。兹已商得熟识商家同意暂时挪用五千元，不肯正式言借，希望早日归还。今与霖兄商定，即行照此办理，将来部款拨到，仍由霖兄调川转还，用特专函奉复，尚祈释念为荷。

成都机关人口俱已疏散下乡，市面异常萧条，学校则强迫疏散，有不遵办者即停发经费或勒令停课，幸光华校舍建于市外，否则又须迁移，更有困难也。

敬请道安

杨延森[1]敬启

（民国二十八年）六月一日

---

① 时任中央银行成都分行经理。

呈请教育部专案补助办学经费的报告

谨呈者：

本校自前年沪战爆发后，原拟与复旦、大夏、大同同迁内地，旋因钧部派员传谕，凡未迁出各校仍应继续办理，以防敌人奴化青年，是以遵照意旨，勉力支持，及至淞沪沦陷，校舍被毁，方始迁入租界。

虽十余年艰苦经营荡于一旦，然为民族奋斗，任何损失在所不计，故于迁入租界以后一面照常上课，一面复于去春分设来川，呈奉钧部核准，定名曰“成都分部”，期在后方更谋复兴。现大中学学生沪校千六百余人、蓉校八百余人，本届招生之后，总额当在三千以上。蓉校现自置地皮一百五十余亩，建屋四百余间，图书、仪器亦有相当数量，总计财产已值三十余万，基础规模大体已具。目前困难唯在经费，一为经常维持费，二为补充设备费。

本校每年经常开支仅恃学费收入及钧部四万元补助作为挹注，收支已属不敷，加以教职员待遇较各私立大学为薄，不得不予增加，以致每年所短数目约在十万之谱。

最近本校移川复兴建设委员及校董讨论今后办理方针，认为对实用学科应特别注重，尤其生产教育应以全力集中办理。然注重实科，则设备建筑更须逐步加以充实。此项经费拟请每年补助十二万元，不足仍向社会设法捐募。

以上经常维持费及补充设备费两项总计二十二万元，务恳钧部俯准专案补助，并自二十八年度起支拨临款，不胜屏营待命之至。

谨呈教育部部长陈

私立光华大学谨呈

校长张寿镛

副校长谢霖

民国二十八年八月二十日

朱家骅、翁文灏致函陈立夫允准补助光华大学的函

立夫吾兄勋鉴：

光华大学自前年敌寇侵沪，校舍全毁，损失百万，几经努力，维系不隳，并在成都创建分校。现在两处经费支出绌万状，仅赖学费收入及四万元补助作为挹注，收支相

抵，亏负至巨，如此情形，绝难持久。经详细计算，至少年需经常维持费及设备补充费二十二万元，已由校呈部请求。弟等忝为校董，兴替有责。务恳吾兄俯念该校创建之艰、支持之苦，照予补助，俾资维系。

公私均感。专此。

顺颂政祺不尽。

弟 朱家骅 翁文灏

呈请行政院准予拨款补助的报告

谨查私立光华大学创立于民国十四年，至今已十四载。

八一三事起，原拟与复旦、大夏、大同等三校一同迁移，既以多有困难，亦因教育部派员到沪传谕，凡未迁出之校，仍应继续办理，以免敌人乘机奴化青年。本校勉遵办理，遂于校舍被毁之余，设法移入租界，先后几次更易地址，现租华商证券交易所房屋作为临时校舍。溯沪地址被敌占据之后，深恐敌人对我文化施以摧残，爰即一面在申支持，一面于二十七年春间分设来川，呈奉教育部核准，并奉定名曰“成都分部”，颁发图记各在案。

在此一年有半期内，沪川两校分别努力，大中两部学生沪校已有一千六百余人，川校已有八百余人。本届招生之后，两校学生总数必达三千以上。而成都分部并已在蓉郊外自置地皮一百五十余亩，建造房屋四百余间，图书、仪器亦有相当数量，原价计值三十余万，多半向各方面募捐得来，基础规模大体已具。目前困难一为经常维持费，二为补充设备费。本校经常开支仅恃学费收入及教育部四万元补助作为挹注，收入已属不敷，加以教职员待遇较各私立大学为薄，不得不予增加，致每年所短数目约在十万之谱。最近本校移川复兴建设委员会及校董以今后办理方针应对实用学科应特别注重，尤其生产教育应以全力集中办理。然注重实科则设备建筑更须逐步加以充实，此项经费拟请每年补助十二万元，不足仍向社会设法捐募。以上经常维持费及补充设备费两项总计二十二万元，业已另文呈请教育部专案补助并自二十八年度起支拨，以资维持发展。

溯在去冬今春，曾叠向教育部具文请求特别补助，俱以预算不敷分配未蒙允许。侧闻复旦、大夏两校以同样困难请求维持，已蒙钧院决定准予另行拨款增加巨额补助，仰见政府维持教育至意，钦佩莫名。本校补助原额每年仅四万元，而抗战前后学生人数、办理成绩以及未来计划似尚适合需要，可为推进高等教育辅助。为此具文详呈，务乞钧座俯赐玉成，不胜感激之至。

谨呈行政院院长孔

私立光华大学

校长张寿镛

副校长谢霖

民国二十八年八月二十三日

谢霖关于王缵绪为成都分部捐款的报告

詠老赐鉴：

敬陈者。前请省府补助一节，因王主席（王缵绪，字治易）卸职未能办妥，旋经请求王公本人赞助。兹承王公个人捐赠万元。来函照抄附上，除函谢外，专此奉达。

顺颂著祺。

附抄原函。

谢霖谨肃

民国廿八年十一月二十日

照抄王治易先生函一件

霖甫校长仁兄教席：

日前畅谈，藉审贵校在川两年以来经营情形，川省学子受惠实多，良用钦佩。弟在任之日，台嘱由省补助，以适值交替，未及办理，深以为歉。现弟不日出川抗战，特由弟捐赠国币万元，聊助建设。他日寇灭回川，再当尽力也。

专颂著祺。

弟王缵绪 载拜

十一月十六日

呈请教育部部长陈立夫补助的报告①

立夫先生部长崇鉴：

海天睽隔，引领为劳，顷由香港寄吴俊卿先生转呈光华大学请求二十九年度补助并计划书度邀钧察。

寿镛伏处孤岛，努力为国家稍留元气。一般学子尚能恪守规范，于精神学术双方兼进，各种课程遵照部定计划均已次第实施。惟是经济困难，百物昂贵，教职员之生活既不能不求安定，一切教材尤不能不力使充实，而校舍既毁，租费巨大，不得不在租界另觅相当地点以免近市而嚣之虑。凡此计划，故非一蹴可几，而维系人心，建立基础，解除目下困难，俾寿镛耄老之年，得以措手，此惟有呼吁于明公之前者也。

至于蓉校，辱承驾临训饱，同人益为奋兴。顾经常出入之不敷，既与上海相等，而教材亦不得不尽量扩充。谢霖甫办事颇属干练，创始不易，并求随时训迪，不致因财乏而心灰。所请另行给予蓉校三院设备费四万元，并恳照准。

寿镛旷观远瞩，以为今日之困心横虑，即所以殷忧启圣，学术救国，正气诀能克邪，全在迎其机而弗失，且请于总坐前力陈之。

不尽欲言，祇颂崇绥。

张寿镛谨启

中华民国二十九年二月二十六日

国信银行债务偿付办法的函

慰如②吾兄大鉴：

查光华大学于抗战前陆续向国信借用款项，战后以校方经济筹措维艰致迟归偿。兹为行校两方兼筹并顾起见，拟将前次借用各户予以合并，嗣后每学期由校方分期归还，除另派员趋前面洽外，相应函请查照，并希允办为荷。专此即颂筹绥。

弟张寿镛

廿九年十一月廿六日

① 中国第二历史档案馆馆藏档案。

② 张慰如，上海人，1935 年与其他人创办国信银行，张寿镛担任该行董事长，张慰如任该行总经理。

呈请朱家骅代为转达教育部尽快汇送补助的函[①]

骝先先生赐鉴：

天涯地角，思念为劳，敬承台候万裕。镛蛰居孤岛，无以报国，惟于文化上稍稍尽力，聊以自慰。文献散佚，诸仗鸿画得以拾遗，为功巨矣。追随吾公，审核维严，得者多为精品，可以不负委任。运输一节，择最精者先行，其次则要觅地点，似尚不致有虞也。

光华蓉沪两校，备承关注。此次为迁地各校特拨巨款，尤为感铭。此间生活增高，苦心竭力，差免动摇，但经济蹶绌。前派专员赴渝谒立夫先生，适值立公他往。最近知已定案，约有一次补助七万元，惟暨南等校已收领，而光华尚未到，敢请我公代为恳请庸、立二公迅赐汇沪（确求于阳历年内汇下）。

镛主持两校，宜以迁川各校之款全数拨归蓉校，以定案在先。一次补助之款汇沪，仍按从前补助款再拨三分之一归蓉，如此则蓉所得已较沪为多，而沪上同人均感惠泽矣。一切请代陈庸、立二公，至感！

张歆海兄在光华授教最久，其人品学兼优，近承青眄，将有使命。镛与之交最深，爰嘱其叩谒，一切近状请垂询之并指导及之。

尤盼率布。即颂大祉。

弟张寿镛启

（民国二十九年）十二月十四

谢霖准予光华大学成都分部在川盐银行成都分行透支款项的函

航琛[②]我兄大鉴：

久未承教，至为系念，兹有恳者，本校夏间曾蒙允在贵川盐蓉行透支款项，至感。嗣于开学之初即已如数还清，现在学期不久完毕，又缺周转，拟仍商请赐准在贵蓉行透支六万元，以来年三月为期。倘蒙金诺，即乞通知贵蓉行照办，并祈赐复为荷。

顺颂勋绥

弟谢霖敬启

民国三十年十一月十九日

（华大字第六三七三号）

---

① 台北“中央研究院”近代史研究所馆藏档案。

② 刘航琛，四川泸县人。历任四川财政厅厅长兼四川银行总经理。时任川盐银行董事长。

大学尊师捐款昨已全部发放①

〔本报讯〕本市尊师运动委员会大学捐款分配办法，以各大学学生参加劝募，收到捐款多寡为分配标准。但每人最多不得超过十六万元，兼任教职员，不得在两个以上学校兼领双份。昨日（六月十一日）起，该会已凭学校正式收据及教职员名单，全部发放。兹悉各校领到金额如下：光华大学四百十五万元，大夏大学二百三十六万元，之江大学五百五十六万元，中法药专一百三十六万元，大同大学一千五百二十四万元，同德医学院五百五十万元，上海工专一百零一万元，东吴大学九百零七万元，以上共计发出四千四百二十五万元。

光华大学暨附中复兴基金捐款报告②

戴畊莘先生经募

华成烟行	一百万元
大东南烟公司	一百万元
华明烟公司	一百万元
福新烟厂	一百万元
信远烟厂	五十万元
汇达烟厂	三十万元
昌兴烟厂	三十万元
乐华烟厂	十万元
金荣田先生	十五万元
友利	十万元
华美烟厂	一百万元
元华烟厂	二十万元
国华烟厂	二十万元
利兴	二十万元
华茂烟公司	二十万元
福华	二十万元

① 大学尊师捐款 昨已全部发放［N］. 申报，1946-06-12（5）.
② 光华大学暨附中复兴基金捐款报告［J］. 光华通讯，1946（2）：7-8.

安迪烟公司陈景福先生	三十万元
合众烟厂	三十万元
和成	十万元
大新烟公司	十万元
华鼎	十万元
利华烟厂	十万元
仙乐烟厂	十万元
大幸烟厂	十万元
晋中烟厂	十万元
龙华烟厂	十万元
国信银行代收	
和泰银行	二十万元
民孚银行	二万元
国货银行	十万元
安华银行	一万元
绸业银行	二万元
永泰银行	十万元
张汝焯先生经募	
钱芝庭先生	五万元
陆福顺先生	五万元
陆秉玑先生	十万元
隐名字先生	十万元
唐道生先生	五万元
余　新先生	十万元
荣昌广告公司	十万元
王万荣先生	十万元
中美药房	五万元
大东广告公司	十万元
董士霖先生	五万元
徐光甫先生	一万元
王宋衍先生	一万元
郑庆祥先生	一万元
沈世泽先生	一万元
钱贻芳先生	二万元
江永基先生	二万元

朱敬文先生	六万元
张汝焯先生	十万元

国信银行代收

中贸银行	三万元
长江实业银行	十万元
浦东银行	十万元
浙江实业银行	十万元
中汇银行	十万元
垦业银行	十万元
中华银行	五万元
金城银行	十万元
中南银行	十万元
大陆银行	十万元

裘祖范先生经募

无名字	一万二千元
礼记	一万元
新记	一万元
德记	一万元
元记	一万元
甡记	一万元
仁记	一万元
裘　洪先生	二千元
李裘传先生	二千元
许庆斌先生	一千元
虞子初先生	一千元

何宏基先生经募

王锡廷先生	三千元
施国卿先生	三千元
朱美荣先生	一千元
赵承芬先生	一千元

秦润卿先生经募

抹云老人	十万元
福源庄	十万元
福康庄	十万元

顺康庄	十万元
金源庄	十万元
宝丰庄	十万元
同润庄	十万元
存诚庄	十万元
福利庄	十万元
敦裕庄	十万元
均泰庄	十万元
大有余油厂	十万元

徐武定先生经募

康源恒先生	三千元
胡业培先生	一千元
胡裕和先生	一千元
吴绍球先生	一千元
吴兆冲先生	一千元
李　倬先生	一千元
顾锡范先生	二万元
裘宗润先生	一万元
杭筱坤先生	四千元
徐武定先生	一万元
吴大铨先生	二千元
裘梅生先生	三千元
德馨轩先生	五千元
鸿记	五千元
公记	一万七千元
和乐堂	二万元
晶记	五千元
鑫记	五千元
德记	一万元
圣记	一万元

国信银行代收

浙江兴业银行	二十万元

裕华皂厂经募

亨利皂厂	五万元
大华皂厂	五万元
光华皂厂	五万元

中央皂厂	五万元
明星皂厂	五万元
祥明皂厂	五万元
东方化学厂	五万元
世界皂厂	五万元
泰山皂厂	五万元
裕华化学工业公司	十万元

徐竞先生经募

黄家序先生	一万元
乐联鸿先生	一万元
陈颖章先生	一万元
陈　瑜先生	一万元
黄家康先生	一万元
金郁文先生	一万元
华丰	一万元
大兴昌	一万元
俞鲤庭先生	一万元
俞新庭先生	一万元
堂耀璘先生	一万元
唐国鸿先生	一万元
张　杰先生	一万元
邵太太	一万元
徐昌龄先生	一万元
王元熹先生	一万元
无名字	一万元
许敬甫先生	一万元
萧君实先生	二万元

李承基先生经募

新新公司	五十万元
新都饭店	十万元
新新实业公司	十万元
奇美服装厂	十万元
福安公司	十万元
福安烟行	十万元
蔡惠人先生	十万元
大中华橡胶厂	八十万元

正泰橡胶厂	八十万元
申东橡胶厂	二十万元
义生橡胶厂	三十万元
宏大橡胶厂	三十万元
永和公司	二十万元
民生橡皮厂	十万元
华亨橡胶厂	三十万元
邵修善先生经募	
大明火柴公司	十万元

向校董会暂借法币一千五百万元的函

谨启者：

本校最近需款孔急，兹拟向钧会暂借法币壹千伍百万元正，俟卅五年度下学期开学时于收入学费项下尽先提出奉还，望祈俯允为祷。

此上校董会

私立光华大学校长朱经〇谨启

中华民国卅六年一月十八日

（复字第八〇〇号）

呈请教育部将五千万元补助费尽早核发的电文

教育部部长朱钧鉴：

顷奉大部高字第二二七四一号代电核发本校卅六年度经常补助费五千万元，饬以总数百分之八十为充实设备之用，自应遵办。伏乞将该款早日赐下。

光华大学叩　辰江①

（复字第一〇六六号）

---

① 辰江，即1947年5月3日。

附录：教育部的代电

私立光华大学：

兹核定该校（院）卅六年度补助费五千万元，款由财政部国库分四八两月平均径拨。该款用途应以总数百分之八十为充实设备之用，百分之二十补助该校经常费。仰即知照。

教育部印

中华民国三十六年四月廿五日

（高字第二二七四一号）

教育部核发一九四七年度经常补助费四百万元的通知

私立光华大学：

兹核定该校（院）三十六年度经常补助费四百万元，款由财政部国库一次径拨，仰造具使用计划呈核教育部。

教育部印

中华民国三十六年四月廿五日

（高字第二二七三九号）

附录 A：向教育部呈送四百万元经常补助费使用计划

教育部部长朱钧鉴：

顷奉大部高字第二二七三九号代电核发本校卅六年度经常补助费四百万元，饬具使用计划呈核等因，本校故拟将该款专用以充实化学设备。

是否有当，伏乞核示祇遵。

光华大学叩 辰江

（复字第一〇六七号）

附录 B：教育部关于同意补助费使用计划的代电

私立光华大学：

五月三日两代电均悉，所请将三十六年度经常补助费四百万元用作充实化学设备一节，应予照准；至本年度补助费五千万元，规定由财政部国库署分四八两月径拨，并仰知照。

教育部印

中华民国三十六年五月廿三日

（发文高字第二八二三四号）

行政院赔偿委员会划拨日敌赔偿款的代电

上海私立光华大学朱校长鉴：

本年五月二十八日复宁第一一一一号呈悉，向日要求赔偿及调查全国公私抗战损失正在进行中，所请歉难照办。特电复查照。

行政院赔偿委员会（卅六）二巳灰[1]印

［京（卅六）二字第〇一一〇八号］

附录：呈行政院赔偿委员会划拨日敌赔偿款的报告

谨呈者：

窃本校于抗战期间大西路旧有校舍被我军作为要塞以抗敌军，致全部校舍为敌军炸毁，片瓦无存，损失惨重；迨抗战胜利，蒙教育部拨给欧阳路二二一号房屋充作大学部校舍，二二二号充作中学部校舍。本校为勤劳教育，慎始图终，兹拟将该号房屋承购以为永久储才之所。但经费拮据，筹措匪易，情迫事急。谨特沥情呈告，代乞贵会体念本校校舍为抗战所毁，请在日敌赔偿项下提拨款项作为赔偿本校损失之费，俾得自购校舍，祁祁学子，教泽常沾，仰祈鉴察，俯赐成全，实为德便！

谨呈行政院赔偿委员会主任委员王

校长朱经〇

中华民国卅六年五月廿八日

（复字第一一一一号）

---

① 巳灰，即1947年6月10日。

校舍筹募经费运动积极展开[①]

立校纪念筹备委员会，前经议决为具体庆祝本届校庆起见，特发起筹募建筑校舍经费十亿元，由董事会暨同学会各筹募四亿元，在校同学筹募二亿元。五月十七日下午六时特由翁董事长，朱校长，朱、廖两位副校长联名柬邀在沪各级校友代表于南京路新雅酒楼叙餐，计到朱校长，朱、廖两位副校长，张星联总务长，校友薛迪靖、杨市庆、詹文浒、张思传、沈镇邦、王紫霜、吴希椿、舒昭贤、王统元、李祖敏、陆上之、薛迪符、张祖培等二十余人。席间首由朱校长报告，略谓翁董事长本已决定来沪，谋与诸位校友晤面，临时因首都发生学潮，须出席临时国务会议，不克成行，已电嘱本人代表招待。

近日来上海亦发生学潮多起，而光华仍能照常安心上课，堪以告慰诸位校友。廖副校长报告光华在朱校长领导之下，已渐恢复旧观，因此学生人数每学期均有增加。但因大中学宿舍狭小，不能多收新生，且现有宿舍亦嫌拥挤，不合卫生，为此特请诸位校友，多为母校帮忙捐款，添建大中学男生宿舍各一所以应急需。继由校友陆上之、张祖培发言赞同捐款兴建宿舍办法。当场即由张星联先生领导，认募捐款一千万元，校友薛迪靖、杨市庆、王紫霜、沈镇邦、李祖敏、吴希椿、王统元、舒昭贤亦各认募一千万元，张思传、詹文浒、陆上之、薛迪符各认募五百万元，总计承募款项为一亿一千万元。最后并由在场校友发表意见，函请各地分会校友共同参加捐募运动，俾群策群力，可达四亿元之目标。

向经济部上海区燃料管理委员会申请配给燃料的函

径启者：

查本校大中学两部现有教职员工及寄宿学生共二千余人，均由本校所设厨房水灶供应膳食、茶水、浴水，对于烟煤、白煤等燃料需要殷切。用特具函向贵会申请配给，望

① 校闻摘要：校舍筹募经费运动积极展开［Z］//光华大学廿二周六三纪念特刊. 上海：光华大学，1947：31.

祈准予承购平价烟煤屑、白煤屑各肆拾吨，以救眉急。谅贵会热心教学，定予协助也！

此致经济部上海燃料管理委员会

光华大学董事长翁〇〇启

中华民国卅六年五月廿八日

（复字第一一一四号）

附录：经济部上海区燃料管理委员会复函

兹准贵校复字第一一一四号大函"为嘱配给燃料等由"到会，查近来煤斤缺乏，支配不敷，承嘱配售白煤拾吨、烟煤屑二十吨一节，歉难如数照拨。兹勉拨白煤肆吨，并附送印鉴卡六份，相应函复，即请查照填明送会，开具贵校支票派员来会洽购为荷。

此致私立光华大学

附印鉴卡六份

经济部上海区燃料管理委员会启

中华民国卅六年六月九日

（卅六燃字第一四七七号）

呈请行政院善后救济总署廉售建筑材料的报告

径启者：

查本校于抗战期中全部校舍俱毁诸火，胜利后虽由教部核拨欧阳路二二一号并租借同路二二二号房屋作为复校之基础，惟以一年来学生人数激增，已感不敷应用，当自决定另行添建校舍。顾绌于经费，对市价昂贵之大量建筑材料，殊无力购置，用敢向贵署吁请廉售，望祈核准，是所企祷！

此致行政院善后救济总署

附申请赠置材料种类及数量表乙份

光华大学校长朱〇〇启

中华民国卅六年五月卅日

（复字第一一一九号）

申请赠置材料种类及数量表

<table>
<tr><td>1</td><td colspan="2">竹节钢</td><td>60 吨</td></tr>
<tr><td>2</td><td colspan="2">水泥</td><td>8 000 包</td></tr>
<tr><td>3</td><td colspan="2">洋松</td><td>240 000 呎</td></tr>
<tr><td>4</td><td colspan="2">钢窗</td><td>12 000 方呎</td></tr>
<tr><td>5</td><td colspan="2">油毛毡（二号）</td><td>400 卷</td></tr>
<tr><td rowspan="3">6</td><td rowspan="3">卫生设备</td><td>面盆</td><td>120 只</td></tr>
<tr><td>马桶</td><td>80 只</td></tr>
<tr><td>浴缸</td><td>40 只</td></tr>
</table>

附录：善后救济总署的复函

私立光华大学公鉴：

五月三十日复字第一一一九号大函暨附件诵悉。查所请各项器材本署现以分配无余，仅暂予登记，一俟有货到时，再行核办。相应复请查照为荷！

善后救济总署巳[1]沪配二

中华民国卅六年六月廿六日

（浦配字第二六七三四号）

唐庆永汇奉募捐款项的函

经农校长先生赐鉴：

去岁钧座莅滇，招待不周，深以为歉。生于上年八月底匆匆奉调来平主持行务，过沪时间匆促，不及叩谒，无任怅憾。

兹由北平上海银行汇奉国币壹百壹拾陆万元，此款系生在昆明时为母校同学会募捐之复校基金，均朱萍秋同学所经手。当时以奉调离匆匆，未及结束，捐册亦尚存昆明。兹特补奉，尚请赐收为祷。

匆此，敬请钧安。

生唐庆永敬上

六月二十六日

① 巳，即六月。

附录：致谢唐庆永的函

庆永仁弟左右：

去岁赴滇，备承招待，甚感。顷接大函，欣悉一一。足下经募之复校基金国币壹百拾陆万元已由上海银行汇到，当转送校董会。诸君爱校之忱，至堪欣佩；而足下热心经募，尤所感慰。

专复，即候近绥。

朱经〇顿首

中华民国卅六年七月十五日

呈请台湾糖业公司捐资援建宿舍的函

径启者：

本校复校以还，学生人数大增，原有宿舍不敷应用，爰经校董会议决从新建筑宿舍，预定经费叁拾亿元以上。素仰贵公司对于教育同具热忱，拟请慨予捐助，共襄厥成，庶几广厦万间，群生沐惠，盛名千载，薄海咸钦。倘荷允诺，即希见复，无任感企！

此致台糖公司公鉴

校长朱经〇拜启

中华民国卅六年九月四日

附录：台湾糖业公司的复函

径启者：

本月四日函敬悉，贵校增建校舍，本公司自乐予赞助。兹捐款国币壹千万元，相应函复，即希派员携据莅本处秘书室洽领为荷！

此致光华大学

台湾糖业公司总公司办事处启

中华民国卅六年九月十三日

[台糖沪（卅六）秘字第一五一六号]

呈请经济部上海区燃料管理委员会将八、九月用煤如数配售的函

案查前准贵会（卅六）燃字第一四七七号函复，准予按月配售白煤块四吨并已将七月份如数领讫各在卷。

兹本校已于本月十日开学，亟需是项煤块应用，为特函请准照成例将八、九两月份共计八吨如数配售，并祈开示价格，以便开具支票派员来洽购，至纫公谊。

此致经济部上海区燃料管理委员会调配处

校长朱经〇

中华民国卅六年九月十日

（复字第一三二五号）

附录：经济部上海区燃料管理委员会的复函

兹准贵校复字第一三二五号公函，为嘱配拨燃煤等由，准此。

贵校九月份用煤，兹准配供白煤二吨，每吨一百八十六万元整。相应函复，即希查照派员来会依照手续洽领为荷！

此致私立光华大学

主任委员张希为

副主任委员张善杨

中华民国卅六年九月廿三日

（卅六燃字第二九一九号）

教育部核发一九四七年度追加补助费造报使用计划备核通知

私立光华大学：

本部因各校经费不敷，经呈准追加卅六年度省私立专科以上学校补助费。兹核定该校（院）补助费五亿元，款由财政部国库署径拨。该特用途应以总额百分之五十充实设备之用，百分之五十补助该校经常费及教员学术研究补助费。仰即造报使用计划备核。

教育部印

中华民国卅六年九月二日

（高字第四七六〇七号）

附录：校长室致函朱经农校长

兹奉教育部代电核发卅六年度追加补助费，本校为五亿元，谨抄原电呈阅，敬祈钧座就近先向国库局接洽，望早日汇下。张华联先生亦托友人陈宁吉先生日内晋京与该局秘书取得联络，特此奉告。

谨呈朱校长钧鉴

校长室呈

中华民国卅六年九月十三日

致中央银行承捐五千万元的感谢函

敬启者：

荷承贵行慨捐法币五千万元，具见热心教育，惠利学子，感谢之余，弥殷钦佩！兹特具函请领，敬祈察照赐拨。

耑布谢忱，祇颂公绥！

此致中央银行

光华大学校长朱〇〇

中华民国卅六年九月十五日

（复字第一三四二号）

呈请求中国银行为重建校舍慨赐多捐的函

径启者：

查本校重建校舍须款，前经函请各界捐助，并先后荷承四联总处慨允捐款，中央银行慨捐五千万元。夙仰贵行热心公益，向不后人，爰敢再函奉渎，敬祈慨赐多捐以为首倡，岂惟惠利学子，实为教育前途幸甚！

耑此，祇颂公绥。

此致中国银行

董事长翁〇〇

校长朱〇〇

中华民国卅六年九月十七日

（复字第一三五三号）

附录 A：中国银行的复函

径复者：

迭准八月廿三日及九月十七日复字第一三五三号台函，以贵校重建校舍募集基金商请捐助一节，事关扶持教育，自当赞助。兹由敝行认捐国币壹千万元，如数开具第九九一四三八号支票一纸，随函送奉，至祈察收掣据见覆为荷！

此致光华大学翁董事长詠霓、朱校长经农

附支票一纸

中国银行总管理处启

中华民国卅六年十一月廿七日

（沪秘字第二三八四号）

附录 B：致谢中国银行捐助建筑费的函

顷接大函，承捐建筑费壹千万元，连同支票壹纸，祗领之下，具见贵行热心教育，惠利学子不浅，至为感佩！

耑此布谢，即希察照为荷！

此致中国银行总管理处

光华大学校董会敬启

中华民国卅六年十月廿八日

陈祖平奉缴募捐款项及捐册的函

经师尊鉴：

前承诿諈募集母校建筑基金一节，遵经分别募得国币壹千万元。除于九月廿四日由南京市民银行汇上至祈核收外，合将捐册存根二本随函奉缴，并请赐复为祷！

专肃，敬请诲安！

附缴捐册存根二册：五四七一至五四八〇号、五四八一至五四九〇号各一册

受业陈祖平谨上

十月二日

附录：致陈祖平的感谢函

衡夫吾兄校友左右：

接读华函并附还捐册存根两本，藉悉壹是！台端关怀母校，募集捐款壹千万元，具见热忱，至为嘉佩，除由校查收给据外，特此布谢！

顺颂近祉

朱经○启

中华民国卅六年十月三日

（复字第一四一一号）

呈请上海社会局将柴米油盐按月定量一次发给的函

径启者：

查本校青年食堂，业经饬遵规定组织成立，现有全膳学生共计五百五十五人，名册已送达市立社会服务处。兹为求领取柴、米、油、盐简化手续起见，拟请准予按每月支配定量，作一次发给。相应函达，请烦查照转知该服处照办，并赐复，至纫公谊。

此致上海市政府社会局

校长朱经○

中华民国卅六年十月廿日

（复字第一四三三号）

附录：上海市社会局的复函

案准贵校函以配给青年食堂柴米油盐嘱，按月照定量一次发一箱给并转知服务处等由，准此。除转知上海社会服务处外，相应复请查照为荷。

此致私立光华大学

局长吴开先

中华民国卅六年十月廿三日

（秘一卅六字第三一八七一号）

教育部追加一九四七年度补助费的通知

私立光华大学：

本部因私立专科以上学校经费不敷，业经呈院核准追加上年度补助费。兹核发该校卅五年度追加补助费三百万元，款另汇，收到填具卅六年度领据报核。至该款用途，应以总数百分之四十为补助教职员生活，百分之六十为充实设备之用。并仰知照。

教育部印

中华民国卅六年二月廿四日

（高字第一〇一七〇号）

附录A：呈教育部追加补助费的报告

案查本年二月奉钧部高字第一〇一七〇号代电开“本部因私立专科以上学校经费不敷，业经呈院核准追加上年度补助费云云，并仰知照”等因，奉此，兹将遵办情形分列如下：

（一）总数百分之四十补助教职员生活，计国币一百二十万元，加入本校消费合作社作为全体教职员之股本（分配数详清单）；（二）总数百分之六十补助实验室充作实验经费，计国币一百八十万元，购置平板仪［器］七件三副，每副国币八十万元，计国币二百四十万元，尚差六十万元，由本校补足。以上两项合计国币300万元，奉电前因，理合造具清册，检同单据，备文呈请鉴核备查。

谨呈教育部部长朱

计附呈教职员清册乙份、科学仪器馆单据乙纸

光华大学校长朱〇〇

中华民国卅六年十月廿四日

（复字第一四五〇号）

附录B：教育部关于核准补助费分配办法的指令

令私立光华大学：

卅六年十月廿四日复字第一四五〇号呈一件：为呈复奉发卅五年度追加补助费三百万元分配情形请鉴核由，呈件均悉，准予备查，仰即知照。件存。

此令

教育部部长朱家骅

中华民国卅六年十一月十一日

（高字第六一二六三号）

翁文灏向各界劝募复校基金五亿元[①]

光华大学原在大西路上，军兴以后，毁于炮火。光华校长张詠霓（寿镛）先生，于去岁胜利前一月，在沪逝世。现在光华大学的一切校务，已由行政院翁副院长文灏负责主持。

翁副院长和张詠老，是儿女亲家。他也是光华旧日校董之一，现在他是光华校董会的董事长。张詠老的次公子悦联，是翁氏的乘龙快婿。悦联因为要继乃父遗志，使光华在沪复校，因此催促翁氏，早日发起复校运动。翁氏对光华校务，素表关心。复以翁婿情深，义不容辞。因此前次来沪后，就在小沙渡路（今西康路）张悦联之寓所，举行了为光华复校的茶话会大请其客。

那天被约的，有百余人之多。上海各界名人，几乎一网打尽。尤以工商界占多数，梅兰芳博士也是来宾之一。席间翁副院长亲自发言，表示拟在短时期内，使光华大学能在上海重建校址。现在向各界劝募基金五万万元。虽则五万万元，预料尚不能恢复旧日光华大西路校址四分之一之地基。翁氏除希望上海各界人士赞助外，并已函请光华校董王正廷、钱新之诸氏，在渝帮同筹募。闻旬日以来，收到海上各界人士，对光华大学复校之捐款，相当踊跃。尤以光华校友会，为使母校重建，已全面推动募捐。凡是光华的校友，大都接获校友会的通知，无不尽全力以赴。听说光华校友会或将由翁先生出面，约请梅兰芳唱一次义务戏，预料光华大学在翁副院长（下缺若干字）早日建成新（下缺若干字）。

光华清寒学生三项要求[②]

光华大学学生与校方合组之助学委员会工作，昨（2月17日）已告结束。捐款共得七百万余元。惟因申请助学之清寒学生为数颇多，该项款额尚不敷分配，故决定由校方决定名额。昨日该校学生六十余人，以开学在即，而学费尚无着落，召开会议。决定：（一）请求校方允许先注册上课再缴学费；（二）对清寒学生缴费予以特别办法（延长至五月初并取销校方要求教授担保规定）；（三）校方至少须核准申请数额四分之三。

---

① 一砚. 为了光华大学　翁文灏请客　五万万元　重建新屋［J］. 万宝，1946，1（1）：2.

② 光华清寒学生三项要求［N］. 文汇报，1947-02-18（5）.

交通银行同意再赠捐五百万元的函

径启者：

接准九月廿六日大函，以贵校重建校舍需款浩大，嘱于原捐五百万元之外续再增捐等由，洽悉辱荷垂商，自当勉尽棉薄。兹再续捐五百万元，开奉敝行第#D127319号支票一纸，随函附上，即请察入赐据为荷！

此致光华大学

交通银行总管理处启
中华民国卅六年十一月二九日
（交事字第二三四号）

附录：致交通银行的感谢函

兹准贵行本年十一月廿九日大函并附五百万元支票壹纸，敬已领悉。荷承高谊，一再捐助，具见热心教育，惠利学生匪浅，无任纫感！

耑沥布谢，敬祈察照为荷！

此致交通银行总管理处

光华大学校董会敬启
中华民国卅六年十二月二日
（复字第一五七四号）

耀华玻璃公司捐赠玻璃致张华联的函

华联吾兄惠鉴：

前奉华翰，敬悉一是。光华大学增建校舍，本公司可予捐赠二米厘玻璃叁拾箱，需用时请派员至汉口路50号二楼本经理处洽取提单为荷！

耑此奉复，顺颂时绥！

弟张训坚敬启
十一月廿八日
［耀沪总（卅六）发字第二三五八号］

附录：致耀华玻璃有限公司的感谢函

兹由张华联先生交到大函洽悉，荷承慨捐本校二米厘玻璃叁拾箱，深佩热心教育，无任感谢。兹派本校总务处张长赓君前往洽领，至希惠予查照为荷！

此致耀华玻璃公司张经理

校长朱○○

中华民国卅六年十二月五日

（复字第一五八二号）

呈请资源委员会矿务局赐拨各种矿物以资研究的函

径启者：

本校化学系学生拟分析各矿物，特此函请贵局（所）赐给铁矿 limonite、锰矿 pyrolusite、铬矿 chromite、锑矿 stibnite、铜矿 malachite、硫铁矿 pyrite、磷矿 apatite、石灰石 limestone、白云石 dolomite、长石 feldspar 各一公斤，并请将其产地及主要成分注明，俾资参考，至纫公谊。

此致资源委员会矿务局（地质研究所）

校长朱经○

中华民国卅六年十二月五日

（复字第一五八四号）

附录 A：资源委员会矿产测勘处的复函

接准贵校三十六年十二月五日复字第一五八四号函，嘱赐给铁、锰、铬、锑、铜、磷等矿物以资化学系研究等由，准此。查上项各种矿物本处所存皆系较佳之标本分析用之材料，刻正在采集中，俟有成数当可价让。又本处名称系资源委员会矿产测勘处，即请查照为荷。

此致私立光华大学

处长谢家荣

中华民国三十六年十二月十三日

（卅六京矿字第三五六三号）

附录B：国立中央研究院地质研究所的复函

径启者：

前奉贵校复字第一五八四号大函，敬悉一是。兹按开列矿物名称检出标本九种，已托便人带存上海岳阳路三二〇号本院驻沪办事处（陈主任逖帆），即请派人前往洽取为荷。

此致光华大学

地质研究所启
中华民国卅七年四月二日
（卅七京研字第廿四号）

致孙伯群捐款的感谢函

伯群先生大鉴：

兹由秉农山先生转来先生慨捐法币壹千万元支票一纸，并指定此款利息作为本校生物系优秀奖金，具见热心教育，奖掖后生之厚意，无任感佩！

耑此布谢，敬颂台祺！

光华大学校长朱〇〇拜启
中华民国卅七年元月卅日
光秘（卅七）字第七五号

向中国文化基金委员会洽借一万美金的函

径启者：

本校原有上海大西路校舍，于抗战初期全部被敌军焚毁，片瓦无存，图书、仪器亦失去十之七八，其损失惨重实为上海各大学之冠，至今无法恢复。查国立各大学均有政府补助，教会各大学亦有教会及美国援华会补助，惟私立大学则属例外。光华大学所遭遇之困难较他校为尤甚。现虽勉负艰巨，力求逐步发展，而图书、仪器以政府统制外汇无法购买。顷闻贵会有拨款借与中国各大学恢复设备之议，爰拟将本校大西路土地证作为抵押，向贵会洽借美金壹万元，俾资补充图书、仪器，相应附奉理学院各系所需仪器单函达。敬希察照，惠予照办，至纫公谊。

此致中国文化基金委员会干事长任

私立光华大学董事长翁文〇

校长朱〇〇

中华民国三十七年二月六日

（光秘卅七字第八五号）

附录A：中国文化基金委员会总干事任鸿隽的复函

詠霓、经农先生勋鉴：

奉二月六日台缄，略以贵校原有上海大西路校舍，在抗战初期即全部被毁，而图书、仪器亦失去十之七八，损失极为惨重。胜利后因缺少政府及其他方面之补助，且以政府统制外汇，图书、设备无法购买，拟将大西路土地证作抵，向敝会洽借美金一万元，作为补充图书、仪器之用，并附下理学院所需仪器清单一份，均敬诵悉。

查贵校此项计划，弟个人极表同情，惟本年度敝董事年会通过借款与各大学恢复设备之议，原有指定之范围。此次贵校所请求，不在本届议决案范围之内，除将尊案列卷于下次开执行委员会时提请考虑外，特先缄复，即希察照为幸。

专此，祗颂道安！

弟任鸿隽敬启

卅七年二月十七日

附录B：呈请翁文灏予以借款帮助的函

詠霓先生道席：

前闻中华教育文化基金董事会有借款与各大学恢复设备之议，本校爰以台衔联名备函，并以大西路土地证作抵，向该会洽借美金壹万元作为补充图书仪器之用，原函副本前已递呈。兹接该会干事长任叔永先生函复已将此案列卷于下次开执行委员会时提请考虑等语，特将原函及执行委员会委员名单一并抄奉，敬祈察照，并请便中与执行委员诸公一洽，以备开会时加以注意为祷。

耑泐，敬颂道绥！

弟朱经农拜启

中华民国卅七年二月廿日

（光秘卅七字第一〇四号）

附抄函及名单各一纸：

执行委员会委员：孙科、蒋廷黻、杨亚德、蒋梦麟（当然委员）、周怡春（当然委员）、任鸿隽（当然委员）

附录C：中华教育文化基金董事会的复函

前奉光秘卅七字第八五号来缄，拟以大西路地产作抵，向本会借用美币一万元，作充补图书、设备之用一节，当经于二月十七日先行缄复在案。

查贵校此项请求业于四月廿六日日本会执行委员会在京举行会议时提出考虑，佥以本会辅助大学补充理科设备专案，经董事会年会规定，以至多国立大学四所为限，贵校不在辅助范围之内，所请碍难照办，殊以为歉。

特此奉达，即希亮察为荷。

此致私立光华大学

中华教育文化基金董事会启

三十七年五月一日

呈请张华联劝募纪念奖学金的函

华联吾兄大鉴：

本校清寒学生现以生活暴涨无力继续求学甚多，爰拟向各界劝募纪念奖学金以资救济。纪念奖学金者既可纪念其先德，又可补助学子俾成其学业，诚一举两得，意义至为深长。因思各界贤达定多同情，特恳吾兄负责劝募，以襄厥成。其数目暂定每名五百万，多则益善，其名目办法可由捐资者指定。

专此函达，敬祈俯赐担任，毋任企感！

顺颂春祺！

弟朱经农敬启

中华民国卅七年二月廿三日

（光秘字一一三号）

附录：张华联的复函

经农校长先生赐鉴：

前奉二月廿三日大札，以光华大学清寒学生无力继续求学，拟向各界劝募以资救济，嘱为负责劝募，敢不竭尽棉薄，以襄厥成？

兹已募得拾壹名，计国币伍仟伍百万元，并以前领之募捐册出具收据，用特开具支票一纸及捐助人名单一纸暨捐册附陈察阅。此后仍当陆续劝募，倘有成绩，容再续呈。

耑此布复，敬颂筹安！

晚张华联敬启

三七、三、九

附：

捐助者	地址	名数	金额
中国国货银行	河南路	二	一千万元
新华公司	北京路一百号	二	一千万元
九丰公司	河南路昌兴里四十三号	二	一千万元
顾兰荪先生	圆明园路慎昌洋行	二	一千万元
崇德公司	五洲大楼	一	五百万元
凯利公司 大中火柴公司	二马路二一九号	二	一千万元

王守恒赠送硝酸等化学器材致容启兆的函

启兆吾师赐鉴：

不座春风，旋经伏腊，仰瞻道范，倍切依驰。

比闻母校于朱校长领导下重复旧规，光华日月以欣以慰。承嘱捐献化工器材，生关爱母校，理当效劳。兹特亲检敝公司存储纯品硝酸、硫酸、盐酸各二坛，以助母校化学系实验之需。微物不堪云献，聊尽棉薄于万一耳，至祈笑纳是幸。

肃此，恭请道安。

生王守恒顿首拜上

卅七、三、十六日

附录：致王守恒的感谢函

守恒同学左右：

荷承台端慨赠硝酸、硫酸、盐酸各二坛，教学所资，惠利后学匪浅，足征关爱母校之厚。感佩同深，专此布谢，并颂春祺。

朱经农启

中华民国卅七年三月廿二日

诚邀社会赞助国、英论文比赛的启事

敬启者：

查近来各机关需用商业人材甚多，但颇有以国文、英文程度未达标准表示遗憾者。本校为弥补此项缺陷，以应各方实际需要起见，对商学院各系之国、英课程向来特加注重。本学期内并拟举行国、英论文比赛各一次，选优分别给奖，藉资鼓励。素仰尊处对文化事业极具热心，对本校此项提高国、英水准原则想表同情。用特函达，敬希赞助，慨赐奖金奖品，并以尊处名义发给，以示提倡，无任企感。

此致①

光华大学校长朱〇〇敬启
中华民国卅七年五月十八日
（光秘卅七字第三二二号）

附录A：新华信托储蓄银行捐赠一千万元的函

经农校长我兄大鉴：

接奉台函，藉悉贵校为提高学生国、英文水准，拟举办论文比赛，择优给奖，藉资鼓励一节，法良意美，具见我兄热忱教育为佩！承索奖金，自当遵命。兹送上敝行本票壹千万元，藉尽棉力，尚希察收为何！

专此，顺颂教绥。

弟王志莘、孙瑞璜谨启
中华民国卅七年五月廿二日

附录B：上海市银行募赠一千万元的函

经公校长道席：

前奉赐书拜悉，承嘱代募奖学金事，兹遵向敝行募得壹千万元，附上本票乙纸，敬乞察收为荷。

此复，祇颂诲安。

后学朱慎微拜上
中华民国卅七年五月廿八日

---

① 此函分别发给商务印书馆（请赠送书籍或书券）、上海证券交易所、新华信托储蓄银行、上海市银行以及中国通商银行。

光华附中建筑捐款结束[①]

本校去夏（1947 年夏）兴建德生堂学生宿舍，承荣尔仁先生暨各校友捐募巨款，及学生缴纳建筑费，宿舍得赖以完成。兹捐款已告结束，计收：

荣尔仁先生捐六亿元

本校大学部事务组、出纳组同人捐三百万元

蔡显敏先生捐募三千八百二十万元

舒昭贤先生捐募一千零七十万元

李铭先生捐募一千万元

王叔提先生捐募一百三十万元

薛炽涛先生捐募五百万元

舒昭雄先生捐募五百万元

舒昭英先生捐募五百万元

蒋志霄先生捐募五百十万元

薛迪符先生一千六百五十万元

李成基先生捐募二百五十万元

马启錩先生捐募五百万元

沈宗潮先生捐募五百三十万元

大学部拨来校友捐募四千五百万元

学生建筑费三十六年度上下学期共二亿七千七百二十万元

以上共收十亿零三千四百八十万元，此外校友陆上之惠捐顺丰纱厂十六支顺风牌棉纱一件，时价约值一亿七千万元，与建筑实支数十三亿九千九百余万元相抵，不敷尚巨，由校另行弥补结束。

光华附中校舍建设耗资十亿余元[②]

本校自复校后，迁至欧阳路新校址，因学生激增，校舍不敷应用，亟待扩充。于是有筹募经费建筑校舍之建议，并得校董、校友及在校各学生家长、社会热心人士等之赞

① 建筑捐款结束［Z］//光华附中简讯. 上海：光华大学，1948：11.

② 戴企留. 附中建筑概况［Z］//光华附中简讯. 上海：光华大学，1948：6.

助，集成巨款。并请本校土木系主任祝永年先生设计，先将中学部男生宿舍绘画图样，于三十六年八月六日起开始兴建。企留蒙廖校长之聘，任校舍建筑工程顾问之职，猥以轻才，聊尽绵薄。全部工程历时四个月，始告完竣，计全部面积七十二平方丈，为二层楼，辟为三十六室，学生宿舍占二十间，每室可容二十人，教职员宿舍占十间，公共用室为六间，室内均有电灯、铁床、桌椅等之设备。宿舍后旁建造小屋七间，配为盥洗室、水汀、水灶、淋浴室、职员浴室、厕所、理发室等，并有水电及卫生设备之装置。至中学部原有之三层楼大教室，则改为女生宿舍，并利用阳台，建筑盥洗室二间，装置水电等用具。是项工程，于同年九月十日竣工。又中学部二楼东南隅之大教室，改为图书馆，辟成二室，一为阅览室，一为储藏室，并装有新式玻璃门窗，油漆粉刷，规模粗具。该项工程于本年二月八日竣工。再有二楼西首大教室，亦因学生级数之增加，分隔为二，内部装置与原样无异，其竣工之期与图书馆同。此外尚有劳作教室、史地实验室、课外作业室、运动场之修建，及二百米之跑道，田赛沙坑，足球、篮球、排球场等之工程，均已次第完竣。又有中学部大门内两侧之余地，正在进行开辟校园，俾臻环境美观焉。兹将各项需费列表于后：

三十六年度建筑费用一览表

德生堂宿舍建筑费	八亿六千二百万元（面积七十二平方丈）
男生宿舍淋浴盥洗室等建筑费	一亿七千五百万元（面积二十二平方丈）
水电及卫生设备费	一亿六千一百五十万元（全部）
女生宿舍盥洗室建筑费	二千零六十九万九三千[①]元（面积四.八平方丈）
室内设备及环境布置费	一亿八千万元（全部）

总计支出国币十三亿九千九百十九万三千元正

敦请上海商业储蓄银行按照新办法结算欠款的函

径启者：

前准贵行本年五月廿一日大函及清单，以敝校于民国廿六年六月一日曾向贵行等八银行押借国币六万七千五百元，嘱即早日理楚，以资结束等由，准此，本应照办。只以敝校于抗战期间大西路原校舍为国军驻作据点，及西移后遂被敌人全部焚毁，片瓦无存，损失惨重为各学校冠。迨抗战胜利，奉令复校，并奉拨借敌产房屋权充今校舍，然仍须缴付使用费，担负殊重，而筹款为难，不独一时无力恢复校舍，即勉力维持现状亦

① 疑为“二千零六十九万三千”之误，如此方能与总计支出数相符。

感拮据。因而是项借款未能早日筹还，良用疚歉。

兹决遵照贵行依银行业规定战前存放款偿付办法计算，至本年一月卅一日止，结欠二亿二千九百四十万〇二千七百八十六元，如数奉还，至一月卅一日以后利息则请免予计算。

素仰贵行维护教育事业同具热心，用特函恳体念敝校情形特殊，惠然慨允，并希代恳其他七行一并赐覆，无任感祷！

此致上海商业储蓄银行

校长朱〇〇

中华民国卅七年七月十六日

（光秘字第四二三号）

附录 A：上海商业储蓄银行的复函

径启者：

前奉贵校七月十六日大函聆悉，敝行等于战前合做之押款国币六万七千五百元一款，因贵校在抗战期间损失惨重，复校后又以开支浩大维持困难。拟按照银行业规定战前存放款清偿条件办法计算，至本年一月廿六日止，结欠二亿二千九百四十万〇二千七百八十六元，如数还清以后，利息则予免计云云。

敝行分别致函其他各承借行，兹已得覆，佥以贵校所称各节既属实情，自当同意，勉予通融。

用特函覆，即请准照贵校所商办法，将款即日掷下，以资结束为祷！

此致光华大学

上海商业储蓄银行启

中华民国三十七年八月十四日

附录 B：关于缴还欠款致上海商业储蓄银行的函

径复者：

顷奉贵行本年八月十四日放字惠缄，承准将敝校战前押款案照银行业规定战前存放款清偿办法计算，曷胜感荷。

兹将该款二亿二千九百四十万〇二千七百八十六元专人送上，即请查察，并希将该项押款之地契乙纸惠交来人，以清手续为祷！

此致上海商业储蓄银行

光华大学

中华民国卅七年八月廿一日

（光秘（卅七）字第四六八号）

呈请上海商业储蓄银行同意将借款捐作建筑基金的函

径启者：

接准贵行本年五月廿一日大函及清单，以敝校于民国廿六年六月一日曾向贵行等八银行押借国币六万七千五百元，除已于廿八、廿九年共付债息二千七百元外，按照《银行业战前存款清偿条例》规定办法，结至本年五月底止，合计本息法币五亿四千六百三十万〇三千一百廿三元整，嘱即早日理楚，以资结束等由，准此，自应照办。只以敝校于抗战中大西路原校舍为国军驻作据点，及西移后遂被敌人全部焚毁，片瓦无存，损失惨重为各大学冠。迨抗战胜利，奉令复校，并奉拨借敌产房屋权充今校舍，然仍须缴付使用费，担负殊重，而筹款为难，不独一时无力恢复校舍，即勉力维持现状亦感拮据，因而是项贷款遂亦无法筹还，良用疚歉。

素仰贵行等维护教育事业同具热心，拟恳俯念敝校情形特殊，准将该款慨予捐作建筑基金，匪惟敝校拜赐不尽，实造福学子无量也！

准函前由，相应复请察照，并祈示复为祷！

此致上海商业储蓄银行董事长陈

校长朱〇〇

中华民国三十七年五月廿四日

（光秘（卅七）字第三三一号）

附录：上海商业储蓄银行的复函

径启者：

查贵校于民国廿六年六月一日曾以甲种建筑公债及土地执业证等向大陆、金城、盐业、通商、四明、永亨、浙江实业及敝行等八行押借国币六万七千五百元，嗣因战事爆发，致上项公债迄未依约抽签还本。除于廿八年三月廿一日及廿九年二月廿八日根据临时减息办法收到债息共计二千七百元外，至今本息未见清偿。兹按照《银行业战前存款放款清偿条例》规定办法，曾与贵校薛迪符先生催商归还，迄今多日，未荷照理。兹结至本年五月底止，合计本息法币五亿四千六百三十万〇三千一百廿三元整，开奉清单一纸，务希查洽，即予早日理楚，以资结束，并盼示复为祷！

此致光华大学

上海商业储蓄银行启

中华民国三十七年五月廿一日

呈请唐培经促成教育部垫发复员青年军学生学费的函

培经先生勋右：

敬启者。查本校复员青年军学生张从轩等十三名，皆家境清寒，无力缴纳学、杂、宿各费。渠等在抗战期间驰驱疆场，不无微功，倘坐视不问，势遭失学，甚且流入歧途。本校经费拮据，爱莫能助，关于该生等学费一项，拟请吾兄主持，准由教部垫发，俾该生等安心向学，学校困难，亦可解除。

兹检具本校复员青年军清寒学生表册一份，尚祈赐予矜全为祷。

专布，敬颂公绥。

弟朱〇〇顿首

中华民国卅七年九月十六日

附录：唐培经的复函

经农校长先生道右：

展奉九月十六日惠函，敬奉壹是。关于复员青年军学生学费事，经饬主管科，查以由本部分发之青年军学生当可补助学、宿、杂费等，拟请由校备文申请。

又所附名单有周达经、潘景山、巫文芳、吕振潮、郝兆卓五名系卅五年由本部分发，其余请开示经部分发年月及文号等。

用特复请察照，专颂道绥。

晚唐培经上

中华民国卅七年九月廿四日

教育部关于核发年度补助费的通知

私立光华大学：

查该校（院）三十七年度经常补助费经核定叁亿元，款由财政部国库署一次径拨。至该款用途应以总额百分之五十充实设备，百分之五十补助经常费及教员学术研究费暨职员生活津贴，并限于本学期内编造使用计划及购置设备详册暨教职员领受学术研究费暨生活津贴清册报部备核，仰即知照。

教育部印

中华民国卅七年三月廿七日

（高字第一六五四一号）

附录：呈教育部补助费分配情形的报告

案查本年三月廿七日奉钧部高字第一六五四一号代电开“查该校三十七年度经常补助费……仰即知照”等因，奉此。谨将遵办情形分列如下：

（一）总数百分之六十充实理学院设备，购置化学实验用品，合计国币壹亿捌千肆百伍拾肆万伍仟元；

（二）百分之四十补助教职员生活津贴及学术研究费，于七月份加发白米，共计七十三石五斗，以每石国币叁千万元，合计国币贰亿贰千零伍拾万元。

以上两项不敷之数，由本校补足，理合检同单据、清册，备文呈请鉴核备查。

谨呈教育部部长朱

私立光华大学校长朱经〇

中华民国卅七年十月十九日

（光秘卅七字第五四八号）

第九辑　学生组织与爱国运动

光华师生反日运动委员会召开联席会议（节选）①

钱子泉先生：

A. 请从速召集教职员会议讨论一切问题。

B. 对日经济绝交的办法

（甲）暂时的——调查日货的种类。

（乙）永久的——请商科主任和商科同学们将调查所得的作一统计表。

吕诚之先生：

A：永久方面：

（甲）使各个人都有普通军事训练，应将光华学生军的范围扩充，使法华乡附近人民皆得加入。

（乙）组织积谷仓，收聚粮仓以备荒年或战时救贫之用（详细理论见去年上期周刊）。

B. 暂时方面：

（甲）宣传的条件：（a）取个人自由家常谈话式。（b）避免感情冲动，应由理智的劝告。

（乙）对政府的态度：（a）应勿提倡高调以防发生意外危险，使政府为难。（b）在相当范围内可以监督政府。

（丙）抵制日货应先调查国内有无代用品。

潘序祖先生：

A. 关于反日运动委员会的工作：

（甲）应研究整个的日本取决对付的办法，利用周刊或其他各种壁报发表。

（乙）谨慎确定宣传大纲以和平明了为主，并备全体同学作长期宣传的材料（以明日本待我之真相为要）。

B. 关于同学个人方面的工作

（甲）本所定之宣传大纲用家常谈话式随时随地作长期的宣传。

（乙）在暑假以后，应强迫每个同学有一具体的报告以备作后日宣传的参考。

廖茂才先生：

A. 办事要认真，但须严守纪律，不得与学校行政发生冲突。

B. 凡属学生会议决案有亦及学校行政者，应先与学校当局接洽而后实行。

---

① 大中学教职员与学生反日运动委员会联席会议记录［J］. 光华周刊，1928，2（10）：16-17.

C. 中学生年龄幼稚，关于游行演讲应特别郑重。

D. 教职员对于反日运动应有相当之表示。

光华抗日救国会成立①

光华大学于昨晨举行全体学生会议，组织抗日救国会。内部组织计分常务、宣传、交际、调查、庶务、会计、文书及纠察等八部，分工进行。闻其重要方针，决准备联合各大学共同作发表宣言，唤起全国国民反抗暴日之侵略，收集中日国际关系材料，出定期刊物，分发全国各团体，并参加本市一切抗日会议。当时会场空气异常沉痛激昂，该校校长张寿镛氏演说时痛哭流涕。

各大学抗日会请愿代表赴京②

上海各大学学生抗日救国联合会，昨（二十四日）假第三区党部开第一次干事会议，出席全体干事十一人，公推刘旋天（交大）主席，储安平记录，当场议决：推派代表赴京请愿政府，即日集中军力，驱逐日兵出境。并已派定法政学院代表李椿森、光华大学代表储安平于昨晚十时先行晋京接洽一切。

兹探录该联合会紧急训令各大学抗日救国会，推派代表晋京请愿文如下：为紧急训令事，兹因非常情形，着各校赴京代表于本星期五（二十五日）晚十时，在北站齐集出发，晋京请愿。原因：（一）日本已在国际宣传此次事件为地方问题，应由地方解决。（二）东北当局已派代表向辽宁日本领事谈判此次事件。（三）事变已将一周，但政府仍无具体办法。因为以上各种情形，若政府当局与日本已有具体谈判，签定辱国条约，则不及纠正矣。从前的二十一条约，可作惊例。

① 光华抗日救国会成立［N］. 申报，1931-09-22（10）.

② 各大学抗日会请愿代表赴京 两代表昨已起程其余定今晚出发［N］. 申报，1931-09-25（10）.

各校抗日救国继续前进[①]

光华抗日会宣传部工作异常努力，除随时聘请名人如李石岑、王造时、何炳松等在校演讲外，复派队往沪宁杭路一带宣传。近又以沪上谣言四起，人心不安，实为日人欲破坏我爱国运动之策。因之深恐我同胞中其毒计，故特于双十节日派多队宣讲队员，在西门、闸北一带化装演讲，以期唤醒民众，毋受倭奴威胁而软化。

上海各大学学生抗日救国联合会推光华代表燕金为主席[②]

本市各大学学生抗日救国联合会昨日（十九日）下午二时，在光华大学开第三十七次代表大会，出席者为光华等二十一校代表，公推主席光华代表燕金。

报告事项：

一、光华代表报告召集农、工、商各界筹备市民大会经过。

二、总务部报告《时事新报》函复法学院张君对于援马捐款之质。

三、前大夏代表许冠彬报告总务部经手账目。

四、交大代表报告促汪蒋胡晋京团进行情形。

五、苏州东吴代表报告学校当局继续压迫同学爱国运动情形。

讨论事项：

一、本会经费困难究应如何解决案。决议：（甲）按照前次百人一元为比例之决议，各校未缴纳者从速缴纳；（乙）举行球类比赛之议案，请负责者从速实行。

二、关于许冠彬同学报告之账目应如何审查案。决议交干事会审查。

三、如何援助金大同学赴港促胡晋京案。决议精神上予以同情，经济上无法接济。

四、苏州东吴大学当局继续压迫同学爱国运动，应如何应付案。决议：（甲）通电全国声明教会学校为帝国主义者文化侵略之机关，希全国同学勿再入此等学校读书，教职员勿再进此学校服务。（乙）东吴转校同学可来本会报到，以便代为办理转学手续，并交干事会办理，关于此案上海东吴法科代表保留表决。

五、发表敬告全国士兵书案。决议：

---

① 各校抗日救国继续前进［N］．申报，1931-10-13（10）．

② 大学生抗日联会代表会［N］．申报，1932-01-20（8）．

干事办理，并规定内容如下：（甲）士兵应自动觉悟起来，收复东北失地；（乙）士兵应认识军阀为帝国主义者走狗；（丙）士兵应保护民众爱国运动；（丁）士兵应作民众之武力，勿作军阀之武力。

六、代表大会及干事会开会日期案。决议代表大会每两星期开会一次，干事会每星期开会两次。

七、函催各校回家同学从速返校案。决议干事会办理。

八、发表告全国农工书案，决议通过，交干事会办理并规定内容如下：（甲）封建军阀、官僚买办阶级是不爱国的，并且是帝国主义之走狗；（乙）封建军阀、官僚买办阶级是抗日救国的障碍物，残杀爱国民众的刽子手。

九、发告全国商人书案。决议交干事会办理通过，并规定内容如下：（甲）宣布少数商人破坏抗日运动的罪状；（乙）希全国商人一致参加抗日运动。

十、致电马占山请其勿与卖国贼来往案，决议通过，交干事会办理。

十一、少数学校当局有禁止代表在寒假期间出席本会意，应如何处置案。决议干事会通知各学校当局，本会在寒假中仍继续工作，不得干涉代表出席。

十二、锦西义勇军血战抗日，本会应设法筹款接济案。决议交干事会讨论办理。

上海各大学学生抗日救国联合会干事会在光华大学召开①

上海各大学学生抗日救国联合会第四十五次干事会于光华大学，出席干事为光华、复旦、暨南、交通、大夏、中公、法政、法学院、文化九校，主席：大夏郑杰。纪录：光华林祖余。开会如仪，报告从略，讨论事项：

一、对日人在沪暴动应如何表示案。（甲）发表忠告上海士兵及华捕自动起来维持本市治安，抵抗日本帝国主义之侵略书，并组织宣传队，出发宣传。（乙）令各校义勇军严密防备。（丙）联络本市义勇军武装自卫。（丁）唤起市民向兵工厂要枪。（戊）通电全国，自动对日宣布绝交。（己）函市总商会，通告各商店，不得供给日人食粮，并令各房东不得租屋与日人。（庚）函总工会，通令各工友，不得在日人商店或家庭服务。（辛）派交际参加追悼华捕死难筹备会。

二、通过宣传部出版刊物之设计。（甲）在本会经济无着暂时办法为：（一）油印各种刊物，分发各校各团体；（二）请各报另辟一栏，以便本会发表抗日救国言论。（乙）本

① 各大学抗日联会干事会［N］. 申报，1932-01-25（12）.

会经济解决时出版刊物。

三、定廿六日（星期二）下午一时，在光华大学召开紧急代表大会。

四、散会，又廿六日上午十二时起，至下午一时止，光华大学抗日会备有专车，守候于三马路一品香后，接待代表及新闻记者，并发表告士兵及商人书。

光华大学举行义军后援音乐大会①

本埠光华大学学生，鉴于东北义勇军忠勇抗日、不折不挠，而绝塞孤军又亟待后方援助，爰于本月二十五日下午七时半，假座该校大会堂举行义军后援音乐大会。

节目有：朱氏兄弟之前奏曲，王庆坛君之口琴独唱，夏却君（Mr Ross Orch）之"爵士"，杜霖君（Mr Dorin）之色士风独奏，夏璐敏女士之凡哑林独奏，常怀德君之长笛独奏，及李开南君、仲子通君、喻宜萱女士、常文彬女士、陈美珥女士等之独唱及表演。闻票价分一元及五角两种，可直接向该校大学宿舍六十七号李祖元君，及四十五号穆时英君处定购。至售得票资，悉数汇往东北，援助义军云。

光华大学学生反对华北自治运动②

本校学生救国会成立以来，工作至为紧张。上月十九日赴市政府请愿，反对华北自治，要求政府保全领土完整，星夜露宿，忍饥忍寒，秩序井然，当由吴市长圆满答复。至次晨十时许，方整队返校。又上星期曾举行学生全体大会，讨论各项救国工作，并产生董叔昭等九人为监察委员，与执行委员共同负责，同心协力，担任各项救国工作云。

① 光华音乐会［N］. 申报，1932-11-23（14）.

② 校闻［J］. 光华大学半月刊，1935，4（5）：95.

“光华大学学生救国会”昨晚举行第一次执委会[①]

“光华大学学生救国会”昨晚举行第一次执委会，出席胡志宁、滕秉枢、田植、马人松、余贻谦、石城、蒋兆祥、徐裕昆、杨大龢、刘崇明、刘树铭、顾树立、何静香、黄弢、徐日泰等十五人，由胡志宁主席，滕秉枢纪录。当经讨论进行办法，并执行全体大会，所提交议决案五项：电慰北平学生表示同情；电请中央维持主权及领土之完整，并表示反对华北自治；电宋哲元，表示反对自治运动；联络上海各大学学生正式代表团体，采取一致态度；联络上海各大学教职员联合会，采取一致态度。兹探录通电三则原文如下：

北平平津卫戍司令部宋哲元将军勋鉴：

华北局势，日趋严重，我公守土有责。万望继续往日卫国精神，坚决抗争，方不负国民之重托。北平学生之表示，纯出于爱国之至忱，尤应即日援救，勿陷媚外之嫌。本校全体同学誓为后盾，反对华北自治，保全主权领土之完整。谨电奉闻。

林主席暨各院部会长官钧鉴：

吾国不幸，外祸频仍。今华北汉奸，假借民意，伪称自治，丧权辱国，莫此为甚。有此千钧一发之时，所祈政府诸公，当机立断，决定国策，保全主权领土之完整，以符民望而续国祚。本校同学誓为政府后盾，蹈汤赴火义无反顾。临电惶悚，不胜迫切待命之至。

北平北京大学学生会转平市各校学生会均鉴：

国难日亟，凡属国民无不同警敌忾。顷读诸学友反对自治宣言，深表同情。本校全体同学悲愤填膺，决反对丧权辱国之协议及变相领土之分割。本校同学，一息尚存，誓死反对。尚祈再接再厉，以维护主权。

附录：校学生救国会举行第二次会议[②]

光华大学学生救国会前晚举行第二次会议，议决要案：敦请新闻界名人演讲华北问题；再电中央维护救国运动，释放被捕学生，严惩肇事军医；再电北平宋哲元将军，万勿摧残学生运动，即日释放被捕学生，严惩凶徒，赔偿医药费；再电慰问北平各大学同学，并请贯彻救国精神；编辑救国墙报，出版国难旬刊，积极推进各部工作。

---

① 光华大学学生救国会”昨晚举行第一次执委会［N］. 申报，1935-12-16（9）.

② 校学生救国会举行第二次会议［N］. 申报，1935-12-19（8）.

中共光华大学支部成立①

抗战全面爆发后，在中国共产党的领导下，光华大学的学生运动逐步开展。1938 年中共江苏省委所属学生运动委员会开始有计划地派党员进入光华大学。首先是毕业于上海新华艺专的党员邵青谿（邵洛羊）于秋季考入光华文学院的政治和历史系，开辟工作。此前，他参加党领导的上海市的学生界救亡协会，并任区干事，因此到光华后，培养“学协”积极分子，建立“学协”工作组，并领导发展党员的工作。

1939 年秋，建立光华大学第一届党支部。邵洛羊任书记，委员吴蒙（原大同中学党员）、单维明（原民立中学党员）。党支部由大学区委书记周维平领导。1939 年 12 月，邵调任学委所属大学区委任委员并领导光华党支部。第二届党支部由吴蒙任书记，委员陈丽洲（陈向明，女，原启秀女中党员）、单维明。不久，吴蒙也调任大学区委委员，由陈向明继任党支部书记。

成都分部三十二年秋之学潮②

本校分部自廿七年春开办，学校经费原拟由上海本校接济。嗣因京沪一带相继沦陷，上海本校一再迁移，遂致自顾不暇。廿七年夏，张校长入川，商定募捐建筑校舍，增加设备，成为正式学校，以期日后永久留川。当托谢副校长，向社会募捐，谢副校长守定“募捐用以建设”“经费专赖学费”之宗旨，其个人也，不特未受副校长之薪津，即往来城乡，亦从未向学校支交通费。不仅此也，凡遇师生发生困难，必需经济援助之时，因格于规章不能由校支付者，皆由谢氏解囊，以求办事顺利。无奈南京伪组织及太平洋之日美战事，先后发生，抗战又复节节失利，沦陷区域日渐扩大，物价步步上涨，教职员之待遇，随之加多，故应收之学费，自需酌量增加，以资维系。回忆二十七年，开办之初，每一学生收取学费现银币六十元。迨三十二年上半年，业已陆续增至法币八百五十元。是年八月，正值开学之际，物价又复大涨，即粮食部，售给全市学校之平价米，亦由每一市石原价三百四十元，涨至六百八十元。本校经济，日见拮据，于时战事业已绵延六载，社会日趋困穷，即使更变原定宗旨，移捐款以养校，亦无每一学期究能

① 项伯龙. 青春的步伐：解放前上海大中学校学生运动史专辑［M］. 上海：同济大学出版社，1999：131.
② 成都分部记事始末［Z］//私立光华大学分设成都始末记. 上海：光华大学，1949：38-40.

募得若干之把握。谢副校长就商在川校董，佥认除加学费而外，别无善策。又经求助于教育部，亦以私立大学之补助，事关通案，无从特别接济。不得已对每一学生，增加学费至法币一千九百元。布告既出，所有新生，皆各照数缴纳，而旧生之返里度暑假者，亦皆携款陆续来蓉，未有异言。乃忽于九月之初，忽有学生数人，往谒校董张仲铭、向传义两公，声言本期所收学费太多，同学无力负担，并云校中师资，必须改进，要求改为国立等语。据该生等口头宣称，向公对彼等之主张，并不反对，遂即贴出标语，内有对谢副校长之标语曰“欢迎谢霖先生，离开光华，以娱晚年”，又复指定代表多人，壮其声势。更进而向同学收费，以为分头请愿，招待新闻记者，派遣代表至渝，向教育部请求改为国立之资。并声言此事背后有人出力帮助，同学不必恐罹。旋即有学生前往重庆向教育部请愿，同时并有川籍参政员电教育部代为主张。嗣得教育部电饬本校仍照上学期每人法币八百五十元之数，收取学费。谢副校长以为如果遵令办理，则全学期之收入，仅敷半学期之经费，不足之数，无法筹措，未敢奉尔从事。无已，乃请在蓉校董，易人办理。嗣又有学生二次至教育部请愿改国立，部论碍难照准。旋由在蓉校董议定请本校校友张登寿代理副校长，并兼成都分部主任之职。张氏闽籍，系上海本部毕业校友，时任四川大学教授兼新生院主任。在校董方面，可谓对于本校人事，极为重视，不意一经规定，学生又起反对。于是学生间发生两个主张：一为要校董向传义主持，一为要教务长薛迪靖维持。未几教育部督学陈宗英先生莅蓉视察，将学潮之来源与真相，调查明白。旋由在蓉校董，推向传义暂行执行校务，学费每人仍须缴纳法币一千七百元。学潮遂息，录向氏所出就任布告如下：

本校董校董会之公推，暂时执行校务。当兹胜利在望，亟应为国育才，决不敢存五日京兆之心，稍有因循瞻顾，致我父老子弟失望。所有本校应兴应革各事宜，自当悉心筹画，次第施行，为一劳永逸之计。古人云：用志不纷，乃凝于神。嗣后诸生惟当专心致志，发愤攻读，挽救过去之光阴，用济将来之学业。总期校政与学业，皆能蒸蒸日上，方足树立风声，收其实效，愿与我师生共勉之，此布。

执行校务校董向传义

民国卅二年十一月三日

光华大学被扣学生证由警局发还①

本市光华大学学生三十九人昨（五月六日）晨十时集体前往虹口分局要求发还被扣学生证，获完满结果，除获回该证件外，并得警察总局刑事处处长张师之保证绝对保障学生以后安全。

按该校学生于五四早晨在海宁路四川北路处张贴标语有某学生之证章为警士扣留，该校学生为此，昨晨首赴虹口分局，等候一小时后，始获悉证章留存福州路警察总局，即结队由虹口分局派员陪同改往该处。抵目的地后，于门外守候至中午十二时五十分，仍未获见该局负责人。学生因之大哗，立刻发动宣传，向过人报告此次事件经过。路人止步听讲者为数甚众，一时途为之塞。斯时，宣司令乃派刑事处处长代表召见各生，发还证件并答应保障学生安全。

政治系一学生被殴伤②

本市私立光华大学于昨日（二十二日）上午十时在校内召开"光华五·二十惨案后援会"，到学生二百余人。据悉，该会以会议进行时有少数特殊份子学生捣乱会场秩序，及殴伤政治系二年级学生陈用，决自今日起，号召全体学生，开始罢课以示抗议。

开会时主席甫报告毕即有特殊份子学生数人上主席台，藉词主席不合法，捣乱会场秩序，并将主席推下，一时秩序大乱，门窗玻璃，亦被敲碎。且有警察二人及便衣数人，进入会场，持枪意欲逮捕主席，后因与会学生情绪激昂，警察遂未得所欲。时校方训导长等赶至会场，下令解散会议。然学生坚持继续开会，会议乃在形势恶劣之下庆赓召开，卒于下午一时许宣布完满散会，决议六项要求：

一、通电南京同学，支持请愿团。

二、与各大学采取一致行动。

三、要求政府严惩凶手。

四、人民有结社、言论、出版、游行自由。

五、增加教育经费，分配私立大学公费额。

---

① 被扣光大学生证昨已由警局发还［N］. 文汇报，1947-05-07（5）.

② 政治系一学生被殴伤［N］. 文汇报，1947-05-23（5）.

六、绝对保障人权。

散会后，该等特殊学生结怨于陈用，乃聚集二十余人，将该生痛打。该生大呼："人权何在？"学生见此情，悲愤万分，全体保护该生至校长室理论。后赴校医处检验，发现该生上腔及身体多部均有伤痕。

又讯，该会昨日发表宣言，表示："在多数同学一致愤怒的意志下，我们不得不采用罢课来响应抗议这些暴行。"

步大夏后尘 光华请改国立①

〔本报讯〕本市私立光华大学学生，传有罢考消息。该校原定今（廿一）日开始学期终考，部份学生因鉴于大夏大学将□教育部核准，改为国立，即于昨（六月二十日）晚召开全校学生大会，经议决于今日起罢课三天，要求改为国立，如不达到目的将采取无限期罢考。

光华请改国立运动②

本市私立光华大学学生，为要求改为国立学校，前（六月二十日）晚开会议决罢课三天，致昨（二十一）日开始之学期终考，无法举行。学生要求改为国立之理由为：（一）宪政实施，教育经费提高，国家应将私校改为国立。（二）教部曾令光华改为国立晋元大学，为校方拒绝。（三）校方经费拮据，教职员待遇菲薄，难以安心执教，宿舍挤轧，限制水电，图书馆等设备均欠佳。（四）下学期学费有提高至五千万元以上之说，无力负担。昨日（六月二十一日）学生又开会正式成立"请求改为国立运动委员会"，当经决定：（一）以大会名义，电请教部俯准改为国立。（二）分组向校董会、校友会、教授等各方呼吁。（三）推派代表七人，当晚夜车晋京请愿。学生表示：对该一运动决定坚持到底，如不获成就，将无限期罢考。

该校朱经农校长对记者谈：学校经济，确属困难，但校方对一切设施于可能范围之内，总尽力改善。教职员待遇低微，系属事实，但学校经济公开，教职员均能谅解校方

① 步大夏后尘　光华请改国立［N］. 申报，1948-06-21（6）.

② 光华与大夏改国立运动［N］. 申报，1948-06-22（6）.

之困难。渠本人不反对学校改为国立，但此非一日之间即能达到目的之事，应循合理合法之步骤要求，不能遽然以罢课之行动为要挟。况学生于发动该一运动前从未向校方接洽过，迨至大考前夕突决议罢考，实有借词之嫌。现校方已决定将学期终考延迟二天，至二十三日开始，如学生届时不考，则以自动放弃论，零分计算。如全体学生不考，则校方将考虑学校是否继续办理问题。

朱校长对学生声称：教部曾令光华改为国立晋元大学，而为校方拒绝说，声明绝无其事。

光华大学关于因学生国立运动致教授、校友的函

查本校学期考试原定于六月廿一日开始举行，不料少数学生突于前一夕八时许发起签名，要求改为国立。一部分寄宿生即闯入图书馆开会，决定以罢考为要挟，遂将试场之桌椅堆积，门窗阻塞，并遍贴标语。事先既未向校方做任何报告，临事又多越轨行动，实开本校未有之先例。

然本校向视学生如子弟，仍以宽大为怀，一再剀切训导，冀其悔悟，并姑准延期两天，定于廿三日举行考试。

同时本校朱校长对记者发表如下之谈话：学校经济确实困难，但校方对一切设施于可能范围之内总尽力改善，教职员待遇低微系属事实，但学校经济公开，教职员均能谅解校方之困难。渠本人不反对学校改为国立，但此非一日之间即能达到目的之事，应循合理合法之步骤要求，不能遽然以罢课之行动为要挟。况学生于发动该一运动前从未向校方接洽过，迨至大考前夕突决议罢考，实有借词之嫌。并对教部曾令本校改为国立晋元大学为校方拒绝一节，声明绝无其事，均经各报披露。而一部分学生竟坚执非达到国立目的决不应考，并成立请求改为国立运动委员会，推派代表晋京请愿，因此届期举行考试又被阻挠。

本校始终为顾全各生学业起见，不惜再事优容。经校政会议议决，考试准再展期至廿八日举行，予学生以最后之机会，经布告剀切劝谕。

而廿三日各报刊登教部杭次长廿二日发表谈话，称："自复员以来，鉴于人力物力缺乏，政府决定在短期内不增设国立大学。由于经费艰难，与现有国立学校亟待充实，殊无将私立学校改为公立之可能。以中国土地广阔，大学若全恃国家主办，断难达到教育文化发展之目的，故本部对于私立大学一向采奖助培植政策。且私立大学亦各有其传统特性，更应任其自由发展。政府在经费及其他方面，凡可协助私立学校之处，自当尽量设法。至私校学生企求于国立后即可取得公费，亦属不可能之事。公费制度现已改为

奖学金，原未领得公费之学生亦不能因改国立而可有公费。”

但学生毫不警觉，仍继续罢考，并向各方面请求支持，并于廿五日向各报发布消息，谓据晋京请愿团来信证实教部确曾二度训令光华改为国立晋元大学，均为校董会拒绝云云。当经本校声明，绝无其事。且经教部于廿六日发表“上海大夏、光华两校学生要求改为国立。本部未予允准。沪报刊载本部训令光华改为国立晋元大学纯属子虚”披露于各报。廿七日《东南日报》又刊登本校请愿团代表返沪消息，谓“教育部部长确有手谕二封向校方建议改国立事，由该部中教司司长吴兆棠予以证实”等语。而学生被惑，情绪愈高，致廿八日之考试，除毕业班外又未能举行。

本校为顾念多数学生免受精神与物质之无谓牺牲计，爰经决定即日放假，俟后再定期通知补考。至于教育部部长有手谕向校方建议之谣传，经吴兆棠司长于廿九日发表谈话称“光华、大夏两校学生要求改国立事未予允准，且据本人悉亦决不可能。近光华代表返沪谓部长有手谕向校方建议改国立，曾经本人证实绝无其事”，足见该学生代表捏造事实，以图淆乱视听。

青年行动如此殊堪痛心，校方对于此事正在商讨以谋合理之解决。诚恐远道不明真相，爰胪举经过详情，备函奉达，即希查照为荷。

此致诸位教授、诸位校友。

光华大学谨启

民国卅七年七月二日

教育部严厉禁止国立运动的训令

令私立光华大学：

案据该校国立运动委员会呈请改该校为国立等情，查依大学法之规定，国立大学应由本部审察全国各地情形设立之。至私立学校之开办、变更及停办应由董事会呈请核准，私立学校规程亦有明文规定。该校少数学生擅组所谓国立运动委员会，于法无据。且胁迫多数同学罢课罢考，滥发宣言，鼓动风潮，并推代表来部请愿，殊属不合。该校应即严厉制止，予以解散，并查明严予惩处，为首分子一律开除学籍。仰切实遵办具报。

此令。

教育部部长朱家骅

中华民国卅七年七月七日

（高字第三七六一一号）

光华布告处分学生①

本市私立光华大学校长朱经农日前晋京面谒该校校董会主席翁院长、教育部朱部长及青年部陈部长等，请示商讨处理该校改国立学潮等事。朱校长在京公毕，已于昨日（七月十二日）返沪。据告，该校校董会最近即将开会，商讨学校经济问题。

教育部训令

又该校校长室昨布告处分改国立运动为首学生。缘校方于日前奉教部本年七月七日高字第三七六一一号训令内开："案据该校国立运动委员会呈请改该校为国立等情，查依大学法之规定，国立大学应由本部审察全国各地情形设立之。至私立学校之开办、变更及停办应由董事会呈请核准，私立学校规程亦有明文规定。该校少数学生擅组所谓国立运动委员会，于法无据。且胁迫多数同学罢课罢考，滥发宣言，鼓动风潮，并推代表来部请愿，殊属不合。该校应即严厉制止，予以解散，并查明严予惩处，为首分子一律开除学籍。仰切实遵办具报。此令。"

校政会议决

校方奉令后，经召开校政会议议决，将"光华大学国立运动会"立予解散，并查明分别惩处如下：（一）杨鸿源、杨保球、李尧、何正中、陈蒽诚、周爱国、吴艺平、张造，以上八名开除学籍。（二）赵天佑、周竟亭、李智远，以上三名停学一年。（三）王定世、赵世沛、贾骥、王纲、时一骥、李粹英、余慎之、施介之、王寅、陆宗庆、李安琪，以上十一名停学一学期。（四）篮开桢、王芳阑、邵长淑、陈鹤、高朝范、李之梁、洪文欧，以上七名各记大过二次。

关于参加"一二·九"抗美援朝大游行的布告

在朝鲜前线的捷报不断地传来，我们更有充分的信心，一定能够击败美帝，完成伍修权代表在联大所表示的人民志愿。但是美帝在挫败之余，绝不肯就此罢休，所以我们应该从好的方面争取和平，从坏的方面准备斗争。现在本市各大专学校正在提高警惕，准备万一，沉着应变，将抗美援朝、保家卫国运动，更做得积极而普遍深入。

① 光华布告处分学生遵部令解散国立运动委会 朱校长来沪将商讨该校经济问题［N］. 申报，1948-07-13（7）.

我光华大学具有反帝光荣的传统历史，自须在这一运动中，争先赶上。上海市学联已发出“一二·九抗美援朝大示威游行”的号召，相信我校同学必能全体踊跃参加，为了更好的（地）准备及展开工作起见，特经第四次常务委员会议议决：

（一）期中考试有改变方式之必要。本周四（十二月七日）起，照常上课，如有未考各课，一律改自下周起，由教师酌定，在原有上课时间内，分别举行。

（二）本周四下午二时起，在大礼堂举行本校传达上海各界人民抗美援朝、保家卫国代表会议报告暨驳斥美帝谬论大会。全体同学必须参加，做好我们的积极支前、扩大宣传、参加国防建设等一切准备工作。

合亟布告周知，此布。

一九五〇年十二月六日

抗日战争时期光华大学建党始末①

邵洛羊（1917—2016），小名钰刚，字青溪，慈溪东邵村（现属江北区庄桥街道）人，上海中国画院顾问、画师，国家一级美术师，上海交通大学教授。1937 年毕业于上海新华艺术专科学校国画系。1938 年参加中国共产党，是光华大学建党后的第一任支部书记。长期在上海从事民族民主的革命斗争。中国画得黄宾虹、汪声远传授。1957 年受命参与上海中国画院的建院工作。代表作品有《白米要到天上收》《山峻气高》《峡江图》《日长山静水木清华》《海防前沿》《华山》《汉家风范》等。著有《洛羊论画》《中国画应该姓中》《中国山水画技法》等。集画件、画论、画语于一册的《邵洛羊画集》和主持笔政的《中国美术辞典》在 1999 年被列入“上海出版界五十年五百种精品图书”。主编的《中国美术大辞典》荣获国家辞书一等奖。2003 年元月，邵洛羊艺术馆在宁波三江口落成开馆。

光华大学诞生于时代的暴风雨中，是一面反帝爱国的旗帜。1937 年七七卢沟桥事变发生，开始了我国抗日战争时期。8 月 13 日，日寇炮火侵入闸北，全民抗日战争爆发。光华大学校舍毁于日寇炮火，学校迁入租界。

在我党领导下，上海成立了“上海市各界抗日救亡联合会”，学生界成立了“上海市学生界抗日救亡协会”（简称“学协”）。冬季，我参加了“学协”，不久担任了区干

① 邵洛羊. 抗日战争时期光华大学建党始末［Z］//光华的足迹：光华大学建校七十周年纪念集. 上海：华东师范大学，1995：179-181.

事。这时，我已毕业于上海新华艺术专科学校国画系。1938 年 8 月，我参加了中国共产党。因革命需要，1938 年秋我进入光华大学，读文学院的政治和历史系。在共同课中我结识了许多同学，暗中成立了“学生界救亡会光华大学工作组”，我任组长，初步开展了抗日救亡的宣传和团结活动。记得先后参加工作组活动的积极分子有陈素洛、朱冷、周铭谦、袁有人、覃泽巨、贾若愚（祥骅）、张明、张万彬、王文衡、印中一、叶景萱、刘德馨、何忠杰等同学。

“学协”的机关刊物《学生生活》在校内广泛流传。国民党投降派主张“恢复七七事变以前状态”。我们反复宣传“打到鸭绿江边，收复一切失地”的坚决抗战到底的主张。倾向对日妥协的人，口号只喊“拥护蒋委员长”。我们加上四个字，变成“拥护蒋委员长抗战到底”。对方不满意说“拥护蒋委员长应该无条件”，我们说“谁坚决抗战，就拥护谁”。但多数参加国民党、三青团的同学和我们关系较好。我们注意到抗日民族统一战线的工作，应争取他们共同进行抗日救亡斗争。我记得当时有两位在国民党方面负责领导工作的同学陈尚藩、凌彪，一直和我们保持着友谊。1939 年秋，建立了中国共产党光华大学支部委员会，书记邵洛羊（青豁），委员吴蒙、单维明。陆续在校的党员有陈黎州（向明）、钟恕、陈展如（詹鲁）、张明、顾振芬、贾祥骅、张万彬、胡侠民、汪德基、王渠成、王涵钟等。党的力量和影响有了迅速发展，活动遍及全校各系。当时全校同学 700 余人，我们团结了 150 到 200 人，内中有积极分子 30 到 40 人。光华学生是在汉口路证券大楼上课。那时，还是所谓“租界”时期，尚可利用英美与日寇的矛盾，开展抗日救亡活动。但这里毕竟是沦陷区里的“孤岛”，我们必须作环境可能变化的长期打算。党中央指示地下党的工作方针是：隐蔽精干，长期埋伏，积蓄力量，以待时机，反对急性和暴露。要发展进步势力，争取中间势力，孤立顽固势力。我们采取群众易接受的方式方法团结同学，结合同学切身利益来开展活动，如通过共同温课、参加文体活动，利用桑梓情谊或共同爱好以及帮助清寒同学解决衣食等活动广泛地交朋友。还争取校方支持，办了“参观团”“学术知识讲座”“女同学会”和青年会的“团契”等社团。球类活动也相当活跃。出版了《文哲》《流露》等刊物，有的班级还编墙报。那时，上海虽称“孤岛”，而我光华不孤，师生们的精神状态是饱满而活跃的。汪伪投降势力在光华不敢公开露面。

我们也注意到上层统一战线工作的开展是很重要的。我经常到张寿镛校长家中去，和张芝联、叶百丰两位同学建有友谊，在校长支持下一起主编《文哲》。我们和历史系吕思勉、土木系金通尹、政治系耿淡如、西洋文学系张歆海、社会系应成一和葛受元、经济系唐庆增、中文系蒋竹庄等老师，不同程度地保持着融洽的师生关系。训导主任储元西，后来虽比较顽固，但在 1939 至 1940 年间，和我们的关系还是比较好的。为了争取他，我特地选读了他的“西洋古代社会”课。我和吕思勉老师的关系特别亲，他在

《兵制史》课中，敢于公开宣称“现在的八路军是真正的人民子弟兵”，赢得了我对他的高度尊敬。

在1941年“一二·八”太平洋战事爆发前，上海比较大的政治斗争，都有光华师生参加。如1938年纪念“九一八”发起的节约献金和征募寒衣运动：1939年12月，启秀女中教师茅丽瑛在劝募物品慈善义卖活动中遭敌杀害；1940年3月30日，汪精卫在日寇策划下粉墨登场，成立南京汪伪“国民政府”，全市掀起反汪大斗争；1941年4月，“四行孤军”爱国团长谢晋元遇害，光华大学师生在党支部领导下都曾积极投入斗争，进行了爱国宣传。1939年庆祝“6·3”校庆：大学部还和附中一起搞了一次“救济贫苦失学青年”的义卖活动，规模相当大，好几百位同学都来参加，扩大了团结面。

1940年秋，为了党的工作，我离开了光华大学。在我之后，历任光华大学党支部书记的，先后有吴蒙、陈黎洲（向明）、吴萍（林德明）、王涵钟、王渠成、马礼华（正信）、戴琴仙等同志。1941年12月8日，日寇进占租界，形势陡变，我党为了适应新的斗争环境，解散了公开集中的群众团体，工作转入班级，注重合法、分散、隐蔽，提出“勤学、勤业、交朋友”的长期打算的工作方针，地下斗争进入最艰苦的阶段。为时不久，校方迫于政治压力，抗日战争时期坚持在租界办学的光华，解体分散了。

抗战胜利，光华复校，一直到全国解放，这段时期的情况我不清楚，要请别的同志来回忆撰写了。

光华大学地下党活动简述（节选）[①]

组织起来，迎接解放。1949年春季开学后，根据上级指示，我们在团结了一批积极分子的基础上，按类似北京“新青联”的条件，着手建立光华地下党的秘密外围组织“解放社”。把在斗争中表现好的，反对国民党、拥护共产党的积极分子，由党员介绍，经党小组研究同意，逐个地发展入“解放社”。“解放社”本身没有独立的组织系统，只是建立一些秘密的小组，由各党小组分别联系开展活动。到解放前夕，“解放社”成员共有50余人，其中有一些经过考察后被吸收入党。

“解放社”成立后，在党总支的领导下，除了参加校庆的活动和斗争以外，主要是做迎接解放的工作，特别在学校被解散以后。那时由于我们无法再在学校开展活动，党

① 陈威鸿，等. 扎根群众迎接解放：光华大学地下党活动简述［M］//项伯龙. 青春的步伐：解放前上海大中学校学生运动史专辑. 上海：同济大学出版社，1999：439-440.

员和“解放社”成员就在校外同学家物色了好几处活动据点，并分头按系串联同学，同他们保持联系，向他们宣传形势和革命道理。为迎接解放，党总支和“解放社”还做了以下一些工作：

（1）组织党员积极分子学习形势和党的政策（包括《约法八章》和党的城市政策）。

（2）出版油印小报和宣传品。在积极分子和进步同学中传阅，小报内容包括解放战争发展形势和我党政策等。宣传品内容包括《人民解放军公告》《约法八章》等党的城市政策，在社会上广泛散发。出版地点在罗伟、郑振华等党员家里。

（3）印发对校内反动、特务分子的警告信。促其弃暗投明，立功赎罪，投信30多封。

（4）做策反工作。利用我党员的社会关系，调查国民党军队情况，并做上层国民党军官的策反工作。我们曾做过海军某部一军官的工作及临时驻扎在暨南大学的国民党某团长的工作，后因情况变化，未能继续下去。以上宣传品、警告信和策反工作信函盖有“人民解放军淞沪挺进队印”的木制印章。印章是朱宗正经杨佩景同意请麦伦中学同学，地下党员范思廉篆刻的。

（5）绘制北四川路区部分地区的地形图。上面标明重要机构及敌人设立的岗哨，以备一旦国民党撤退时，我人民保安队可以出来站岗，维持治安。

（6）布置党员进一步排摸敌情，列出反动学生名单。

（7）组织人民保安队和人民宣传队，并发给袖章，写横幅、标语、准备宣传提纲等，待迎接解放军入城用。

解放前一周左右，光华党总支决定，所有党员和“解放社”成员都住到苏州河以北，以迎接北四川路区的解放。5月25日苏州河以南地区先解放。27日，解放军开进北四川路区，光华大学出动了170名人民保安队和人民宣传队队员，组成17个小组，在设于横浜桥堍上海戏剧专科学校的沪北区指挥部领导下，协助解放军维持治安，进行接管。

后记

2025年是光华大学建校100周年纪念，光华大学是华东师范大学和西南财经大学的共同源头，两校决定由双方档案馆联合编纂《光华大学史料辑要（1925—1951）》。

光华大学于1925年诞生于申江之滨。1937年“八一三”淞沪会战爆发后，光华大学校董会决定，本部继续在上海办学，同时在川省设立光华成都分部。在川省各界人士的大力支持下，光华成都分部发展成一所综合性大学并拥有光华附中和小学。抗战结束后的1946年，光华成都分部赠送给川省并发展为今天的西南财经大学。1951年，光华大学与大夏大学合并成立华东师范大学。

光华大学1925—1951年办学26载，横跨东西，弦歌不辍，发展成为一所“民族脊梁型的爱国学府”。其艰苦卓绝、自强不息的奋斗精神，正是近代中华民族求解放、求独立、求发展的真实写照。

为做好《光华大学史料辑要（1925—1951）》编纂出版工作，发挥档案“存史、资政、育人”之作用，弘扬光华复兴民族教育的精神，记录光华艰苦卓绝的办学历史，传承“知行合一”和“格致诚正”校训精神，留存光华文脉，延续两校友谊，促进共同发展，两校档案馆充分发掘馆藏光华大学档案史料，同时赴上海市档案馆、上海图书馆、中国第二历史档案馆、成都市档案馆、重庆市档案馆等单位查档，查阅《申报》《复旦大学社会学半月刊》《光华年刊》《光华的足迹》等数十种报刊，确保存真求实。

《光华大学史料辑要（1925—1951）》是继2020年两校合作出版《光华大学与成都十年》之后的第二部史料汇编。《光华大学史料辑要（1925—1951）》总共分为“筹办与立案”“大学章程与规章制度”“校长的教育思想与理念”“校务治理与决策”“教务与学生管理”“教职工的延聘与管理”“总务后勤与图书管理”“经费募捐与筹措”“学生组织与爱国运动”九大部分，通过发掘档案，较为全面系统地记述了光华大学1925—1951年26年间艰辛而荣光的办校历程。

本书由华东师范大学档案馆馆长汤涛和西南财经大学档案馆馆长金元平具体策划、统稿与审定。华东师大档案馆林雨平、符玲玲、吴李国、俞玮琦、杨婷、张钊等，以及研究生毕思琦、黄姿雅、盘钰等，西南财经大学曾道荣、张红霞、邓晓娇、陈奇志、曾双宝等共同参与本书的编纂工作，两校档案馆的其他同志也做了相关工作。西南财大出版社李晓嵩、杨婧颖等老师为本书出版也做了大量的工作，在此一并致谢。

本书从编纂到出版前后历时两载，得到两校校领导的高度重视和支持。华东师范大学校领导梅兵、钱旭红、雷启立，西南财经大学校领导赵建军、李永强、明海峰、马永强关心和指导本书的编纂出版工作，特此致谢！

光华大学办学时间跨度长，且历经战争等因素，给史料收集工作带来诸多困难，加之编者水平有限，书中不足之处在所难免，敬请广大读者批评指正。

编者

2024年12月